Georgine Kellermann

Georgine – Der lange Weg zu mir selbst

GEORGINE KELLERMANN

Georgine

DER LANGE WEG ZU MIR SELBST

MEINE BEFREIUNG ALS TRANS* FRAU
NACH ÜBER 60 JAHREN

Ullstein

Wir verpflichten uns zu Nachhaltigkeit
• Papiere aus nachhaltiger Waldwirtschaft und anderen kontrollierten Quellen
• Druckfarben auf pflanzlicher Basis
• ullstein.de/nachhaltigkeit

MIX
Papier
FSC FSC® C014496

Ullstein ist ein Verlag der Ullstein Buchverlage GmbH

978-3-550-20239-1

Gesetzt aus der Albertina MT Pro
Satz und Repro: LVD GmbH, Berlin
Druck und Bindung: GGP Media GmbH, Pößneck
Printed in Germany

Für meine Mutter

und

für meine Tochter

Inhalt

Prolog

Wenn Sie dieses Buch in den Händen halten, dann halten Sie ein Leben in Ihren Händen. Mein Leben. Oder zumindest einen sehr, sehr großen Teil davon. Auf den folgenden Seiten werde ich Ihnen erzählen, wie sich mein Leben veränderte, wie aus Georg Georgine wurde. Für viele Menschen, die mich kannten, sei es privat oder öffentlich als Journalistin für Fernsehen und Hörfunk, war das eine Überraschung. Manche meiner Freundinnen und Freunde, einige Verwandte, weihte ich früher ein, wenn ich ihnen vertraute. Das fiel mir nicht immer leicht. Dabei war ich schon seit dem 21. September 1957 Georgine. Dem Tag, an dem ich geboren wurde.

Ich bin eine trans* Frau. Dabei würde ich das »trans« am liebsten streichen. Ich bin eine Frau. Was mir in meiner Jugend nicht bewusst war und was ich erst sehr viel später lernte: Ich bin nicht allein. Es gibt noch viele, die so sind wie ich. Das wurde mir im Laufe meines Lebens nur Stück für

Stück, ganz langsam bewusst. Heute sage ich manchmal scherzhaft, dass der liebe Gott für mich die falsche Verpackung gewählt hat. Sehr lange versuchte ich, so zu leben, wie es meiner Verpackung entsprach. Zweiundsechzig Jahre lang spielte ich die Rolle des Georgs in der Öffentlichkeit – in Redaktionen, auf Recherche- und Reporterreisen oder vor Kameras. Das kostete viel Kraft und war irgendwie auch vergeudete Zeit. Trotzdem blicke ich nicht mit Groll zurück. Georg lebte ein tolles Leben, das er sich so gewünscht hatte. Er war als Reporter für die Zeitung, das Fernsehen und den Rundfunk unterwegs. Er sah als Korrespondent die halbe Welt und gab sein Wissen in verantwortungsvollen Positionen weiter. Dafür bin ich dankbar. Aber ich möchte klarstellen, dass Georg nie alleine unterwegs war, Georgine war immer dabei.

Ich habe dieses Buch für viele geschrieben. Zuerst für alle, die so sind wie ich. Die trans* Männer und Frauen, von denen sich immer noch sehr viele nicht trauen, die zu sein, die sie wirklich sind, weil die Gesellschaft ihnen immer noch mit Ablehnung, manchmal gar mit Hass begegnet. Dieses Buch soll ihnen zeigen, dass sie nicht allein sind und dass sie Unterstützung finden können, wenn sie das Leben leben möchten, für das sie bestimmt sind.

Und ich habe dieses Buch für Menschen geschrieben, die auf der Suche sind und die wissen, dass ihr Lebensentwurf nicht den üblichen gesellschaftlichen Vorgaben und Ideen entspricht. Ich möchte ihnen Mut machen und zeigen, dass es sich lohnt, zu sein, wer man wirklich ist. Das Leben, das wir leben, können wir nur einmal leben. Es ist ein einzigartiges Geschenk. Wir bekommen kein zweites.

Und dann ist dieses Buch für alle diejenigen, die sich für Menschen wie mich interessieren. Die allermeisten hatten noch nie Kontakt mit einer trans* Person. Viele wissen oft gar nicht, was sich hinter dem Wort verbirgt, welche Wünsche und Hoffnungen diese Menschen hegen, welche Ängste und Sorgen sie plagen. Die Geschichten aus meinem Leben sollen ihnen Antworten auf ihre Fragen liefern. Sicher werde ich nicht alle beantworten können, aber viele. Und wenn am Ende noch Fragen bleiben, dann sprechen Sie mich an. Ich freue mich jedes Mal, wenn ich Menschen begegne, die ehrlich und vorurteilsfrei an meiner Geschichte und der von anderen interessiert sind.

Zu guter Letzt ist dieses Buch auch für alle, die trans* Personen kritisch bis radikal ablehnend gegenüberstehen. Ich hoffe, dass sie nach der Lektüre darüber nachdenken, dass ihre Attacken Menschen treffen, die sich ihr Leben nicht ausgesucht und sich ihre Entscheidungen nicht leicht gemacht haben.

Trans* Personen legen ihre alten Vornamen ab. Die allermeisten wollen diese sogenannten *Deadnames* nie wieder hören oder lesen. Ich bin da eine Ausnahme. Meine Zeitungsartikel sowie meine Filme und Hörfunk-Produktionen liegen in vielen Archiven. Ich kann nicht den größten Teil meiner Arbeit, auf die ich stolz bin, wegwerfen, nur weil der Name, den mir meine Eltern gaben, darüber steht. Deshalb lesen Sie in diesem Buch auch häufig den Namen Georg. Doch nur weil ich ihn nenne, bedeutet das nicht, dass ich so genannt werden möchte. Ich heiße Georgine – französisch ausgesprochen.

Dieses Buch ist ein Memoir. Ich werde viel offenbaren, einen Einblick in mein Leben geben, Fragen beantworten, die sich manche vielleicht nicht trauen würden zu stellen. Trotzdem habe auch ich Grenzen, ich werde nicht alles erzählen. Meine Partnerschaften werde ich in diesem Buch nicht behandeln. Auch über die Beziehung zu meiner Tochter, die ich über alles liebe, schreibe ich nicht.

Jetzt wünsche ich Ihnen, dass Sie in diesem Buch finden, wonach Sie suchen. Danke, dass Sie sich für meine Geschichte interessieren. Ich freue mich sehr darüber.

Im Spiegelbild wird die Lüge zur Wahrheit

Der Spiegel ist alt. Aber das sieht man ihm nicht sofort an. Der Rahmen, goldfarben und reich verziert. Das Spiegelglas hat keine stumpfen Stellen. Es sieht aus, als sei es erst vor Kurzem in den alten Rahmen eingefügt worden. Es ist ein Spiegel aus der Gründerzeit, der im Gutshaus Mahlsdorf im Osten Berlins hängt, besser bekannt als das Gründerzeit-Museum. Charlotte von Mahlsdorf, die das Museum aufgebaut hat, rettete den Spiegel von irgendeinem Berliner Dachboden oder aus den Trümmern eines zerstörten Hauses und fügte ihn in ihre einzigartige Sammlung von Dingen ein, die alle aus den Jahren zwischen 1870 und dem Ersten Weltkrieg stammen.

Ich habe gerade eine Führung durch dieses wunderschöne Museum hinter mir. Monika Schulz-Pusch, die Leiterin und eine enge Freundin der inzwischen verstorbenen Charlotte von Mahlsdorf, hat mir alles gezeigt. Jetzt stehe ich allein im Salon im Erdgeschoss, durch dessen große Fenster ich in den kleinen Park des ehemaligen Gutshauses schauen kann. Monika steht vor dem Salon in der Diele. Ich höre sie telefonieren.

Zwischen zwei Fenstern, die bis zum Boden reichen, hängt der Spiegel, in dem ich mich betrachte.

Ich sehe eine Frau.
Eine glückliche Frau.
Ihre Augen strahlen mich an.
Ich sehe mich.
Wie ich wirklich bin.

Das war dreiundsechzig Jahre lang nicht so. Lange gab es diese Frau im Spiegel nur im Verborgenen. Im Privaten. Und auch dort erst, nachdem sie aus ihrem Elternhaus ausgezogen war. Bis dahin war es ein langer Weg. Da war zunächst das Unverständnis der Eltern. Geprägt vom gesellschaftlichen Umfeld, in dem sie selbst groß geworden waren.

In den Sechzigerjahren des letzten Jahrhunderts war das Wort *queer* noch gar nicht geläufig. Damals waren sexuelle Identitäten, die nicht der gesellschaftlichen Norm entsprachen, etwas Abartiges, oft sogar Kriminelles. Die Zeit des Nationalsozialismus war erst seit zwanzig Jahren vorbei, und auch wenn die Gesellschaft der Herrschaft des Nationalsozialismus abgeschworen hatte: Viele der schrecklichen Gesetze blieben in Kraft. Und viele der alten Nazis saßen immer noch in Schlüsselpositionen. Sie bestimmten auch nach dem Ende der Hitler-Zeit in Deutschland, was gesellschaftlich konform war und was nicht.

Homosexualität wurde seit der Kaiserzeit gesetzlich verfolgt. Den Paragrafen 175 – der sogenannte Schwulen-Paragraf – verschärften die Nationalsozialisten 1935 noch einmal. Männer, die sich liebten, landeten im Gefängnis – später in den Konzentrationslagern. Lesbischen Frauen drohte dasselbe Schicksal.

Und wie ging es trans* Personen im Dritten Reich? Es gab zwar keine expliziten Gesetze, die sie in den Fokus nahmen. Auch den Begriff »trans« gab es damals noch nicht, trans* Frauen wurden »Transvestiten« genannt. Das bedeutete aber nicht, dass sie von den Nationalsozialisten verschont blieben, schildert etwa der Historiker Bodie A. Ashton von der Universität Erfurt. Wer von der Geschlechtsnorm abwich, der konnte verfolgt und eingesperrt – manchmal auch ermordet – werden. Trans* Frauen wurden oft wie Homosexuelle behandelt.

Zum Gedenktag für die Opfer des Nationalsozialismus schilderte die Medizinerin und Historikerin Livia Prüll – die sich selbst als transident bezeichnet – sehr eindrücklich, wie queere Menschen verfolgt und ermordet wurden. So galten trans* Frauen, die sich zu Männern hingezogen fühlten, als schwul. »Trans* Frauen, die keinen Sex mit Männern haben wollten, aber die sich irgendwie auffällig verhielten in der Öffentlichkeit, die sich so benahmen, dass sie als ›asozial‹ eingestuft wurden. Auch das konnte töten, konnte zur Todesfalle werden«, berichtete sie in ihrem Vortrag beim Queernet Rheinland Pfalz im Januar 2020.

Die Diskriminierung queerer Menschen ging auch nach dem Ende des Nationalsozialismus weiter. Der Schwulenparagraf blieb im Deutschland der Nachkriegszeit Gesetz. Unter dem Begriff »schwul« wurde jahrzehntelang eigentlich all das zusammengefasst, was wir heute queer nennen. Die Gemeinschaft der LGBTQI+.

In dieser verklemmten Gesellschaft wurde ich groß. Als Georg. Eigentlich war ich von der ersten Sekunde meines Lebens an Georgine. Das ahnte ich anfangs, wusste es aber nicht. Ich durfte gar nicht wissen, dass ich nicht so war, wie die gesellschaftlichen Konventionen es von einem heranwachsenden Jungen erwarteten. Ich glaube im Rückblick, dass ich mir selbst nicht erlaubte, ich zu sein, weil es damals gar nicht möglich gewesen wäre. Meine Eltern wurden nie mit Geschichten von Menschen konfrontiert, die waren wie ich.

Selbst als ich von meiner Familie in der Kleidung meiner Mutter erwischt wurde, machte sich niemand bewusst, dass in dieser Wohnung eine zweite Tochter heranwuchs. Und dass diese sich in der Hülle, in die sie hineingeboren worden war, nicht zu Hause fühlte. Wie auch? Ich mache niemandem einen Vorwurf. Wie sollten meine Eltern etwas begreifen, das doch nie zuvor ein Thema war? Was damals nicht besprochen wurde, gab es nicht.

Kindergarten, Volksschule, Hauptschule, Gymnasium – auch dort waren von der Norm abweichende sexuelle Identitäten kein Thema. Und wenn, dann als Schimpfwort. »Der ist schwul« – dieser Satz wird unter vielen Schüler:innen selbst heute noch benutzt, um Menschen abzuwerten. In den Siebziger- und Achtzigerjahren war das gang und gäbe. Da wurde lauthals über Homosexuelle gelacht. Sie wurden verfolgt und bestraft.

Ich hatte als Kind häufig sehr große Angst, dass ich früh sterben könnte. Angst vor einer schrecklichen Krankheit. Diese wurde manchmal so übermächtig, dass sie mir den Hals zuschnürte. Panik ergriff mich, die ich nur schwer in den Griff bekam. Mit der Zeit entwickelte ich aber eine Art Abwehrmechanismus. Wenn die ersten Gedanken an den Tod kamen, aktivierte ich diesen. Ich verbot mir einfach, daran zu denken. Und mit der Zeit kam mein Denken gar nicht mehr so nah an die Panik heran, dass sie sich bemerkbar machen konnte. Ich glaube heute, dass mir dieser Abwehrmechanismus half, auch mit meinem wahren Ich umzugehen. Den Wunsch, endlich die zu werden, die ich eigentlich war, unterdrückte ich mit meiner ganzen Kraft. Der Wunsch war immer da. Das wusste ich. Ich durfte ihm nur keinen Raum geben. Dann konnte Georg mit seiner Rolle ganz gut leben.

Auch wenn trans* Menschen in meiner Kindheit und Jugend noch im Verborgenen lebten, machten die ersten Geschichten von Menschen die Runde, die es in ihrer Hülle nicht mehr aushielten, die ihre Seele auch nach außen kehren wollten. Aber die wurden damals noch als »Paradiesvögel« angesehen, deren Geschichten mit Vergnügen vor allem von billigen Magazinen und der Boulevardpresse ausgeweidet wurden. Sie galten als halbseidene Lebensentwürfe, die niemand so richtig ernst nahm. Und wenn man im Rheinland mit dem Satz »Jeder Jeck ist anders« Toleranz meinte, dann hieß das noch lange nicht, dass man mit jemandem, der anders war, näher zu tun haben wollte.

Anfang der Siebzigerjahre spürte ich immer deutlicher, dass auch ich in der falschen Hülle lebte. Die geschlechtsangleichenden Operationen wurden damals noch fälschlich als »Geschlechtsumwandlungen« bezeichnet. Den Begriff *Geschlechtsangleichung* kannte man noch nicht. Heute ist das korrigiert – auch, dass nicht nur die biologischen Merkmale einen Menschen ausmachen. Die Wissenschaft ist sich in großen Teilen längst einig, dass das Geschlecht vor allem im Gehirn zu Hause ist, und es nicht nur »Mann« und »Frau« gibt: Die beiden sind die Pole, und dazwischen gibt es eine lange Kette verschiedenster Identitäten. Jeder Mensch entscheidet selbst, wo er sich sieht. Wer ich bin, das weiß ich selbst am besten. Ich wäre froh gewesen, wenn die Gesellschaft in meiner Jugend schon so weit gewesen wäre.

Die ersten Bücher zu diesem Thema fand ich damals in den Regalen der Büchereien. Ich verschlang sie und besorgte mir chirurgische Fachzeitschriften, in denen die Operationen rund um die Geschlechtsangleichung beschrieben wurden. Ich sah darin eine Chance auch für mich. Ich war gerade einmal 20 Jahre alt und hatte das ganze Leben noch vor mir. Die Hülle mit der Seele in Einklang zu bringen, das war in dieser Zeit mein dringendstes Bedürfnis. Bis heute werde ich immer wieder gefragt, ob ich das noch angehen möchte, mir eine Operation vorstellen könnte. Die Antwort darauf fällt mir immer noch nicht leicht. Wenn ich mit dem Finger schnippen könnte, dann wäre alles von jetzt auf gleich anders. Dann wäre ich auch äußerlich die, die ich im Innersten bin. Niemand würde mir meine Vergangenheit mehr ansehen. In meinen Träumen habe ich das immer und immer wieder erlebt. Nur Träume ersetzen leider keine Skalpelle. Ich bin dem Ende meines Lebens näher als dem Anfang und habe grundsätzlich Angst vor chirurgischen Eingriffen, weil ich mich frage, was alles schiefgehen könnte. Daher werde ich mich nicht mehr einer geschlechtsangleichenden Operation unterziehen. Diese Antwort fällt mir sehr schwer, weil ich mir natürlich etwas anderes wünsche. Aber ich glaube, dass diese Entscheidung für mich die richtige ist. Diese ist auch unabhängig davon, dass das Bundesverfassungsgericht schon vor Jahren entschieden hat, dass für die Personenstandsänderung geschlechtsangleichende Maßnahmen nicht notwendig sind. In meiner Jugend war das Internet noch weit weg. Mit seinen Chancen, Gleichgesinnte zu suchen und sich zu vernetzen. Dass es noch andere gab, die waren wie ich, konnte ich mir denken. Doch sie zu suchen hätte bedeutet, mein wahres Ich öffentlich zu zeigen. Das war für mich damals undenkbar. Weder in der Schule noch bei meinem langjährigen Arbeitgeber, dem Westdeutschen Rundfunk (WDR), präsentierte ich mein Innerstes. Wenngleich mich der Weg dorthin zu der machte, die ich heute bin. Aber bis dahin sollte es noch sehr, sehr lange dauern.

»Meine Sorge war, dass ich nicht mehr tun kann,
was ich liebe, wenn ich werde, wer ich bin«

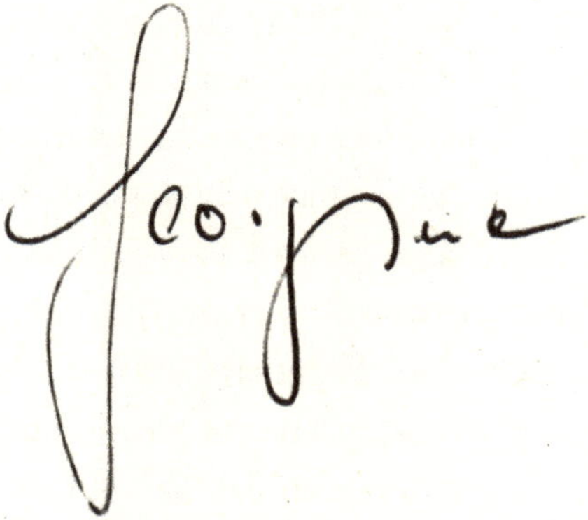

»Der liebe Gott hat die falsche Verpackung für mich gewählt«

Als ich am 21. September 1957 geboren wurde, war mein Vater nicht dabei. Der lag ölverschmiert gemeinsam mit seinem Freund Jupp unter dessen Lastwagen. Irgendetwas war kaputt und musste repariert werden. Jupp hatte eine Spedition und war der beste Freund meines Vaters. Im Kreißsaal waren Männer damals sowieso nicht erwünscht. Die Geburt war Frauensache; den meisten Männern war das wahrscheinlich auch ganz lieb so. Und die Frauen waren so erzogen, dass sie wussten, dass sie die Geburt alleine durchstehen mussten. Während mein Vater also half, einen Lastwagen wieder flottzumachen, war meine Mutter im Krankenhaus, um mich, ihr erstes Kind, zur Welt zu bringen.

Sie kannte das katholische Krankenhaus in Ratingen sehr gut: Hier war sie zur medizinisch-technischen Assistentin ausgebildet worden. Hier hatte sie ihr Zimmer bis zu ihrer Hochzeit. In den Kreißsaal begleiteten sie ihre Freundinnen, mit denen sie früher im Krankenhaus zusammengearbeitet hatte.

Letztendlich brachte die Arbeit auch meine Eltern zusammen: Sie lernten sich kennen, weil der Arbeitsweg meines Vaters am Krankenhausgarten vorbeiführte. Mit dem Fahrrad fuhr er von seinem Elternhaus zum Elektrobetrieb, in dem er arbeitete. Wenn meine Mutter freihatte, ging sie gerne in den Garten des Krankenhauses. Dann winkte mein Vater ihr zu, wenn er sie sah. Sie winkte zurück. Im November 1956 heirateten die beiden.

Wenn sich Mann und Frau damals das Jawort gaben, war in den allermeisten Ehen die Rollenverteilung klar geregelt. So auch bei meinen Eltern – in der Blüte des Patriarchats: Sie sollte sich dem Haushalt und den erhofften Kindern widmen, während er sich um die finanzielle Versorgung kümmerte. Meine Mutter ließ sich daraufhin ihre Rentenanwartschaften auszahlen – wie viele Frauen in dieser Zeit. Denn zwischen zwei Menschen, die gemeinsam eine Familie gründen wollten, galt das Versprechen, zusammen zu bleiben, »bis dass der Tod euch scheidet«. Diese ausgezahlten Rentenansprüche waren der Grundstock für eine Wohnungseinrichtung: für das Nest der Familie Kellermann.

Meine Mutter bereute den Verzicht auf die Rente später, so wie Hunderttausende andere Frauen auch. Am Anfang der Ehe, als die Liebe noch lebendig war, verzichteten damals viele darauf. Wurde die Ehe jedoch geschieden oder machte sich der Ernährer aus dem Staub, standen diese Frauen vor dem Nichts. Meine Eltern blieben zwar bis zu ihrem Tod verheiratet, aber dies geschah eher aus wirtschaftlichen denn aus emotionalen Gründen. Besser wäre es schon gewesen, sie wären irgendwann getrennte Wege gegangen. Meine Mutter aber war finanziell viel zu abhängig von meinem Vater, weil das antiquierte Scheidungsrecht ihr kein Auskommen gesichert hätte. Also blieben sie zusammen, obwohl sie längst keine Liebe mehr verband.

Ein Jahr nach mir wurde meine Schwester Ulla geboren. Und noch einmal eineinhalb Jahre später mein Bruder Walter, unser Nesthäkchen. Man nannte uns drei auch »Orgelpfeifen«.

Unsere Familie lebte immer in Wohnungen, die nach heutigen Maßstäben für fünf Personen zu klein waren. Mein Bruder und ich teilten uns ein Zimmer. Meine Schwester hatte nie ein eigenes. Zwar verdiente mein Vater nicht schlecht, trotzdem war das Geld meistens knapp. Während die Eltern meiner Freundinnen und Freunde alle ein kleines Häuschen bauten, lebten wir immer zur Miete. Am liebsten in Wohnungen, die Verwandten gehörten. Dann war es noch mal preiswerter.

Ich glaube, wir waren am Anfang trotzdem eine typische Vorzeigefamilie: Wir Kinder waren immer adrett gekleidet; darauf legte unsere Mutti großen Wert. Sie strickte uns Jacken, gerne im Trachtenstil. Dazu trugen mein Bruder und ich Lederhosen, meine Schwester niedliche Kleider. Am Wochenende machten wir Ausflüge in den Duisburger Zoo oder gingen mit unseren Eltern und deren Freunden wandern. Mein Vater sang im Kirchenchor und war dort sehr beliebt.

Es war ein bürgerliches, spießiges Zuhause, in dem ich

mit meinen Geschwistern aufwuchs. Das ist kein Vorwurf, sondern eher eine Zustandsbeschreibung. Ich glaube, ganz Deutschland war damals spießig. Man achtete schon sehr darauf, was die Leute über einen dachten, und verhielt sich dementsprechend angepasst. Wurde zu Hause gefeiert, stand meine Mutter stundenlang in der Küche. Sie bereitete alles vor: Kartoffel-, Eier- und Nudelsalat. Ihre Käseigel werde ich nicht vergessen. Die gehörten damals in nahezu jedem deutschen Haushalt zum Party-Buffet. Es wurde überall geraucht, obwohl meine Eltern das im Grunde nicht mochten. Und es kamen immer dieselben Leute zu Besuch: Onkel, Tanten, einige wenige Freunde meines Vaters und Freundinnen meiner Mutter. Wenn es in den Urlaub ging, dann immer in den Süden. Die Berge hatten es meinem Vater angetan. Meine Mutter hatte glücklicherweise eine Freundin in Isny im Allgäu. Besuchten wir sie, wohnten wir auf dem Bauernhof der Familie Golling. Für uns Kinder war das wunderschön. Wir durften beim Heumachen und im Kuhstall helfen oder fuhren mit dem Trecker, den wir gelegentlich sogar selbst steuern durften. An manchen Tagen aßen wir in einem Restaurant zu Abend, aber meistens schmierten wir uns Butterbrote im Pensionszimmer. Bei Wanderungen baute mein Vater ab und zu mit uns Wassermühlen an kleinen Bachläufen.

Denke ich an diese Zeit zurück, war das der unbeschwerte Teil unserer Kindheit. Diese Unbeschwertheit war leider irgendwann vorbei.

Wie meine Geschwister besuchte ich den katholischen Kindergarten. Dieser lag gleich hinter dem katholischen Krankenhaus und wurde von demselben Nonnenorden geführt wie das Hospital. Meine Erinnerung an die Kindergartenzeit ist verblasst. Ab und zu blättere ich in meinem persönlichen Abschiedsbuch, das die Leiterin, Schwester Ursula, für mich wie für jedes andere Kind gebastelt hatte. Da sind meine Handarbeiten und Malereien drin und ein kleines Gedicht, das Schwester Ursula mir mit auf den Weg ins Leben gab. Ganz am Anfang heißt es: »Matrose will ich werden und später Kapitän. Dann werde ich viel reisen und ferne Länder sehen.«

Die ersten Zeilen deuten schon darauf hin, dass Schwester Ursula ein Kind erlebte, das die Welt sehen wollte. Das war damals schon mein Traum, der später in Erfüllung ging, wenngleich nicht als Kapitän.

Ich werde heute hin und wieder gefragt, ob ich damals schon wusste, dass ich doch eigentlich ein Mädchen war. Meine Kindergartenzeit liegt dreiundsechzig Jahre zurück. Ich glaube heute in der Nachbetrachtung, dass mir schon früh bewusst war, dass etwas mit mir nicht so war, wie es die gesellschaftlichen Konventionen vorsahen. Aber selbst wenn alles ganz klar gewesen wäre, wenn ich das alles so früh begriffen hätte: Was wäre damals möglich gewesen? Und wem hätte ich mich anvertrauen können?

Bereits vor der Pubertät wurde das Bewusstsein, dass der liebe Gott für mich die falsche Verpackung gewählt hatte, zunehmend stärker. Ich muss zehn oder elf Jahre alt gewesen sein, als ich mich immer öfter im Kleiderschrank meiner Mutter umschaute. Das war einer meiner liebsten Plätze, hier fühlte ich mich am wohlsten. In diesem Schrank duftete es nach ihrem Parfüm. Ich sog diesen Duft tief ein, manchmal habe ich ihn heute noch in der Nase. Wenn ich allein zu Hause war, dann schlüpfte ich in die Sachen meiner Mutter. Sie hatte schöne Kleider und tolle Kostüme, die ich heimlich anzog. Wenn ich mich dann im Spiegel betrachtete, war ich in diesen Momenten für kurze Zeit ich, für kurze Zeit glücklich. Mit ihren Sachen konnte ich die falsche Verpackung kaschieren. Ich fühlte mich richtig. Das hatte ein abruptes Ende, als ich erwischt wurde.

Unsere Wohnung lag im ersten Stock eines alten Hauses, das mit Kohleöfen beheizt wurde. Einer stand in der Küche, der andere im Esszimmer. In dieser Wohnung machte ich in den Kleidern meiner Mutter meine ersten Erfahrungen als Mädchen. Ich wollte so sein wie sie. Meine Sachen sollten so gut riechen wie die in ihrem Kleiderschrank. Stunden hätte ich darin verbringen können. Doch dann kam der Tag, als ein Teil meiner Familie früher als erwartet zurückkam und mich, den ältesten Sohn, in den Kleidern der Mutter sah. Meine Erinnerung an den Moment des Erwischtwerdens ist verblasst. Was am Abend aber daraufhin passierte, erinnere ich, als wäre es gestern gewesen.

Mutti verbrannte die Sachen, die ich getragen hatte, im Kohleherd in der Küche. Ich stand in der Tür und sah ihr zu: Wie sie mit dem Stocheisen ihre Sachen immer weiter ins

Feuer drückte. Wie die Flammen aus dem Herd herausleckten, bis sie den Deckel darauf schob. Ich weiß heute nicht mehr, was sie dabei sagte. Damals dachte ich, sie sei wütend. Erst viel später verstand ich, dass es keine Wut war, die sie trieb. Es war Unverständnis.

Mir war, als verbrannte damals ein Teil meiner Seele. Ich rannte in das Jungszimmer, setzte mich unten auf das Etagenbett und weinte hemmungslos. Sicher, weil ich entdeckt worden war, aber sicher auch, weil mir meine Situation als ausweglos erschien. Und das war sie damals auch. Menschen wie mich kannte die Gesellschaft nicht. Wie sollte meine Familie sie kennen. Mein Vater kam dann zu mir und setzte sich neben mich. »Wenn du reden möchtest, können wir reden«, bot er mir an. Aber das wollte ich nicht. Ich hätte mich offenbaren und mein Innerstes nach außen kehren müssen. Das war völlig unmöglich. Das brachte ich einfach nicht fertig. Er blieb trotzdem neben mir sitzen. Ich weiß nicht mehr wie lange.

Er liebte seine Kinder, auch wenn er das nie offen zeigte. Und das spürte ich. Ich spürte auch, dass er sich fragte, was mit seinem ältesten Sohn los war. Aber damals auf der Bettkante fand er keine Antwort. Ich glaube nicht, dass er später einem Freund von dieser Situation erzählte. Das war nicht seine Art. Was in der Familie passierte, das hatte in der Familie zu bleiben. Vertrauliche Gespräche mit Außenstehenden über familiäre Dinge waren für ihn unvorstellbar. Vor allem über Dinge, über die sich die Leute »das Maul zerreißen würden«.

Ich hatte Vertrauen zu meinem Vater, aber so weit, dass ich ihm alles erzählt hätte, ging das Vertrauen dann doch nicht. Und auch wenn ich spürte, dass er mich liebte, so spürte ich auch immer eine gewisse Distanz, die mir erst beim Nachdenken über unsere Beziehung bewusst wird. Lag es vielleicht daran, dass wir so unterschiedlich groß wurden? Meine Geschwister und ich wuchsen inmitten des deutschen Wirtschaftswunders auf. Mein Vater war dagegen schon mit siebzehn Jahren in den Krieg eingezogen worden und erst Jahre später aus der Gefangenschaft wieder zu seinen Eltern zurückgekehrt. Ich kann mir gar nicht ausmalen, was so eine Erfahrung mit mir gemacht hätte.

Draußen, am Tisch im Esszimmer, warteten meine Mutter und meine Geschwister mit dem Abendessen. Irgendwann ging mein Vater wieder zu ihnen; ich folgte ihm kurze Zeit später. Wir sprachen nicht mehr über dieses Thema. Viele Jahre nicht. Es war schon am nächsten Tag so, als sei nie etwas gewesen.

Ich glaube, ich war – wie meine Eltern – ziemlich überfordert mit der Situation. Und trotzdem bin ich heute dankbar. Auch wenn meine Eltern mit der weiblichen Seite ihres »Sohnes« Probleme hatten, war ihnen doch immer wichtig, dass ich ihr Kind war. Ich habe von Seelenverwandten gehört, die verprügelt oder gar aus dem Haus geworfen wurden, nachdem sie sich ihren Erziehungsberechtigten offenbart hatten.

Viele Jahre nachdem sie mich erwischt hatten – ich war

schon über vierzig Jahre alt –, sagte meine Mutter mir einmal, dass sie das doch gar nicht gekannt hatte, von ihren drei Brüdern hätte sie so etwas nie gehört. Zu diesem Zeitpunkt machte es ihr schon lange nichts mehr aus, wenn sie mich im Kleid sah. Ihre Erklärungsversuche klangen ein wenig wie eine Entschuldigung. Dabei brauchte sie sich für nichts zu entschuldigen. Ich verstand sie. Mein Vater hatte offensichtlich auch die kommenden Jahre sehr viel stärker mit sich zu kämpfen. Aber auch er lehnte mich nie ab. Und das ist angesichts der vielen schrecklichen Geschichten, die ich von anderen Eltern gehört habe, doch etwas ganz Besonderes. Ich bin meinem Vater dankbar dafür, dass er damals nicht hart reagiert hat.

An einem Tag im Frühjahr 1986, Jahrzehnte nach meinem Erwischtwerden, suchte ich noch einmal das Gespräch mit ihm. Ich hatte ihn zum Essen in ein schönes Restaurant am Rhein bei Meerbusch eingeladen. Davor hatte er sein Flugticket eingelöst. Unsere Familie hatte ihm zum sechzigsten Geburtstag einen Rundflug in einer JU 52 geschenkt. Nach seiner Landung fuhr ich mit ihm alleine in das Restaurant. Was dann passierte, hatte ich nicht geplant, aber auf einmal platzte es aus mir heraus. Ich erzählte ihm, wer ich wirklich bin.

Dass ich eine Frau bin.

Ich wollte ihm alles erzählen: über Georgine, von der Möglichkeit, den Personenstand zu ändern, von der Möglichkeit der geschlechtsangleichenden Chirurgie. Aber dazu kam es erst gar nicht.

»Das habe ich mir gedacht«, antwortete er brummend auf meine einleitenden Worte. »Mutter macht immer so Andeutungen.«

Das war es. Mit diesen zwei Sätzen war das Thema für ihn beendet. Er aß einfach weiter, er stellte keine Fragen. Dabei hatte ich mir sehr gewünscht, dass er sich für mich und mein Seelenleben interessiert. Aber weil er das nicht wollte, sprachen wir nie wieder darüber.

Das war das letzte Mal, dass ich versucht hatte, ihn an meinem Innersten teilhaben zu lassen. Jahre zuvor, als er mich einmal in meiner Wohnung in Damenschuhen sah, sagte er, ich solle die »albernen Schuhe« ausziehen. Ich lief daraufhin in mein Schlafzimmer, setzte mich aufs Bett und weinte. Dieses Mal kam er nicht, um sich neben mich zu setzen. Ich glaube, eine Konfrontation hätte uns beiden nicht gutgetan. Und sie hätte am Ende auch nichts gebracht.

Ich bin traurig und bedauere, dass wir uns nie richtig aussprechen konnten. Ich hätte ihm gerne alles erklärt. Aber dazu gehören immer zwei Menschen, und ich glaube, darauf wollte er sich nicht einlassen. Auch das verstehe ich. Er war ja auch ein Kind seiner Zeit.

Mein Vater Gerhard Kellermann wurde 1926 geboren. Mitten hinein in eine bürgerliche Ratinger Familie. Sein Vater Otto Kellermann war Rektor an der Minoritenschule im Ratinger Stadtzentrum. Er muss eine beeindruckende Persönlichkeit gewesen sein. Ich habe ihn nie kennengelernt, denn wenige Monate, bevor ich geboren wurde, war er gestorben. Aber wenn ich als Junge irgendwo in Ratingen meinen Nachnamen nannte, dann wurde oft gefragt, ob ich ein Enkel »vom Rektor Kellermann« sei. Wenn ich das bejahte, dann bescheinigten die ehemaligen Schülerinnen und Schüler häufig, er sei ein feiner Mann gewesen. Ich bin ziemlich stolz auf diesen Otto Kellermann und darauf, seine Enkelin zu sein.

Politisch stand er der deutschen Zentrumspartei nahe. Das gehörte sich so für einen ordentlichen Katholiken in der ersten Hälfte des letzten Jahrhunderts. Mit den Nationalsozialisten hatte er nichts am Hut. Deshalb wurde er als Lehrer auch nicht befördert, solange die Nationalsozialistische Deutsche Arbeiterpartei (NSDAP) das Sagen hatte. Nach Ende des Zweiten Weltkrieges suchte die britische Militärregierung Lehrer, die Adolf Hitler nicht treu ergeben waren. Gemeinsam mit vier anderen wurde mein Großvater daher Rektor von sieben Ratinger Schulen. Damals fanden sich nicht viele, die die Nationalsozialisten nicht unterstützt hatten. Dass mein Großvater, wie der Rest der Familie, das Regime nicht unterstützte und kein Nationalsozialist war, empfinde ich bis heute als etwas ganz Besonderes.

Die Charakterstärke meines Großvaters färbte auch auf meinen Vater und seinen Bruder ab. Die beiden waren bei den Pfadfindern und in der katholischen Jugend aktiv. In die Hitler-Jugend wollten sie partout nicht eintreten. Erst als 1939 die Jugenddienstpflicht eingeführt wurde, mussten sie in die Zwangsmitgliedschaft bei der HJ. Später wurden beide Soldaten und in Frankreich eingesetzt. Mein Vater gehörte zur Wachmannschaft der Festung La Rochelle an der Atlantikküste. Er wurde an einer Flugabwehrkanone eingesetzt, musste dafür sorgen, dass immer genug Munition da war. La Rochelle war ein Zentrum für die U-Boot-Flotte der Nazis; entsprechend oft wurden der Ort und vor allem die Festung von alliierten Bombern angegriffen. Als Kriegsgefangener wurde er dann auf einen Bauernhof in der Nähe von Compiègne in Ostfrankreich verlegt. Mit dem Pflug holte er bisweilen Granatsplitter aus dem Ackerboden, die der Erste Weltkrieg dort hinterlassen hatte. Seine Zeit in Frankreich prägte ihn sehr. Trotz der Umstände verliebte er sich in die Menschen und ihre Sprache.

Leider zeigte er uns nie sein Frankreich. Das lag auch daran, dass meine Mutter kein Französisch sprach und sich dort kaum mit jemandem hätte unterhalten können. Ich hätte die Menschen, für die er als Kriegsgefangener gearbeitet hatte, für mein Leben gerne kennengelernt. Als ich in Frankreich lebte und dort für den WDR arbeitete, verpasste ich diese Gelegenheit. Aber wer weiß, ob damals überhaupt noch jemand von ihnen lebte.

Französisch sprach mein Vater für sein Leben gerne. Leider hatte er dazu nur selten Gelegenheit. Als er am Ende seines Lebens zunehmend dement im Altenpflegeheim in Weeze am Niederrhein lebte, sprach er so oft Französisch, dass ihm das Team des Heims Bücher auf Französisch schenkte.

Mein Vater ist auch einer derjenigen, die mir die Grundlagen für den Journalismus beibrachten – ohne es zu wissen. Wenn wir Abendbrot aßen und jemand am Tisch stellte eine Frage, die unser Vater nicht beantworten konnte, war das Abendbrot zunächst einmal vorbei. Im Bücherschrank, der im Esszimmer stand, hatte er eine kleine Ausgabe des Brockhaus. Fünf Bände und einen Gesundheits-Brockhaus. Die holte er alle aus dem Schrank, während wir Wurst und Käse beiseiteschieben mussten. Dann wurde erst einmal die Frage geklärt. Und zwar bis ins kleinste Detail. Meine Geschwister und ich wogen mehr als einmal panisch ab: »Ist nicht so wichtig.« Schließlich hatten wir Hunger. Aber darauf ließ er sich nicht ein, er gab nicht auf. Diesen Charakterzug habe ich von ihm. Recherchieren liegt mir ganz gut, und daran hat mein Vater mit seiner Versessenheit darauf, Antworten zu finden, einen großen Anteil.

Ich fühlte mich in meiner Jugend meinem Vater näher als meiner Mutter. Das hatte letztendlich auch mit der Krankheit meiner Mutter zu tun. Heute empfinde ich es als extrem ungerecht meiner Mutter gegenüber. Aber als Kind und als Jugendliche hinterfragte ich meine eigenen Emotionen selten.

Meine Mutter, Maria Boller, wuchs in Betzdorf an der Sieg auf. Ihr Vater, Josef Boller, war Hundeführer bei der Bahnpolizei und wohl ein sehr strenger Mann gewesen. Nach den Erzählungen über ihn habe ich ein wenig den Eindruck, als habe er seinen Hunden mehr Aufmerksamkeit geschenkt als seinen sechs Kindern. Es gibt aber widersprüchliche Geschichten über ihn: Er liebte seine Hunde, aber als eines der

Tiere nach seinem jüngsten Kind – meiner Tante Inge – schnappte, zeigte er ihm mit etlichen Schlägen, wer der Herr im Hause war. Ich selbst lernte ihn nie kennen. Auch er starb, bevor ich geboren wurde.

Meine Großmutter nannten wir »Oma Betzdorf«. Sie war eine herzensgute Frau. In der Nähe von Betzdorf gab es während der Nazi-Herrschaft ein Zivilarbeitslager, in dem Verschleppte und Kriegsgefangene eingesperrt waren. Sie wurden in verschiedenen Betrieben rund um Betzdorf zur Arbeit gezwungen. Wenn Bombenalarm war, durften sie keinen Schutz im Bunker suchen. Wer sich nicht daran hielt, wurde hingerichtet. Meine Großmutter steckte den armen Menschen aber trotzdem ab und an Brot zu, wenn sie glaubte, die Luft sei rein. Als sie einmal erwischt wurde, zerrte man sie vor einen Richter, und sie wurde zu einer Geldstrafe verurteilt.

Ich kenne sie nur im Hauskittel. Brot schnitt sie immer mit einem großen Messer, dafür hielt sie den Laib vor den Oberkörper und schnitt in Richtung Brust. Ich bekomme heute noch Panik, wenn ich daran denke.

Meine Mutter lebte immer auf, wenn wir nach Betzdorf fuhren. Dann saß sie mit ihren Schwestern und ihrer Mutter in der Küche, und sie erzählten unentwegt. Mir ist erst heute klar, dass sie sich dann ungezwungen fühlen konnte. In Ratingen, in der Nähe der sehr bürgerlichen Familie meines Vaters, war diese Ungezwungenheit immer weg.

Mutti hatte sicherlich keine leichte Jugend. Sie war eines

der älteren von sechs Kindern. Also musste sie auf ihre jüngeren Geschwister aufpassen. Da blieb nicht viel Zeit für Dinge, die Kinder gerne machen. Als sie sich einmal das Bein gebrochen hatte, musste sie trotzdem das Haus putzen, aber nur bis zur Eingangstür, nicht davor. Das hätten ja die Nachbarn sehen können.

Einmal verprügelte sie ihr Vater wohl für etwas, was sie gar nicht getan hatte. Als er seinen Fehler bemerkte, sagte er nur, dass sie damit die Prügel für das nächste Mal schon bekommen hätte. Daran erinnerte er sich beim nächsten Mal aber nicht mehr.

Sie erzählte mir einmal, dass sie sich zu einem Geburtstag eine Apfelsine gewünscht hätte, die sie nicht mit ihren Geschwistern teilen musste und ganz alleine essen durfte. Über dieses Geschenk habe sie sich so sehr gefreut, dass sie es so lange immer wieder in die Luft geworfen habe, bis die Apfelsine vom vielen Hinfallen nicht mehr essbar gewesen sei.

Meine Mutter wurde 1930 geboren. Drei Jahre später übernahmen die Nationalsozialisten die Herrschaft in Deutschland. Als sie zehn Jahre alt wurde, dauerte der Zweite Weltkrieg gerade ein halbes Jahr an. Weil Betzdorf ein Eisenbahnknoten war, wurde es immer wieder von alliierten Bombern attackiert, um die Bahnanlagen zu zerstören. Und weil die Familie meiner Mutter in einem Eisenbahnerhäuschen in der Nähe der Gleise lebte, verbrachte meine Mutter so manche Bombennacht im Bunker. Als sie einmal im Garten war, kam ein Jagdflugzeug und schoss auf sie. Die Maschine flog so niedrig, dass sie den Piloten erkennen konnte, das erzählte sie uns Kindern später. Sie warf sich auf den Boden, ihr passierte nichts. Aber wie leicht hätte meine Mutter sterben können. Angesichts der schrecklichen Bilder aus den heutigen Kriegsgebieten empfinde ich das auch heute noch als ein großes Glück.

Sie wäre eigentlich gerne auf ein Gymnasium gegangen, aber das erlaubte ihr Vater nicht. Stattdessen begann sie die Ausbildung zur medizinisch-technischen Assistentin. Im Ratinger Krankenhaus bediente sie die riesigen Röntgenapparate. In diesem Beruf ging sie auf. Menschen helfen, das konnte sie gut. Meinen Geschwistern und mir erzählte sie so manche Geschichte: von Schwerverletzten, die in die Notaufnahme gebracht wurden, die sie dann röntgen musste. Mancher starb noch auf dem Röntgentisch. Einige dieser Menschen und ihr tragisches Schicksal vergaß sie nie.

Das Krankenhaus war katholisch und wurde von Nonnen geführt. Meine Mutter hatte dort ein Zimmer und wurde verpflegt. Obwohl sie längst volljährig war und die Ausbildung abgeschlossen hatte, musste sie ihren Verdienst an ihre Eltern schicken. Lediglich eine Nivea-Creme durfte sie sich von ihrem Gehalt kaufen und ein kleines Taschengeld behalten. Als sie einmal das Geld nicht nach Hause schickte, setzte sich ihr Vater in den Zug, fuhr nach Ratingen und holte das Geld persönlich ab.

Meine Mutter war ein mitfühlender Mensch. Wenn jemand in Not war, dann litt sie mit. Zugleich wies sie so manchen in seine Schranken. Ich erinnere mich daran, dass mir ein Lehrer einmal eine Strafarbeit aufgegeben hatte. Der hatte einen ziemlich miesen Charakter, und meine Mutter empfand die Strafarbeit als reine Schikane. Sie rief ihn an und schlug ihm vor, dass sie mich zu ihm schicken würde, damit ich die Strafarbeit unter seiner Aufsicht beenden könnte. Damit hatte sich das Thema erledigt.

Ebenso herzensgut wie meine Mutter war mein Patenonkel, Onkel Heinz – einer ihrer Brüder. Ich glaube, ich war neun oder zehn Jahre alt, als meine Eltern mich in den Herbstferien das erste Mal zu ihm in den Westerwald schickten. Wir arbeiteten zusammen im Garten hinter seinem Haus. Damals gab es noch Pferdefuhrwerke in der Kleinstadt Rennerod, wo er mit seiner Familie lebte. Jedes Mal, wenn er Pferde hörte, lief er mit Schaufel und Eimer auf die Straße, um die Pferdeäpfel für seine Rosen aufzulesen. Ich denke heute noch jedes Mal daran, wenn ich im Garten meine Rosen sehe. Die würden mit der Düngung meines Patenonkels sicher besser aussehen.

Onkel Heinz fuhr für die Deutsche Bahn, die damals noch Deutsche Bundesbahn hieß, eine Dampflok auf den Eisenbahnstrecken im Westerwald. Einmal nahm er mich mit an seinen Arbeitsplatz. Es war ein trüber Tag, kalt und grau, so wie man sich den Westerwald im Herbst gemeinhin vorstellt. Ich erinnere mich noch gut daran, wie ich zwischen dem Heizer und Onkel Heinz stand und dieses Erlebnis in mich aufsog. Die Hitze, die aus der Feuerbuchse kam, wenn der

Heizer die Klappe öffnete, um neue Kohlen hineinzuschaufeln. Und die sich mit dem kalten Fahrtwind mischte, der durch alle Öffnungen in den Führerstand zog. Der Geruch von heißem Öl. Mein Patenonkel, der rechts stand, und sein Kollege, der Heizer, auf der linken Seite. Die beiden unterhielten sich schreiend quer durch das Führerhaus. So schnauften wir mit der Lokomotive über die Höhen des Westerwaldes. Onkel Heinz war glücklich, weil er seinem Patenkind eine riesige Freude gemacht hatte. Und ich war glücklich, weil ich den tollsten Patenonkel der Welt hatte. Onkel Heinz zeigte mir nämlich seine Welt. Damit machte er mich neugierig, er begeisterte mich. Grundlagen, die auch eine Journalistin braucht, wenn sie ihren Beruf ernst nimmt: Die Neugier an den Geschichten der Menschen und die Begeisterung für deren Leben.

Onkel Heinz ist dann leider früh gestorben. Ich erinnere mich noch daran, wie meine Eltern darüber sprachen, dass Heinz im Krankenhaus läge. Es sah nicht gut aus. Und dann fuhren wir zu seiner Beerdigung.

Ich weiß nicht, ob ich meinen Patenonkel in mein Geheimnis hätte einweihen können, weil ich mir schwer vorstellen kann, wie er reagiert hätte. Seine Kinder akzeptieren mich heute, wie ich bin. Dafür bin ich dankbar. Vielleicht hätte er ebenso reagiert.

Mein Geheimnis war aber nicht das einzige in der Familie Kellermann. Die Mutter meines Vaters hieß Henriette. Alle nannten sie nur Jettchen. Sie war schon im Ersten Weltkrieg verlobt gewesen. Als ihr Verlobter dann einberufen wurde und an die Front musste, heiratete er Jettchen. Ich glaube, er ahnte, dass er nicht zurückkehren würde und wollte seine große Liebe versorgt wissen. Tatsächlich fiel er, irgendwo im Granatenhagel, für die deutsche Großmannssucht. Nach dem Ersten Weltkrieg lernte meine Großmutter dann meinen Großvater kennen und heiratete zum zweiten Mal. Fünf Kinder zogen die beiden gemeinsam groß.

Jettchen war eine sehr katholische, sehr gläubige Frau. Ihre Gefühle zeigte sie nie, und so habe ich sie als gefühlskalt in Erinnerung. Wenn wir Kinder ihr zur Begrüßung einen Kuss auf die Wange gaben, wurde der nie erwidert. Er wurde gnädig angenommen.

Sie war streng, aber besonders mit ihren eigenen Kindern. Für sie war es wohl eine Katastrophe in ihrem Leben, als eine ihrer Töchter ungeplant ein Kind bekam. Meine Tante Hilde war nicht verheiratet. Aber der eigentliche Skandal war, dass der Erzeuger des Kindes ein Kaplan aus Ratingen war. Ich erfuhr von dieser Geschichte erst in meiner Jugend, und dann auch nur bruchstückhaft. In meiner Familie wurde sie nie thematisiert. Meine Cousine Ute, das Kind dieser Beziehung, erzählte sie mir erst viele Jahre später. Was für ein Skandal im Ratingen der Fünfzigerjahre, und ein Mitglied der Familie Kellermann stand im Zentrum. Jettchen bat ihre schwangere Tochter Hilde damals sehr deutlich, die Stadt zu verlassen. Daraufhin zog meine Tante nach Detmold, wo meine Cousine Ute zur Welt kam. Nur einmal – gleich nach der Geburt – fuhr meine Oma mit ihren anderen Kindern nach Detmold, um ihre neugeborene Enkelin zu sehen. Bis sie acht Jahre alt war, traf Ute ihre Großmutter nicht mehr. Erst als Tante Hilde einen Mann heiratete und dieser Ute adoptierte, war Jettchen wieder bereit, ihre Enkelin zu treffen.

Mit meiner Cousine Ute verbindet mich eine besondere Beziehung. Ute lebt seit vielen Jahren mal in Berlin, mal in Brasilien. Besuchte ich sie in Berlin, durfte ich ein paar Tage lang unbeschwert leben. Ich durfte die jugendliche Georgine sein: Ute ging mit mir ins Museum oder ins Restaurant. Ihr war egal, was die Leute dachten. Und mir in diesen Momenten auch. Denn ich hatte Ute an meiner Seite, sie war meine Beschützerin. Uns verbindet nicht nur, dass wir Verwandte sind. Uns verbindet auch, dass wir lange mit einer Lüge leben mussten. Ute wurde abgelehnt, weil sie das uneheliche Kind eines Priesters war. Nicht einmal mit ihrer Mutter konnte sie darüber sprechen. Ihr Wunsch, ihren Erzeuger kennenzulernen, wurde daher nie erfüllt. Ihre Mutter weigerte sich, den Kontakt herzustellen. Nicht einmal ein Foto des Mannes hat sie.

Vor ein paar Jahren erfuhr sie, wo der Priester nach seinem Tod beerdigt wurde. In einem kleinen Ort, nicht weit von Bonn entfernt, wo auch seine letzte Pfarrstelle war. Ich fuhr mit ihr an das Grab, in dem ihr Erzeuger liegt. Ich kann mir nur sehr schwer vorstellen, was an diesem Morgen auf dem Friedhof in ihr vorging. Da stand sie am Grab des Mannes, der ihr Vater war. Mit dem sie nie ein Wort gesprochen hatte. An den sie so viele Fragen gehabt hatte, die sie nie stellen durfte und die an diesem Morgen vor diesem einfachen Grab wieder hochkamen.

Ich fuhr nach dem Besuch auf dem Friedhof ins WDR-Studio Bonn, in dem ich damals arbeitete. Ute blieb noch in dem kleinen Ort. Sie wollte ein wenig mehr über den Mann erfahren, der so wichtig für ihr Leben war, obwohl sie ihn nie kennenlernen durfte. Ihr Ziel war die letzte Wirkungsstätte ihres Erzeugers.

Nachdem sie im Pfarrhaus erzählt hatte, warum sie gekommen war, wurde sie sehr abweisend behandelt. Sie solle die alten Geschichten ruhen lassen, erzählte sie mir, als ich sie am Nachmittag abholte. Ich bin heute noch sehr zornig darüber, wie empathielos manche Christ:innen sein können.

Die Lebenslüge, die die Familie Kellermann meiner Cousine Ute aufzwang, wird sie ihr Leben lang begleiten. Sie lässt sich nicht mehr auflösen.

Die Geschichte ihrer Tochter Hilde und ihrer Enkelin Ute zeigt, dass menschliche Wärme und Empathie keine Charaktereigenschaften waren, die meine Großmutter in Ratingen auszeichneten. Diese emotionale Zurückhaltung gab sie an ihre Kinder und so auch an meinen Vater weiter. Das wird auch einer der Gründe dafür gewesen sein, dass sich meine Mutter nie so recht wohl im Umfeld der Kellermänner fühlte. Sicher wäre ihr Leben anders verlaufen, wenn sie in ihrer Heimat nah bei ihrer Mutter und ihren Geschwistern geblieben wäre. Denn Mutti veränderte sich zunehmend. Sie war häufig krank, schlief viel, und einmal musste sie gar für längere Zeit ins Krankenhaus.

Uns Kinder schickte sie immer öfter in den kleinen Lebensmittelladen schräg gegenüber in unserer Straße. Wir mussten Magenbitter kaufen; in den kleinen Pappdosen waren drei Fläschchen. Den brauchte sie für ihren Magen, erklärte sie uns. Wenn wir von der Schule kamen, schmeckte das Mittagessen auch schon mal nicht so sehr, denn immer häufiger lag sie im Bett. Einmal hatte sie Kartoffeln aufgesetzt und sie dann auf dem Herd vergessen. Die Wohnung stank wahnsinnig, und die Kartoffeln sahen aus wie Eierkohlen. Der Topf war nicht mehr zu retten.

Der Weg in die Sucht war schleichend. Wir Kinder nahmen das zunächst nicht wahr. Und auch mein Vater erkannte nicht von jetzt auf gleich, was mit seiner Ehefrau passierte. Er trank selbst gerne. Zum Abendessen gab es Bier, auf Pfarrfesten gehörte er zum harten Kern. Mutti erzählte mir viele Jahre später, dass er sie immer aufgefordert habe, auch ein Bier zum Abendessen zu nehmen. Für sie, die eigentlich lieber Tee trank, war das wohl auch ein möglicher Auslöser für die Abhängigkeit, aber sicher nicht der einzige. Für Mutti begann ein Teufelskreis: Je mehr sie trank, desto mehr irritierte sie ihre Familie. Ihre Kinder distanzierten sich, ihr Mann auch.

Inzwischen reichte das Haushaltsgeld nicht mehr für Haushalt und Sucht. Sie lieh sich Geld bei Nachbarn, Freunden und Verwandten. Und natürlich versuchten wir alle, die Alkoholabhängigkeit unserer Mutter zu vertuschen. Was sollten denn die Leute denken? Aber das war ab einem bestimmten Punkt nicht mehr möglich.

Einmal war sie in einem anderen Stadtteil gestürzt. Ein Rettungswagen kam und brachte sie in das katholische Krankenhaus, in dem sie ausgebildet worden war. Ich bekam einen Anruf, ob ich sie bitte dort abholen könne. In der Zufahrt zur Ambulanz stand noch der Rettungswagen, als ich ins Krankenhaus kam. Einer der Sanitäter wohnte in unserer Straße, nur ein paar Häuser weiter. Meine Mutter saß auf dem Gang, auf dem sie früher als medizinisch-technische Assistentin hin und her gelaufen war, und wartete auf mich. Beim Sturz hatte sie sich ziemliche Abschürfungen zugezogen. Die waren jetzt alle versorgt, aber auf ihrer Kleidung waren überall Blutflecken. Als wir das Krankenhaus verließen, gingen wir durch den Garten, in dem sie meinen Vater kennengelernt hatte.

Bevor ich den Weg in den Journalismus einschlug, hatte ich in meiner Jugend so einige Berufswünsche. Als wir in unserer Pfarrei einen coolen Kaplan hatten, wollte ich Priester werden. Dafür wäre ich aus der katholischen Kirche aus- und in die evangelische Kirche eingetreten. Dort dürfen ja im Gegensatz zu den Katholiken auch Frauen Seelsorgerinnen werden.

Mein absoluter Traum war es jedoch, Pilot zu werden. Ein Flugzeug zu steuern stelle ich mir bis heute wunderbar vor. Nachts, zehn Kilometer über der Welt, über mir die Sterne. An Orte zu gelangen, deren Namen großartig klingen. Die

Technik zu beherrschen, um so ein riesiges Flugzeug wieder sicher landen zu können. Selbst in den letzten Jahren als Reporterin sagte ich immer: »Wenn heute jemand kommt und mir anbietet, für ihn zu fliegen, würde ich alles stehen und liegen lassen. Mein Traumarbeitsplatz ist in einem Flugzeug. Ganz vorne. Links.« Aber der Beruf des Piloten war für mich unerreichbar, weil mein rechtes Auge eine Hornhautkrümmung hat. Ins Cockpit wäre ich damit nie gekommen – das ist die offizielle Ausrede. Dass ich in Mathematik und Physik eine Niete war, gehört auch zur Wahrheit. Mit diesen Fähigkeiten hätte ich es auch nie und nimmer an den Steuerknüppel eines Verkehrsflugzeuges geschafft. Aber vielleicht hätte ich mich in diesen Fächern mehr angestrengt, wenn das Auge nicht ein unüberwindbares Hindernis gewesen wäre.

Lange war auch Unfallchirurg ein Herzenswunsch von mir. Da war ich sicher etwas von meiner Mutter beeinflusst worden. Weil ich mit neunzehn Jahren schon einmal Praxiserfahrungen sammeln wollte, ging ich ins katholische Krankenhaus und bot meine Hilfe an. Dort unterstützten am Wochenende Freiwillige das Personal beim Bettenmachen und bei der Patientenbetreuung. Das war eine tolle Aufgabe: Ich konnte Menschen helfen und bekam sehr viel Dankbarkeit zurück. Während also meine Schulkameraden Freitag und Samstag in die Disco gingen, lag ich abends früh im Bett, weil die Arbeit im Krankenhaus schon vor sechs Uhr losging. Sonntagnachmittag, wenn die Tabletts vom Mittagessen abgeräumt waren, durfte ich dann in die Ambulanz und den Ärzt:innen bei der Arbeit zuschauen. Oft kamen

Unfallopfer von der nahe gelegenen Autobahn. Einmal wurde ein schwer verletzter Säugling angekündigt. Ich erinnere mich noch, wie der diensthabende Chirurg fragte, wie er den Säugling behandeln solle. Er habe doch kein Säuglings-OP-Besteck.

Als sich der Rettungswagen mit seinem Martinshorn ankündigte, gingen wir an den Ausgang zur Ambulanz. Aus dem Rettungswagen kletterte ein Sanitäter, der ein kleines, schreiendes Bündel auf dem Arm hielt. Nirgends hätten sie das Baby hinlegen und festschnallen können. Also musste der arme Mann das blutende und schreiende Kind die ganze Zeit in seinen Armen halten. Ich konnte ihm ansehen, wie sehr auch er darunter litt. Der Chirurg untersuchte den Säugling. Zum Glück bestand offenbar keine Lebensgefahr. Also bat er die Sanitäter, mit dem Baby in die nächste große Klinik nach Kaiserswerth zu fahren. Dort waren die Ärztinnen und Ärzte für die Behandlung von Kleinstkindern ausgestattet. Auch für die beiden Sanitäter, die das Baby ins Krankenhaus gefahren hatten, muss das ein schrecklicher Auftrag gewesen sein und für das Baby eine Tortur. Diese Menschen gingen mir lange nicht mehr aus dem Kopf. Da geht es mir ähnlich wie meiner Mutter.

Das Krankenhaus war alt. Ich arbeitete in der Regel auf der Inneren Männerstation. Da waren Zimmer, in denen mitunter vier Patienten lagen. Das Alter des Gebäudes sah man ihm überall an, vor allem aber auf den Toiletten. Es gab drei für die ganze Station, zwei waren unbenutzbar und die dritte war fast immer schrecklich verdreckt. In dieser Zeit war ich bereits Mitglied in der Jungen Union, der Jugendvereinigung der CDU, der »Christlich« Demokratischen Union Deutschlands. Auch die politische Sozialisierung meiner Familie hatte einwandfrei funktioniert. Einmal in der Woche war Stammtisch, an diesem saßen manchmal auch Ratsmitglieder der CDU. Dort schilderte ich die unerträgliche Situation im Krankenhaus. Ich hatte die Hoffnung, dass politisch Verantwortliche sich die Situation einmal ansehen und für Abhilfe sorgen würden.

Das war 1976. Ich war 19 Jahre alt und ziemlich naiv. Wenige Tage nachdem ich von der unmöglichen Toilettensituation berichtet hatte, kam ein Brief, in dem der Geschäftsführer des Krankenhauses mir schrieb, dass man auf meine Unterstützung verzichten würde. Ich hätte die Schweigepflicht verletzt. Das hat mich ziemlich getroffen. Dass nicht die unerträglichen Zustände im Krankenhaus im Fokus standen, sondern derjenige, der sie aufgezeigt hatte.

Obwohl ich in dieser Zeit schon einige Ideen für meine berufliche Zukunft hatte, half mir das nicht dabei, ein guter Schüler zu sein. In das städtische Gymnasium war ich aufgenommen worden, weil meine Eltern den Schulleiter sehr eindringlich darum gebeten hatten.

Progressiv war das Gymnasium in Ratingen damals sicher nicht. Das hatte zu meiner Zeit auch damit zu tun, dass es eines von zwei Gymnasien war – eines für Jungen und eines für Mädchen. Beide standen nebeneinander. Erst als wir älter wurden, durften die Jungen auf denselben Pausenhof wie die älteren Schülerinnen. Und auch dann standen die Mädchen beisammen, und die Jungen blieben bis auf wenige Ausnahmen unter sich. Ich redete damals lieber mit den Mädchen. Es waren einige wirklich tolle Frauen dabei, und ich wollte zu ihnen gehören. Auch in diesen Momenten wurde mir immer wieder bewusst, dass der liebe Gott die falsche Verpackung für mich gewählt hatte. Aber das behielt ich besser für mich. Stattdessen gab ich mich betont männlich. Ich trug gerne Hemden aus der Uniformabteilung. Mit ihren Schulterklappen sahen sie aus, als seien sie für Piloten geschneidert. Dazu ließ ich mir einen roten Vollbart stehen. Nichts sollte darauf schließen lassen, wer ich wirklich war.

Später, als wir älter waren, ging das Werben los. Manche meiner Mitschüler waren da sehr erfolgreich. Ich nicht. Mir war damals nicht bewusst, woran das lag. Ich hatte sehr tolle Freundinnen, mit denen ich zu Hause oder im Café saß. Während wir süßen Wein tranken, redeten wir über Gott und die Welt. Wir wollten die Welt verändern, sie zu einem besseren Ort machen. Wir sprachen viel über Solidarität, soziale Gerechtigkeit und Gleichberechtigung. Wir wollten etwa den Zahnärzten ihre »teuren Porsches« wegnehmen und das Geld den Armen geben.

Ich nenne das selber heute »Salonsozialismus«. In der CDU war ich da schon lange nicht mehr: Die hatte ich verlassen, als Franz Josef Strauß Kanzlerkandidat wurde. Unsere Debatten führten wir mitunter sehr emotional, wir waren uns freundschaftlich tief verbunden, aber intime Beziehungen hatte ich zu Frauen sehr lange nicht. Heute bin ich mir sicher, dass es meine Unsicherheit mir selbst gegenüber war, die andere deutlich spürten und die es unmöglich machte, eine Partnerschaft einzugehen. Eine Freundin fragte mich einmal, wie das eigentlich ginge, vorzugeben, ein Mann zu sein, wenn man es doch eigentlich gar nicht sein könne. Meine Antwort: Damals war ich ein Schauspieler. Ich spielte Georg, es war die Rolle meines Lebens. Das Drehbuch dazu schaute ich mir bei meinen Schulkameraden ab, im Fernsehen oder in Büchern. Ich kopierte männliche Figuren, versuchte, ihnen nachzueifern. Und trotzdem mochte ich diese Rolle nie, ich fühlte mich unwohl. Das spürten meine Freundinnen und Freunde sicher.

Ich hatte die Wahl, mich keiner Jungengruppe anzuschließen und gemobbt zu werden oder mich einer anzuschließen und nur ab und an gemobbt zu werden. Ich wählte die leichter erträgliche Variante.

Meine Clique hatte einen Wortführer. Dem versuchten einige es recht zu machen, auch ich gehörte dazu. Mir tut heute leid, welche charakterlichen Verbiegungen ich ab und an machte, um zu gefallen. Ich wollte einfach ein richtiger Junge sein. So gab ich im Unterricht oft den Klassenclown und freute mich, wenn ich die anderen zum Lachen brachte.

Über mein wahres Ich konnte ich damals nur mit einem Freund aus der Schule sprechen. Guido hat mein Vertrauen nie enttäuscht. Wir sind heute noch befreundet. Zwar sehen wir uns manchmal sehr lange nicht, aber wenn wir uns dann treffen, ist es, als hätten wir erst gestern zusammengesessen.

Mit niemandem sonst von meinen Schulkamerad:innen hätte ich mich getraut, über mein wahres Ich zu reden – ich bin mir sogar sicher, dass ich von der Schule geflogen wäre, hätte ich das damals schon öffentlich gemacht.

Dass ich gerne den Namen Georgine tragen würde, sagte ich allen, die ich in mein Geheimnis einweihte. Nur so nennen durften sie mich nicht – aus Angst, dass das dann Nichteingeweihte hätten hören können. Das hätte sicherlich eine Menge Fragen ausgelöst. Guido akzeptierte mich, wie ich war. Das ist das Schöne an unserer Freundschaft. Sie kennt keinen Dünkel. Auch in der katholischen Jugend meiner Pfarrgemeinde gab es einige Frauen, die ich schon während meiner Schulzeit einweihte. Wie Guido enttäuschten sie mich nie. Manche begleiten mich bis heute.

In der Rückbetrachtung war ich als Georg ein würdiger Vertreter des Patriarchats. Was ist das für ein Widerspruch: ebenjene zu unterstützen, die unmöglich machten, dass ich endlich frei wurde. Aber das hatte auch mit den gesellschaftlichen Zwängen zu tun, die in den Siebzigerjahren und den Folgejahrzehnten des letzten Jahrhunderts die ungeschriebenen Regeln des Zusammenlebens bestimmten.

Nicht alles an Georg ist aus dem Jetzt gesehen kritisch zu betrachten. Es gibt auch Dinge, auf die ich stolz bin. Ich habe ein ausgeprägtes Gerechtigkeitsgen von Vater und Mutter geerbt. Manchmal glaube ich, in mir lebt eine noch stärkere Variante fort. Es ist nicht immer hilfreich, aber meistens habe ich mich über diesen Charakterzug gefreut.

Schulfreunde lud ich fast nie zu uns nach Hause ein. Denn die Situation mit meiner Mutter wurde leider nicht besser. Wer kam, das waren meine Freundinnen und Freunde aus der Pfarrjugend der Herz-Jesu-Kirche. Sie nahmen mich in den Arm und versuchten zu helfen. Mit ihnen konnte ich über alles sprechen. Ich bin davon überzeugt, dass das auch damit zu tun hatte, dass christliche Werte für sie nicht nur wichtig waren und sind, sondern dass sie sie auch lebten. Zu dieser Gruppe gehörte Gisela. Ihr erzählte ich schon sehr früh, wer ich wirklich bin. Gisela ist ein ziemlich freier Geist und eine sehr loyale Freundin. Sie akzeptierte mich sofort so, wie ich bin. Und hat mein Vertrauen nie auf die Probe gestellt.

Wenn Gisela zu Besuch war und meine Mutter stand plötzlich in der Tür, schwer verständlich sprechend, dann brauchte ich mich nicht vor ihr zu schämen. Sie verstand, wie es mir – und meiner Mutter – ging. Manchmal saßen wir zu mehreren Personen im Esszimmer, redeten, lachten, waren traurig und liebten trotzdem das Leben. Mutti war dabei. So, wie ich mir es immer gewünscht hatte.

Mein Namensvetter Georg gehörte zu meinen engsten Freunden aus der Pfarrgemeinde. Den nennen heute noch alle Jason. Er liebte damals die Hauptfigur der Fernsehserie Jason King, die Anfang der Siebzigerjahre lief. Weil er so oft über sein Idol sprach, verpassten ihm seine Freunde diesen Namen, den er nie wieder loswurde. Bei ihm und seinen Eltern war ich ziemlich oft. Seine Mutter war eine wunderbare Frau, nur schlecht über den Papst durfte ich nicht reden.

Dann konnte sie auch schon mal streng sein. Sie hat mir in meiner Jugend ein wenig von dem gegeben, was meine Mutter mir nicht immer geben konnte, weil ihre Krankheit das nicht zuließ. Wenn ich bei Jason und seinen Eltern meine Nachmittage verbrachte, dann war das auch immer eine Flucht aus meinem eigenen Zuhause, in dem es mir nicht gut ging. In dem ich mich nicht geborgen fühlte. Ich vertraute der Mutter meines Freundes. Meiner Mutter zu vertrauen fiel mir nicht immer leicht, obwohl das aus heutiger Sicht ein Fehler war. Ich glaube, niemandem hätte ich mehr vertrauen können als meiner Mutter. Nur war mir das damals nicht bewusst.

Als ich meinen ersten Film für den WDR gemacht hatte, war Jasons Mutter mit meinen Eltern die Erste, die ich anrief, damit sie auf keinen Fall die Ausstrahlung am Abend verpasste. Ob ich ihr von Georgine hätte erzählen können? Sie hätte vielleicht ein Problem damit gehabt, aber ich bin mir sicher, dass sie mich trotzdem nicht abgelehnt hätte.

Mit ihrem Sohn Jason bin ich auch heute noch befreundet. Er hat miterlebt, wie ich mein wahres Ich offenbarte. An unserer Freundschaft änderte das nichts. Jason ist Ingenieur, seine Abschlussarbeit habe ich für ihn getippt. Auf einer Schreibmaschine mit meinem Zwei-Finger-System, mit dem ich auch heute noch die längsten Texte schreibe. Nachdem er bestanden hatte, lud Jason mich in ein feines Düsseldorfer Restaurant ein. Wir lieben beide gutes Essen und guten Wein. Zu Hause erzählte er, ich hätte die Rechnung bezahlt, damit ihm seine sparsamen Eltern keine Vorwürfe machten.

Ich glaube, den Freunden und Freundinnen aus der Pfarrjugend hätte ich schon viel, viel früher reinen Wein einschenken können. Sie hätten alle zu mir gehalten. So wie sie das heute tun. Dass ich es nicht tat, lag an den Barrieren, die in meinem Kopf waren. Die Angst, ausgelacht zu werden, war damals noch viel zu groß. In großen Teilen unberechtigt, wie ich heute weiß. Aber das wusste ich zu jener Zeit nicht.

»Ich fühlte mich wie schwerelos, weil ich diesen großartigen Beruf hatte«

Noch während meiner Schulzeit suchte ich eine Möglichkeit, mein Taschengeld aufzubessern. Ich hätte im Supermarkt Lebensmittelregale einräumen können oder Zeitungen austragen. Aber es gab eine Option, die mein Leben entscheidend prägen sollte. Als ich mit dem Freund einer Cousine über Jobmöglichkeiten sprach, empfahl er mir, mich doch einmal in der Lokalredaktion der *Rheinischen Post* vorzustellen. »Dort suchen sie immer junge Talente«, meinte er. Ich rief sofort dort an und wurde schon am nächsten Tag vom Redaktionsleiter empfangen. Er hieß Dr. Richard Baumann, und unser Gespräch dauerte nicht lange. Er bat mich, am folgenden Samstag zu einem Schwimmwettbewerb im Ratinger Hallenbad zu gehen. Ich sollte 40 Zeilen schreiben à 32 Anschläge, ein eher kürzerer Artikel.

Ich ging hin. Die Informationen hatte ich schnell beisammen. Dann kam das Schreiben. Ich weiß nicht mehr, wie oft ich den Artikel neu begann. Immer wieder zog ich das Manuskript aus der Schreibmaschine und fing von vorne an. Es war weit nach Mitternacht, als ich einen Text geschrieben hatte, den ich für einigermaßen annehmbar befand.

Am nächsten Tag trug ich diesen in die Redaktion. Eine Redakteurin nahm ihn mir ab. Es gab kein Feedback, aber am Montag war mein Artikel in der Zeitung zu lesen. Das war besser als jedes Feedback. Von da an war ich freier Mitarbeiter der *Rheinischen Post* in Ratingen.

Vormittags ging ich zur Schule, nachmittags saß ich in der Redaktion. Aus dem Polizeibericht, den ich auf dem Weg von der Schule in die Redaktion auf der Innenstadtwache abholte, musste ich Meldungen für die Zeitung schreiben. Mal 7, mal 14 Zeilen – je nachdem, wie dramatisch ein Verkehrsunfall oder ein Einbruch war. Die Redakteur:innen brauchten die Meldungen, um die leeren Stellen zwischen den großen Artikeln zu füllen.

Dass ich Dr. Baumann getroffen hatte, war ein großes Glück in meinem Leben. Er war Journalist mit Leib und Seele. Alle Basics, die ich für diesen Beruf brauchte, lernte ich von ihm. Er gab sich viel Mühe mit mir. Aber wenn ihm ein Artikel nicht zusagte, musste ich ihn neu schreiben.

Am meisten hatte ich an den Wochenenden zu tun. Dann zog ich von einem Event zum nächsten, um später darüber zu schreiben. Montags wurden ab und an vier Geschichten von mir in der Zeitung abgedruckt. Ratingen hatte damals etwa neunzigtausend Einwohner:innen. Es war immer etwas los. Im Sommer hatten die Schützenvereine Saison, im Winter die Karnevalsvereine. Bekannt wie die sprichwörtliche »bunte Kuh« war unser Fotograf. Mit ihm zog ich sehr gerne los. Sein Netzwerk war groß, das er gerne mit mir teilte. Wir waren oft gemeinsam auf Terminen. Er fotografierte, ich schrieb.

Neben tollen Terminen gab es auch solche, die ich gar nicht mochte. Ich hasste zum Beispiel die Herrensitzung im Karneval. Die fand meistens Sonntagvormittags statt. Die Stadthalle war dann brechend voll und verraucht, und viele Herren bedienten alle Vorurteile, die es über sie gab. Gerne hätte ich damals darüber geschrieben, wie frauenverachtend auch der Karneval ab und an sein konnte, aber daran war nicht zu denken. Eine Lokalzeitung lebt von ihrer Abonnentenschaft. Der einen Spiegel vorzuhalten wäre nicht klug gewesen. Ich hatte damals auch noch nicht das Standing, so etwas zu tun, aber ich empfand jeden schlüpfrigen Witz als Abwertung auch für mich. Die Herren in der Halle wussten ja nicht, dass ich nicht zu ihnen gehörte. Aber am meisten taten mir die Kellnerinnen leid. Der Sexismus ihnen gegenüber war unerträglich. Damals war die MeToo-Debatte noch weit entfernt, und mancher Besucher der Herrensitzung betrachtete die Kellnerinnen als Freiwild. Sanktioniert wurde das damals nicht.

Die Arbeit für die Zeitung machte mir großen Spaß, aber leider litten meine schulischen Leistungen darunter. Für mein Abitur lernte ich kaum, wie sollte ich auch. Morgens in die Schule, nachmittags und am Wochenende zur Zeitungsredaktion, manchmal kamen noch Abendtermine dazu. Natürlich bin ich durchgefallen. Aber ich durfte eine Nachprüfung machen, und die bestand ich zum Glück. Das Zeilengeld bei der Zeitung war bedauerlicherweise ziemlich mager. Es gab dreißig Pfennige für jede Zeile. Ich musste schon eine Menge Zeilen schreiben, um ein Auskommen zu haben. Von zu Hause ausziehen konnte ich damit jedenfalls nicht. Dabei hätte ich sehr gerne endlich in meinen eigenen vier Wänden gelebt. Nicht zuletzt auch, weil ich in meinem Elternhaus nicht die sein durfte, die ich war.

Deshalb arbeitete ich nach dem Abitur drei Monate lang am Düsseldorfer Flughafen als Vorfeld-Lader. Wir mussten Koffer in die Flugzeuge hieven oder die angekommenen Maschinen entladen. Das war für jemanden wie mich, der Flugzeuge über alles liebte, ein toller Aushilfsjob. Außerdem gab es für drei Monate ein festes Gehalt. Dort verdiente ich erheblich mehr als als freier Mitarbeiter für die Lokalzeitung.

Am schönsten war der Job, wenn ich die Keile von den Fahrwerken wegziehen musste, mit denen die schweren Maschinen vor dem Wegrollen gesichert wurden. Dann stand er vor mir, der riesige Flieger. Alle Treppen waren weggerollt, ebenso die Fließbänder, mit denen die Koffer in den Bauch des Flugzeugs transportiert wurden. Die Triebwerke wurden angelassen. Eines nach dem anderen. Und dann bekam ich ein Zeichen, wenn die Piloten die Rollfreigabe hatten. Diese Sekunde war einzigartig: Ich rannte weg von der Maschine, im Schlepp an zwei Seilen die beiden Klötze. Der Techniker gab dann den Piloten das Zeichen: Daumen hoch. Die Triebwerke jaulten auf, und langsam setzte sich der Flieger in Bewegung Richtung Startbahn. Und jedes Mal dachte ich neidisch, dass ich gerne oben ganz vorne sitzen würde, um dieses Flugzeug zu steuern.

Abends arbeiteten wir oft in einer Frachthalle des Flughafens. Dort wurden Flüge abgefertigt, mit denen vor allem türkische Gastarbeiter in die Heimat reisten. Die Menschen hatten immer wahnsinnig viel Gepäck dabei, entsprechend viel mussten sie an Übergepäck bezahlen. Der Reiseunternehmer wieselte immer durch die Halle und achtete darauf, dass niemand zu wenig zahlte.

Manchmal schafften es die Flugzeuge, die für diese Flüge genutzt wurden, nicht mehr, vor Eintritt des Nachtstartverbots nach Düsseldorf zu kommen, dann wurden sie nach Köln umgeleitet. Dort durften Flugzeuge während der ganzen Nacht starten und landen. Die Türkeireisenden wurden dann mit Bussen von der Düsseldorfer Frachthalle zum Kölner Flughafen gebracht. Ihr Gepäck mussten wir verladen, auf Lastwagen, Anhänger und auch in die Busse. Einmal sagte mir ein Busfahrer, ich solle auch die beiden hinteren Eingänge seines Linienbusses mit Koffern vollstellen. Da meldete sich mein Gerechtigkeitssinn: Ich wurde emotional. Was mit den Menschen sei, wenn er einen Unfall habe oder der Bus in Brand gerät, fragte ich ihn. Das ginge mich nichts an, war die Antwort. Da sagte ich ihm sehr deutlich, dass mich das doch etwas angehe. So deutlich, dass mein Chef kam und mich woanders einsetzte.

Als ich im nächsten Jahr wieder zum Flughafen ging, in der Hoffnung, erneut einen Ferienjob zu bekommen, erklärte mir der Personaler, dass man mit mir nicht mehr zusammenarbeiten wolle. Das war echt schade. Ich hatte diesen Ferienjob geliebt.

Damals faszinierte mich auch alles, was mit dem Militär und der Bundeswehr zu tun hatte. Gerne wäre ich zur Luftwaffe gegangen. Ich hatte jede Menge Spielzeugpanzer, Flugzeuge – alles, was man braucht, um eine funktionierende Spielzeugarmee aufzustellen. Natürlich besaß ich die amerikanische, die gegen die Nazis gekämpft hatte. Damals wollte ich tatsächlich Soldat werden. Mir ist heute völlig schleierhaft, warum. Ich glaube, das hat auch etwas damit zu tun, dass ich so Georgine besser hätte verstecken können. Jedenfalls diskutierte ich mit meinem besten Freund Guido ganze Nächte über die Wehrpflicht. Ich war damals gläubiger Christ wie Guido. Wir debattierten Stunde um Stunde, warum ein Christ nicht töten darf. Und weil Guido auch von Georgine wusste, sprachen wir auch darüber, wie ich in der Bundeswehr mit diesem Geheimnis umgehen würde. Kurz und gut: Nach einer dieser Diskussionsnächte stand meine Entscheidung fest. Ich würde verweigern. Damit ist Guido derjenige, der mich bei einer der wichtigsten Entscheidungen meiner Jugend unterstützte. Noch am selben Tag landete der ganze Militärkram in einer großen Kiste, die ich dann der Mülltonne anvertraute. Meine Mutter stand daneben und fragte, warum ich das denn nicht meinem Cousin schenken wolle. Ich erinnere mich noch daran, wie ich ihr erklärte, dass sie nicht verstehen würde, worauf es wirklich ankäme. Ich glaube, ich war ziemlich arrogant.

Die Verweigerung war kein Problem. Ich musste zur

Kreisverwaltung nach Mettmann. Dort saßen einige Herren und stellten mir Fragen. Warum ich zum Beispiel nicht töten könne oder was ich tun würde, wenn meine Familie bedroht sei. Nach einer Stunde war alles vorbei. Als ich ging, sagte mir einer der Herren vertraulich, dass ich mir keine Sorgen machen müsse. Ich hätte die richtigen Antworten gegeben.

Nur wenig später nach der Anerkennung als Zivildienstleistender meldete sich die Direktorin der »Sonderschule für geistig Behinderte des Kreises Mettmann« bei mir und fragte, ob ich mir vorstellen könne, meinen Zivildienst an ihrer Schule zu absolvieren. Nachdem wir uns getroffen hatten und ich die Schule kennengelernt hatte, sagte ich zu. Es war tatsächlich eine sehr gute Entscheidung. Die achtzehn Monate waren einige der schönsten in meinem Leben. Ich lernte junge Menschen mit Behinderung kennen, die sich so ehrlich freuen, so bedingungslos lieben konnten, dass ich mich bis heute manchmal frage, warum ich mich über Dinge ärgere, die im Vergleich zu anderen völlig belanglos sind.

In der Zwischenzeit hatte auch mein Freund Guido seine Einberufung bekommen. Ich ging natürlich davon aus, dass er – wie ich – den Dienst an der Waffe verweigern würde. Aber da täuschte ich mich gewaltig: Guido wollte sich plötzlich für drei Jahre verpflichten. Das war eine Überraschung. Aber noch überraschender war, was dann passierte.

Guido sollte zu den Feldjägern in Hubbelrath, einem Stadtteil am östlichen Rand von Düsseldorf. Am ersten Tag wurde er wie seine Kameraden eingekleidet. Nachdem er seine Uniform in Empfang genommen hatte, ging es in die

Waffenkammer. Dort sollte er sein Gewehr entgegennehmen. Und da passierte etwas, wofür ich ihm den allergrößten Respekt zolle. Guido verweigerte die Waffenannahme. Dreimal wurde er aufgefordert. Am Ende garniert mit den Worten, er solle »doch keinen Scheiß« machen, erzählte er später. Aber Guido blieb dabei. Die Waffe wollte er nicht anfassen. Er hatte sich den härtesten Weg zur Verweigerung ausgesucht.

Ich besuchte ihn damals in der Kaserne. Dort hatten nicht alle Verständnis für seine Entscheidung. Immerhin war er der Erste, der sich so etwas bei den Feldjägern in Düsseldorf geleistet hatte. Manche meinten, der Ruf der Einheit habe durch ihn einen Makel bekommen. Ein Verwandter von mir hatte dort auch gedient. Er reagierte jedes Mal allergisch, wenn ich meinen Freund Guido nur erwähnte.

Zu Guido passt diese Art, wie er letzten Endes verweigerte. So wie zu ihm passt, dass er Georgine nie infrage gestellt hatte. Für ihn hat sie immer existiert. Georg, das war die Hülle, die Georgine versteckte. Vor Guido brauchte ich mich nie zu verstellen.

Bis zur Anerkennung als Wehrdienstverweigerer musste er in der Kaserne bleiben. In meiner Schule wurde zu der Zeit ein weiterer Zivildienstleistender gesucht. Da war es nicht nur für die Schule ein großes Glück, dass ich jemanden kannte. So absolvierten wir unseren Zivildienst gemeinsam an der Helen-Keller-Schule, wie sie heute heißt. Manche Kinder wuchsen mir dabei richtig ans Herz. Häufig arbeitete ich in der Klasse für die Kinder mit schwersten Behinderungen. Einige saßen in schweren Rollstühlen, weil sie spastisch gelähmt waren. Mit ihnen ging ich ins Bällebad, ein Becken gefüllt mit Tausenden kleinen Plastikbällen. Das war für sie die größte Freude. Wer einmal im Bällebad war, der wird diese Freude nachvollziehen. Sie spürten auf diese Weise ihren Körper und waren nicht mehr gefangen in ihrem Rollstuhl, in dem sie oft auch angeschnallt sitzen mussten, damit sie bei abrupten Bewegungen nicht hinausstürzten und sich verletzten.

Manchmal gingen wir ins Schwimmbad. Dann zog ich sie durchs Wasser und musste dabei darauf achten, dass ihr Kopf nicht unter Wasser geriet. Für mich war das nicht nur ein Geben. Ich nahm in diesen Momenten auch viel mit. Von der Freude und dem Glück, das sie empfanden.

Einer der Jungen war Dirk. Ich traf ihn und seine Mutter auch Jahre nach dem Zivildienst immer wieder in der Stadt. Meistens samstags auf dem Wochenmarkt. Dirk konnte nicht sprechen und sich auch nicht kontrolliert bewegen, weshalb er in einem Spezialrollstuhl saß. Nachdem er die Schule beendet hatte, lebte er abwechselnd in einem Wohnheim für Menschen mit Behinderung oder bei seiner Mutter. Die ging mit ihm regelmäßig spazieren und unternahm Ausflüge mit ihm. Wenn wir uns zufällig trafen, freute Dirk sich immer. Das waren auch für mich schöne Momente.

Er ist achtundvierzig Jahre alt geworden. Seine Mutter erzählte mir vor einiger Zeit, dass er am Coronavirus gestorben sei.

Dirks Mutter ist ein gutes Beispiel für den Zusammenhalt an der Schule und später auch im Wohnheim, in dem ihr Sohn Dirk die letzten siebzehn Jahre seines Lebens verbrachte. Er gehörte zu einer Randgruppe der Gesellschaft, Solidarität mit dieser Gruppe gab es in den Sonntagsreden der Politik. Im wirklichen Leben mussten sich die Angehörigen vieles selbst erkämpfen. Das schweißte zusammen: In Ratingen organisierten sie sich in der Vereinigung »Lebenshilfe«. Und obwohl Dirk seit einigen Jahren nicht mehr lebt, kümmert sich seine Mutter weiterhin regelmäßig um die, die mit ihrem Sohn zusammenlebten. Sie bringt frische Brötchen zum Frühstück oder Blumen für die Gemeinschaftsräume, spielt mit den Bewohner:innen Gesellschaftsspiele oder liest ihnen vor. Ich treffe sie immer noch ab und an in der Stadt. Nachdem Georg Platz für Georgine gemacht hatte, gratulierte sie mir sehr herzlich. Ihre Unterstützung bedeutet mir viel.

Der Dienst in der Schule war ideal für mich. Bis zum Nachmittag arbeitete ich mit den Kindern, half der Lehrerschaft oder dem Hausmeister und fuhr Essen in die »Schule Nussbaum«, einen kleinen Ableger außerhalb der Stadt. Nach dem Dienst ging ich zur Zeitung und arbeitete dort weiter. Eineinhalb Jahre ging das so, bis zum Ende meines Zivildienstes. Natürlich war ich einerseits froh, als die Zeit zu Ende war, aber andererseits war ich auch traurig. Ich hatte die Monate mit den Kindern wirklich genossen.

In der Schule hatte ich eine Lehrerin kennengelernt, die

ehrenamtlich für ein Altenheim in Israel arbeitete: Das Gertrud-Luckner-Haus in Nahariya. Es ist ein Altenheim für Christen, die in der Nazizeit verfolgt worden waren, weil sie zum Beispiel Juden bei der Flucht oder dem Verstecken vor den Nazis geholfen hatten. Die Lehrerin fragte mich, ob ich mir vorstellen könne, für eineinhalb Monate in diesem Altenheim zu arbeiten. Ich bekäme eine Unterkunft, Verpflegung und ein Ticket für den Hinflug. Nur den Rückflug müsste ich selbst bezahlen.

Ich war im Sommer 1976 zum ersten Mal in Israel gewesen. Mit einer Gruppe aus unserer Pfarrgemeinde und unserem »coolen« Kaplan. Der Besuch hatte bei mir einen nachhaltigen Eindruck hinterlassen. Besonders die Holocaust-Gedenkstätte Yad Vashem und Jerusalem. Jetzt noch einmal in dieses Land zu kommen und dort zu arbeiten war für mich eine großartige Chance.

Ich reiste also im März 1980 dorthin ab, an einem Samstag. Das war nicht besonders klug, denn als ich in Tel Aviv ankam, war es extrem schwierig, eine Transportmöglichkeit zu finden. Busse fuhren nicht, denn es war Schabbat. Nach langem Suchen fand ich ein Sherut, ein Sammeltaxi, das von einem arabischstämmigen Fahrer gesteuert wurde, der mich mitnahm. In Nahariya kam ich trotzdem sehr spät in der Nacht an. Die Leiterin des Altenheims, Elisheva Hemker, hatte auf mich gewartet. Nach der Begrüßung sagte sie zu mir: »Wir haben eine Überraschung für Sie. Wir möchten Sie auf eine Reise in den Sinai schicken.« Ich war völlig aus dem Häuschen. Mit »wir« meinte sie Pater Daniel Rufeisen, der im

Altenheim die geistige Betreuung übernommen hatte und regelmäßig die Messe las. Dass er in Israel ein ziemlich berühmter Mann war, erfuhr ich erst später. Er lebte im Karmeliterkloster in Haifa. In dieser wunderschönen Stadt am Mittelmeer machte er mit seinem kleinen Fiat die engen Straßen und Gassen unsicher, und regelmäßig übernahm er die Reiseleitung für Gruppen, die nach Israel kamen, meistens waren es Glaubensbrüder und -schwestern.

Ich war in ein Israel gekommen, in dem viele Menschen Hoffnung schöpften, dass das Land mit seinen Nachbarn friedlich existieren könnte. Mit Ägypten hatte man gerade einen Friedensvertrag unterschrieben. Der Sinai – nach dem Sechstagekrieg 1967 von Israel besetzt – wurde Stück für Stück an Ägypten zurückgegeben.

Pater Daniel erwartete eine Gruppe Franziskaner aus Italien und eine Gruppe Franziskanerinnen aus Bethlehem. Mit ihnen sollte ich reisen.

Ich war also kaum in Israel angekommen, ging es auch schon weiter. Von Haifa fuhr die kleine Reisegruppe zunächst nach Bethlehem, wo die Nonnen zustiegen. Dann ging es durch die Wüste nach Eilat, wo wir am Strand schliefen. Die Mönche bauten die Zelte auf, ich half ihnen dabei. Die Nonnen kümmerten sich um das Essen.

Die Schwestern aus Bethlehem waren ein sehr beeindruckendes Team. Ich hätte gerne gemeinsam mit ihnen das Essen für die ganze Gruppe vorbereitet. Erstens koche ich für mein Leben gerne, und zweitens fühlte ich mich im Kreis der

Schwestern wohl. Aber die Geschlechtertrennung wurde eingehalten.

Später schlief ich draußen. Es war eine Nacht, die ich nie vergessen werde. Meine Füße lagen nur wenige Meter vom Roten Meer entfernt, über mir funkelte der Sternenhimmel. Schöner konnte meine Welt in dieser Nacht nicht sein.

Am nächsten Morgen ging es wieder früh los. Wir wollten zum Katharinenkloster, das inzwischen im ägyptischen Teil des Sinai lag. Nach einigen Stunden erreichten wir den israelischen Militärposten, wo unsere Papiere kontrolliert wurden. Im Bus herrschte Freude, weil Israel und Ägypten Frieden geschlossen hatten und damit die Aussichten auf eine friedliche Zukunft gestiegen waren. Die Freude war ehrlich, aber nicht überschwänglich. Das änderte sich, als wir die nächste Kontrolle erreichten. Aber erst einmal ging es bestimmt eine Stunde lang durch Niemandsland. Als wir uns dem ägyptischen Grenzposten näherten, brach im Bus ein Freudensturm aus. Es war unglaublich. Die ägyptischen Soldaten waren völlig perplex. Mönche und Nonnen stürmten aus dem Bus und umarmten sie abwechselnd. So groß war die Freude darüber, dass die beiden verfeindeten Nachbarn Frieden geschlossen hatten. Und groß war damals auch die Hoffnung, dass dieser Frieden sich über den ganzen Nahen Osten ausbreiten würde. Immer wenn ich heute die Bilder von den Kämpfen in der Region sehe, von Raketen, Bombenanschlägen und Vergeltungsaktionen, denke ich an diese Szenen. Warum konnte es nicht so bleiben?

Der Überfall der Hamas am 7. Oktober 2023 auf Israel, die

vielen Toten und die Geiseln. Das Leiden der Menschen im Gazastreifen. All das hat mir die Bilder von damals wieder in Erinnerung gerufen. Ich erlebte das Land damals fast als unbeschwert und hoffnungsvoll. Das galt nicht nur für die Juden in Israel, sondern auch für viele arabischstämmige Menschen in der Region. Ich bin froh, dass ich erlebte, wie friedlich es dort sein kann, und ich bin traurig darüber, dass das heute alles vorbei ist. Wir wollten alle einen Stempel in unseren Pässen haben. Aber die Soldaten machten uns klar, dass dies kein offizieller Grenzübergang sei. Da erlebte ich, wie charmant eine Truppe Franziskanerinnen sein kann. Sie herzten und drückten die Soldaten, bis die schließlich einen Offizier über Funk riefen. Der kam einige Minuten später zum Jeep. Er konnte sich dem Charme der Nonnen nicht entziehen und gab schließlich die Anweisung, dass alle unsere Pässe gestempelt wurden. Und so bekam ich den Stempel eines ägyptischen Militärpostens in meinen damaligen Reisepass.

Pater Daniel, der uns auf der Reise begleitete, hatte eine sehr bewegte Lebensgeschichte: Er war als Sohn jüdischer Eltern in Polen geboren worden. Während seine Eltern von den deutschen Besetzern nach Auschwitz verschleppt und dort ermordet wurden, floh er als 18-Jähriger nach Osten in den Kibbuz Akiba, der nach israelischem Vorbild in Litauen gegründet worden war. 1941 floh er weiter nach Weißrussland. Weil er akzentfrei Deutsch sprach, konnte er sich als volksdeutscher Pole ausgeben und als Dolmetscher für die deutsche Polizei arbeiten. Gleichzeitig versorgte er jüdische Partisanen mit Waffen und Ausweispapieren. Im August 1942 erfuhr er von der drohenden Räumung des Ghettos von Schloss Mir. Er lockte die Polizisten mit einer Falschmeldung fort und warnte die Juden. Etwa dreihundert von ihnen flüchteten in die umliegenden Wälder, aber Daniel Rufeisen wurde verhaftet. Kurz vor seiner Hinrichtung gelang ihm die Flucht. In einem Nonnenkloster fand er schließlich Unterschlupf. Nach einer Weile konvertierte er dort zum Christentum. Später schloss er sich Partisanen an und kämpfte weiter gegen die deutschen Besatzer. Nach dem Krieg wurde er Karmelitermönch und 1952 zum Priester geweiht. Für den Karmeliterorden ging er schließlich nach Israel und wollte israelischer Staatsbürger werden. Sein Antrag wurde aber abgelehnt. 1962 klagte er deshalb vor dem Obersten Gerichtshof die israelische Staatsbürgerschaft ein. Die Klage wurde abgewiesen mit der Begründung, dass Angehörige einer anderen Religion keine israelischen Staatsbürger werden könnten. Allerdings machte der Staat Israel wenig später eine Ausnahme: Daniel Rufeisen hatte so viel für das jüdische Volk geleistet, dass man ihm die Staatsbürgerschaft nicht länger verwehren wollte. Leider habe ich ihn nach meiner Zeit in Israel nie wieder getroffen. Er starb 1998 in Haifa.

Nach der Rückkehr von unserer Reise begann meine Arbeit im Altenheim. Die Tätigkeit machte mir großen Spaß. Meistens musste ich den Bewohnern bei Dingen helfen, die sie allein nicht mehr erledigen konnten. Und irgendwie schien ich das ganz gut gemacht zu haben, denn schon nach wenigen Tagen hatte ich einen Spitznamen: King George. Den fanden meine neuen Freund:innen angemessen. Ich wehrte mich nicht dagegen. Dabei wäre ich lieber »Queen Georgine« gewesen.

Die sechs Wochen in Nahariya vergingen wie im Flug. Zurück in Deutschland bereitete ich mich auf meine nächste Reise vor. Die hatte ihren Ursprung ein Jahr zuvor genommen und sollte ein ganz besonderes Erlebnis werden.

Meine Heimatstadt Ratingen hat eine Partnerschaft mit der Universität von Vermillion in South Dakota, USA. Jedes Jahr fahren junge Menschen nach Vermillion, um dort für vier oder fünf Wochen das Leben amerikanischer Student:innen kennenzulernen. 1978 war ich zum ersten Mal dort gewesen. Ich wollte ein Souvenir mit nach Hause bringen. Aber ein originelles.

Einen Führerschein.

Das war eine verrückte Idee. Aber Professor Werner Kitzler von der Universität in Vermillion, der unsere Gruppe begleitete, fand sie großartig. Ich durfte seine amerikanische Adresse als Wohnadresse angeben. Damit galt ich als *Resident* und durfte von Amts wegen die Prüfung für den Führerschein ablegen. Sechs Dollar musste ich bezahlen und bekam das *South Dakota Driver's Manual* in die Hand gedrückt. Einige Tage später meldete ich mich zur theoretischen Prüfung an. Und fiel durch. Am nächsten Tag durfte ich die vermasselte Prüfung aber wiederholen. Ich bestand mit einem Fehler. Die Fahrprüfung nahm zwei Tage später ein Farmer ab, der das als Nebenjob tat. Allerdings musste ich mit einem eigenen Wagen kommen. Werner Kitzler lieh mir glücklicherweise seinen Chevrolet Impala. Der war blau und hatte ein weißes Dach. Wir sind ein paar Runden durch Vermillion gefahren. Zum Schluss musste ich einparken. Parallel. Links waren sieben Meter Platz und rechts auch. »Okay, George. You did it«, sagte der Prüfer und setzte seine Unterschrift unter ein Stückchen Papier, einen temporären Führerschein, den ich bei mir tragen musste, bis das kleine Plastikkärtchen nach einigen Wochen mit der Post nach Deutschland kam. Professor Kitzler hatte es nach Deutschland geschickt.

Ein Jahr später flog ich wieder mit einer Jugendgruppe aus Ratingen nach South Dakota. Auf den Reisen wurden immer spannende Programme angeboten. Dazu gehörte jedes Mal auch der Besuch einer Viehversteigerung in Yankton, eine halbe Autostunde von Vermillion entfernt. Als wir dort ankamen, stand auf dem Parkplatz einer dieser riesigen amerikanischen Trucks, ein Viehtransporter. Ich hatte schon immer davon geträumt, so einen mal zu fahren. Als ich ein paar Fotos schoss, kam ein großer, korpulenter Mann aus dem Haus und rief mir zu, ich solle den Laster besser fotografieren, wenn er gewaschen sei. »Ich würde den viel lieber mal fahren«, rief ich zurück. Carl, so hieß er, stieg auf der Beifahrerseite ein und winkte mich heran. Ich sollte auf den Fahrersitz steigen. Als ich oben saß, zeigte er mir, wie man den Motor startet. Anschließend ging es in den ersten vier Gängen immer im Kreis auf dem Parkplatz herum.

»Das muss toll sein, auf der Landstraße zu fahren«, sagte

ich. Und Carl antwortete: »Wenn du morgen früh um acht hier bist, kannst du auf der Straße fahren.«

Der nächste Programmpunkt unserer Reisegruppe war vergessen. Fast zwei Tage war ich mit Carl unterwegs. Kreuz und quer durch South Dakota. Ich durfte fahren, er schlief. Ich war dreiundzwanzig Jahre alt und wollte nur noch mit dem Lkw über die Straße brettern. Es gab schon damals, neben den unzähligen Männern, viele Frauen in den USA, die eines dieser Ungetüme steuerten. Ich fuhr sechunddreißig Stunden, ohne zu schlafen. Ich wollte diesen erfüllten Traum aufsaugen und keine Sekunde davon hergeben.

Ein paar Monate später schickte ich Carl die Fotos, die ich auf unserer Reise gemacht hatte. Dazu schrieb ich ihm einen Brief, in dem ich ihm noch einmal für sein Vertrauen dankte. Daraufhin passierte wieder eine dieser glücklichen Fügungen in meinem Leben.

Die Arbeit für die Zeitung beschäftigte mich auch sonntags, wenn die Berichte über die Veranstaltungen des Wochenendes geschrieben wurden. Daher war ich sonntagnachmittags eigentlich nie zu Hause. Doch als an diesem entscheidenden Sonntag das Telefon klingelte, war ich zum Glück ausnahmsweise früher fertig geworden in der Redaktion und schon zu Hause, denn meine Mutter sprach kein Englisch und mein Vater lag wegen einer Rückenoperation im Krankenhaus. Ich nahm ab und meldete mich mit »Kellermann«, auf der anderen Seite der Leitung fragte jemand auf Englisch: »Is it George?«

Es war Carl. Er erzählte mir, dass die Vermittlung ihm gesagt hatte, es gebe viele Kellermanns in Ratingen. »Gib mir jeden Kellermann, der dort lebt«, hatte Carl geantwortet. Ich war der erste, der angerufen wurde. Kurzum: Carl lud mich ein, nach South Dakota zu kommen, um ihn auf seinen Touren zu begleiten. Ich hatte das Glück, einen Mann getroffen zu haben, der es liebte, jungen Menschen auf dem Weg ins Leben zu helfen. Das erzählte mir seine Frau später. Die beiden hatten keine Kinder. Das mag ein Grund dafür gewesen sein, dass Carl junge Menschen wie mich unterstützte.

Noch am selben Tag ging ich zu meinem Vater ins Krankenhaus und pumpte ihn an, um mir ein Flugticket zu kaufen. Das Geld lieh er mir gerne. Er hatte selbst einen Freund, der eine Spedition führte und mit dem er einige Jahre nach dem Krieg Pfirsiche von der Mosel nach Norddeutschland gefahren hatte. Zwei Monate später flog ich für vier Wochen zu Carl in die USA. Ab da war ich Lkw-Fahrer bei Hansen Trucking in Hurley, South Dakota, Kost und Logis wurden gestellt. Außerdem bekam ich einen Cowboyhut und Stiefel. Die, die ich mir aussuchte, fand Carl ein wenig zu feminin. Er kaufte sie mir trotzdem. Das waren keine richtigen Cowboystiefel: nicht spitz, sondern vorne abgeflacht, und so reich verziert wie herkömmliche Cowboystiefel waren sie auch nicht. Ich suchte sie mir nur aus, weil ich Carl seinen Wunsch, mir ein paar Stiefel zu kaufen, nicht ausschlagen wollte. In Deutschland zog ich sie nie wieder an, weil ich Cowboystiefel nicht mag.

Auf meinen Fahrten trug ich Latzhosen. Eine Jeans mit einer dieser riesigen Gürtelschnallen, wie Männer sie in diesem Teil der Welt gerne tragen, das konnte ich mir nicht vorstellen. Auch der Hut fristete ein eher einsames Dasein. Ich kann mich nur an ein Bild erinnern, auf dem ich ihn trage. Dabei war doch auch ein wenig Sinn dieser Reise, dass ich mir selber beweisen wollte, dass ich ein Mann war.

Dreizehntausend Kilometer fuhr ich in diesen vier Wochen. Ich kam nach Iowa, Nebraska, Wyoming, Missouri und North Dakota. Eine spezielle Fahrt werde ich nie vergessen. Sie ging in die kleinste Stadt, die ich zuvor gesehen hatte. Nach Van Tassell, Wyoming. Auf dem Ortseingangsschild stand die Zahl der Einwohner: dreiundzwanzig. Dort fuhren wir zu einer Ranch, die so groß war wie mein Heimatkreis Mettmann in Deutschland. South Dakota ist mit 200 000 Quadratkilometern beinahe so groß wie Westdeutschland. Aber damals lebten dort nur etwas mehr als siebenhunderttausend Menschen.

Hier hinter dem Steuer des großen Trucks empfand ich mein Leben als absolut frei. Wir fuhren durch menschenleere Prärie, manchmal begegneten wir stundenlang keinem einzigen Auto. Carl war ein Mensch, der mir vertraute, obwohl er mich nicht kannte. In Deutschland wäre das alles nicht möglich gewesen. Trotzdem bin ich mir sicher, dass ich Carl nie hätte sagen können, wer ich wirklich war.

Carl lebt leider nicht mehr. Er starb in der Koje seines Lastwagens. Irgendwo am Straßenrand. Seine Frau erzählte mir davon, als ich sie 1997 anrief. Eigentlich hatte ich vor, ihn noch einmal zu besuchen. Ich sah ihn nach unserem gemeinsamen Abenteuer leider nie wieder.

Zurück in Ratingen hatte ich sofort Heimweh nach South Dakota. Und nach Carl und der Fahrerkabine seines Trucks. Aber das legte sich zum Glück wieder. Auch weil irgendwann bei mir die Überzeugung überwog, dass ich in der männerdominierten Cowboygesellschaft des Mittleren Westens nicht hätte bestehen können. Die Liebe zum Geschichten erzählen war immer noch sehr lebendig und bei mir äußerst ausgeprägt. Also strebte ich ein Volontariat bei der *Rheinischen Post* an, das aber nur nach einem abgeschlossenen Studium vergeben wurde. Ich war gerade dreiundzwanzig Jahre alt geworden. Also schrieb ich mich an der Heinrich-Heine-Universität Düsseldorf für die Fächer Geschichte, Germanistik und Amerikanistik ein. Das Studium machte Spaß, wenngleich ich kein fleißiger Student war. Aber ich hatte nette Kommiliton:innen. Es waren einige Schwule darunter und einige Lesben. Alles Menschen, die ihre eigenen Lebensentwürfe lebten und dies auch anderen zugestanden. Da traute ich mich schon mal mehr als vorher als Georgine nach draußen. Ihre Art zu leben machte mir Mut. Aber der reichte nicht, um die vielen Hürden zu überwinden, die in meinem Kopf waren. Ich traute mich nicht, zu zeigen, wer ich wirklich war. Oft fragte ich mich, wie weit ich gehen konnte, ohne erwischt zu werden. Wenn ich zu einer Party eingeladen wurde, dann ging ich ab und an in femininer Kleidung dahin. Ablehnung erfuhr ich deshalb nicht. Aber Georg behielt die Oberhand. Das hatte sicher auch mit meinen Aufgaben bei der Zeitung zu tun.

Als Polizeireporter kannte ich in Ratingen jeden Polizisten. Frauen gab es damals noch keine im Streifendienst. Und die Polizisten kannten nicht nur mich, sondern auch mein Auto. Einen Ford 17 M in Weiß. Den hatte ich für einige Hundert Mark meinem Großonkel abgekauft.

Ab und an ging ich nachts mit Freund:innen spazieren. Als Georgine. Einmal stellten wir den Wagen am Klärwerk ab. Die Herrenschuhe ließ ich im Fußraum des Wagens stehen. Als ich am nächsten Tag zur Polizeiwache kam, um den Polizeibericht abzuholen, fragte mich einer der Beamten, was ich denn vergangene Nacht am Klärwerk gemacht hätte. Einen Spaziergang, antwortete ich.

»Ohne deine Schuhe?«, erwiderte er. *Puuuh.*

»Ich ziehe immer Wanderschuhe an«, log ich.

»Ach so«, meinte er. »Ich dachte schon, du seist vom anderen Ufer.« Dabei verdrehte er die Augen.

Ich schrieb zu dieser Zeit schon einige Jahre für die *Rheinische Post,* und trotzdem wurde ich weiterhin für jede Zeile mit nur dreißig Pfennigen honoriert. Ich musste eine Menge Zeilen schreiben, um einigermaßen über die Runden zu kommen. Inzwischen hatte ich nämlich die Wohnung übernommen, die meine Schwester und ihr Freund in einem Fachwerkhaus zuvor bewohnt hatten. Die Badewanne fror zwar im Winter ein, die Küche und das Schlafzimmer heizte ich mit Radiatoren, und im Wohnzimmer gab es einen Kohleofen. Im Winter konnte es ziemlich unangenehm werden, aber es war mein eigenes Reich.

Georgines eigenes Reich.

In dieser Zeit kaufte ich mir zum ersten Mal ein paar Damenschuhe. In einem Billigschuhladen erstand ich ein Exemplar, das viel zu klein war, weil ich mich nicht traute, die Schuhe im Geschäft anzuprobieren. Ich hatte mich verschätzt und noch viel zu lernen.

Die Schuhe waren rot und hatten keinen hohen Absatz. Sie waren nichts Besonderes. Doch der Moment war mehr als besonders für mich. Als ich mit den Schuhen zur Kasse ging, klopfte mein Herz bis zum Anschlag. So groß war meine Angst, dass die Kassiererin gleich komisch schauen würde. Welcher Mann kaufte denn ein Paar Damenpumps? Stattdessen nahm sie die Schuhe einfach und zählte mein Geld. Danach gab sie mir das Wechselgeld und widmete sich der Kundin nach mir.

Schon im Auto probierte ich die Schuhe an und merkte, dass sie viel zu klein waren. Aber ein Umtausch war keine Option. Ich wollte keinen Spießrutenlauf provozieren. Also schnitt ich die Schuhe später zu Hause an der Ferse auf, damit sie passten.

Freundinnen und Freunden, denen ich vertraute, erzählte ich mein Geheimnis. Nie lehnte mich jemand deshalb ab oder enttäuschte mich. Stück für Stück legte ich mir immer mehr äußere Attribute meines Frauseins zu. Ich bestellte vor allem aus Versandhauskatalogen, die ich alle nach Hause geliefert bekam.

Blau war damals meine absolute Lieblingsfarbe. Blaue

Röcke, blaue Strümpfe, blaue Schuhe. Wenn ich meine neuen Sachen meinen Freund:innen zeigte, dann kam ab und an auch der Ratschlag, es doch einmal mit etwas Farbenfroherem zu versuchen.

Wenn ich ein wenig Geld überhatte, wurde es in Kleidung investiert. Und wenn keines da war, machte ich Schulden. Ständig war mein Konto überzogen. Ich weiß nicht, wie oft ich bei meinem Bankberater war und ihm versprach, dass mein überzogenes Konto bald wieder ausgeglichen werde, und bat ihn, ob er den Dispo bitte noch einmal erhöhen könne. Eine Zeit lang arbeitete ich deshalb zusätzlich zum Schreiben bei der *Rheinischen Post* für einen Dienstleister, der Heizkostenabrechnungen erstellte. Ich musste in Wohnungen, Büros und Restaurants die Röhrchen aus den Messgeräten nehmen, sie ablesen und durch neue Röhrchen ersetzen. Für jedes abgelesene Röhrchen gab es einen Pfennigbetrag. Das addierte sich auf ein kleines Zubrot zusammen. Die einzige Bedingung, die ich für meine Mitarbeit gestellt hatte, war, dass ich nicht dort ablesen musste, wo ich auch für die Zeitung unterwegs war. Ich fand es beschämend, dass ein Reporter der lokalen Zeitung einen Nebenjob brauchte, um über die Runden zu kommen.

Noch beschämender finde ich, dass das auch heute noch so ist. Manche Verlage bezahlen Hungerhonorare. Freie Autorinnen und Autoren sitzen Stunden in einer Veranstaltung, schreiben einen langen Artikel, nur um dann mit einem Honorar abgespeist zu werden, das nicht einmal dem Mindestlohn entspricht, würde man es auf die Stunden umrechnen, die dafür gearbeitet wurden.

Da das Zeilenhonorar bei der *Rheinischen Post* über Jahre nicht erhöht wurde, bat ich irgendwann 1982 darum. Doch mehr gab es nicht, weil es dafür im Etat nicht genug Geld gab.

Ein paar Wochen später zeichnete der WDR eine Sendung in Ratingen auf. Eine Kollegin ging zu den Dreharbeiten und berichtete anschließend in der Redaktion begeistert über das Team und vor allem den Moderator, Bernd Müller, der offenbar auch in Ratingen lebte. Seine Telefonnummer fand ich deshalb im örtlichen Telefonbuch. Ich fasste allen Mut zusammen und rief bei ihm zu Hause an, um ihn zu fragen, ob es eine Möglichkeit gäbe, als freier Mitarbeiter für den WDR zu arbeiten. Er war sehr freundlich und überhaupt nicht genervt über den abendlichen Anruf eines Unbekannten. »Ich kenne Sie nicht«, sagte er mir am Telefon, aber er würde in den nächsten zwei Wochen meine Artikel in der *Rheinischen Post* lesen. Dann solle ich mich noch einmal melden.

Das tat ich.

»Sie schreiben gut«, sagte er während unseres erneuten Telefonats und lud mich zu einem Besuch nach Köln ein.

Das war im Frühjahr 1982, ich war fünfundzwanzig Jahre alt. Damals plante der WDR eine neue Regionalsendung. Die *Aktuelle Stunde* sollte im Januar 1983 an den Start gehen. Das war meine Chance. Bernd Müller bot mir an, im WDR-Landesstudio Düsseldorf zu hospitieren. Vier Wochen lang sollte ich zuschauen, lernen und selbst zeigen, was ich konnte. Danach sollte entschieden werden, ob ich weiter für den WDR arbeiten konnte und wollte. Am 3. Januar 1983 ging es los.

Ich begleitete die Teams des Studios zu ihren Einsätzen, schaute zu, wie die Bilder von den Cutter:innen zu Geschichten komponiert wurden und wie die Autor:innen ihre Texte schrieben. Am Ende stand dann immer ein Beitrag, der im Regionalprogramm ausgestrahlt wurde. Am Samstag darauf passierte am Düsseldorfer Flughafen etwas, das für meinen Weg in den WDR eine zentrale Rolle spielte. Der iranische Diplomat Sadegh Tabatabai reiste, aus seinem Heimatland kommend, in Deutschland ein. Er hatte sich darauf verlassen, dass sein Diplomatenpass ihm ohne Probleme durch die Einreise- und Zollkontrolle helfen würde. Da hatte er sich jedoch getäuscht. Die Düsseldorfer Zöllner durchsuchten sein Gepäck und fanden mehr als eineinhalb Kilogramm Rohopium. Der iranische Diplomat landete erst einmal in der Ulmer Höhe, dem damals größten Gefängnis in Düsseldorf.

Am Montagmorgen bestellte die *Aktuelle Stunde* einen Beitrag dazu im Studio Düsseldorf. Weil alle anderen mit Aufgaben eingedeckt waren, kam die Frage vom Chef vom Dienst, ob ich es nicht einmal versuchen wolle. Was für ein Glück.

Alle halfen mir an dem Tag: der Kameramann, die Cutterin, der verantwortliche Redakteur. Wir fuhren zum Staatsanwalt, der die Rohopiumpakete auf seinem Tisch drapierte, drehten beim Zoll und anschließend die Mauern des Gefängnisses, in dem der Schmuggler hinter Gittern saß. Am Ende kam ein Beitrag zustande, der es in die *Aktuelle Stunde* schaffte. Dazu kam noch ein dreiminütiger Meinungskommentar eines sehr populären Kollegen. Nachdem der Beitrag sendefertig war, rief ich erst einmal meine Eltern und die Mutter meines Freundes Georg an, damit sie an diesem Abend auf keinen Fall die *Aktuelle Stunde* verpassten. Und dann lief mein erster Beitrag im deutschen Fernsehen. Der ist für mich heute noch so wichtig wie mein erster Artikel in der *Rheinischen Post*. Als der Kritiker am Morgen in der Redaktionskonferenz die Sendung vom Vorabend besprach und Stück und Kommentar zum Fall Tabatabai als die Stärken der Sendung bezeichnete, war ich ziemlich stolz. Und im Studio Düsseldorf freuten sich alle mit mir.

Der Fall Tabatabai löste große diplomatische Turbulenzen zwischen der Bundesrepublik Deutschland und dem Iran aus. Die deutsche Justiz stand dazwischen. Sie ließ den Schmuggler zwar gegen Kaution frei, wollte ihm aber auf jeden Fall den Prozess machen. Der Iran wollte aber, dass man seinen Diplomaten sofort wieder ausreisen ließe. Das wäre auch dem Auswärtigen Amt in Bonn sehr recht gewesen, aber die Staatsanwaltschaft ließ sich auf so etwas nicht ein. Also gab es einen Prozess in Düsseldorf. Ich durfte ihn begleiten und für die Regionalsendungen berichten. Ob ich weiter für den WDR als freier Reporter arbeiten dürfe, war damals schon keine Frage mehr.

Was mir am Journalismus immer den größten Spaß bereitete, war der Umgang mit Menschen. Ihre Geschichten zu hören und weiterzuerzählen. Ich glaube, dass jeder Mensch eine Geschichte hat, die es wert ist, erzählt zu werden.

Beim WDR fühlte ich mich mit meinem Geheimnis viel wohler als zuvor bei der doch eher konservativen *Rheinischen*

Post. Zum ersten Mal erzählte ich einer Kollegin aus dem Düsseldorfer Team von Georgine: Christa, mit der ich häufiger zusammengearbeitet hatte. Dabei lernt man einen Menschen schon ein wenig kennen und vor allem seine Sicht auf die Welt. Wenn es zwischen mir und einem Menschen passte, vertraute ich diesem oft sehr schnell. Enttäuscht wurde ich zum Glück nie. Das passierte mir in meinem Leben häufiger, auf meine Menschenkenntnis konnte ich mich verlassen. Ich vertraute mich meiner Kollegin an, als wir nachts miteinander telefonierten.

Ich weiß es noch wie heute. Ich zitterte vor Aufregung. Die Angst, dass sie mich auslachen würde, war riesengroß. Ich traute mich trotzdem. Christa reagierte aber sehr empathisch.

»Dann kommst du einfach ab und an zu mir«, antwortete sie. »Dann kannst du sein, wer du bist.«

Ich fuhr tatsächlich oft zu ihr, sie half mir wirklich sehr. Damit war das Eis gebrochen. Nach und nach zog ich noch mehr Kolleginnen und Kollegen ins Vertrauen.

Dass ich den Weg zum WDR gefunden hatte, war nicht nur beruflich super, es tat mir auch persönlich gut. Bei der *Rheinischen Post* mit ihrem streng hierarchischen Denken wäre es mir nie möglich gewesen, ich zu werden. Dessen bin ich mir sicher. Beim WDR unterhielt ich mich auch mal mit einem Chefredakteur. Bei der Zeitung dagegen hatte ein Vorgesetzter einen Redakteur einmal scharf angefahren, weil der mich gebeten hatte, den Vorgesetzten direkt wegen einer Angelegenheit anzurufen. »Wie kommt der freie Mitarbeiter Kellermann dazu, mich anzurufen?«

Diesen Satz habe ich nicht vergessen.

Wenn ich Sachen für mich kaufte, dann tat ich immer so, als seien sie ein Geschenk für eine Freundin. Manche Verkäuferinnen glaubten das nicht immer. Jedenfalls vermittelten sie mir den Eindruck, ohne es direkt zu sagen. Einmal hatte ich in einem Schuhgeschäft in Düsseldorf ein paar Ballerinas ausgesucht. Natürlich wieder ohne sie anzuprobieren. In Größe 42, das ist meine Größe. Als ich sie einer Verkäuferin gab, um sie zu bezahlen, lief sie mit mir durch den halben Laden – als wollte sie mich und meinen Kauf vor ihren Kolleginnen vorführen. Mein Eindruck war, dass sie ziemlich genau wusste, dass die Ballerinas für mich waren. Ich bin dabei tausend Tode gestorben, aber die Schuhe wollte ich trotzdem haben. Dass sie gut passten, war dann der Lohn für den Spießrutenlauf.

Die Geschichte erzählte ich meiner Kollegin Brigitte, die anschließend darauf bestand, dass wir gemeinsam Schuhe kaufen gehen sollten und ich diese auch im Laden anprobieren müsste.

Brigitte ist eine ziemlich weltoffene Person. Sie ist in Düsseldorf aufgewachsen und sehr bodenständig. Sie lässt sich von niemandem etwas sagen und adoptierte mich gerne als ihren Schützling. Also gingen wir in einen Schuhladen in Köln. Dort probierte ich zum ersten Mal ein Paar im Laden an. Sie waren grau und nichts Besonderes, aber sie passten perfekt, und das war wichtig. Die Verkäuferin bekam Schnappatmung, als sie mich mit den Schuhen an den Füßen sah. Doch das war ihr Problem. Ich hatte meine Beschützerin dabei, fühlte mich unverwundbar und hatte zum ersten Mal Schuhe anprobiert, die ich kaufen wollte. In diesem Moment war ich wieder einen kleinen Schritt weitergekommen, ein Schritt, der mir Zuversicht schenkte, mich mutiger machte.

Einige Zeit später sah ich im Schaufenster einer Boutique in Düsseldorf einige Sachen, die mir gefielen, darunter ein paar wunderschöne Pumps aus bordeauxfarbenem Wildleder. Ich nannte der Besitzerin des Ladens meine Größe und tat wieder einmal so, als seien die Schuhe nicht für mich. Für wen sie denn seien, fragte sie. Da wollte ich nicht mehr lügen. Brigitte sei Dank.

»Für mich«, antwortete ich.

»Dann müssen Sie die auch anprobieren«, sagte sie zu meiner großen Überraschung. Dass die Schuhe zu klein waren und es diese nicht mehr in einer passenden Größe gab, tat der Boutique-Besitzerin offensichtlich mehr leid als mir. Aber eine Bluse nahm ich dafür mit. Die passte und stand mir auch.

Diese Akzeptanz ist mir zum Glück immer wieder begegnet. Und jedes Mal war sie wie ein kleines Mosaiksteinchen, das sich langsam zu einem großen Bild zusammenfügte und mir die Gewissheit vermittelte, dass meine Ängste nicht immer mit dem Weltbild der Menschen übereinstimmten, denen ich begegnete. Es brauchte aber noch viele Mosaiksteinchen, bis ich das begriff.

Im April 1984 fuhr ich gemeinsam mit einigen Kollegen zum Parteitag der Nationaldemokratischen Partei Deutschlands (NPD), die sich heute »Die Heimat« nennt, nach Wiehl-Drabenderhöhe. Die rechtsextreme Partei hatte sich ganz bewusst diesen Ort ausgesucht. Im oberbergischen Wiehl lebten offensichtlich viele, die die kruden Ideen der NPD unterstützten. Viele Demokrat:innen wollten den Machenschaften dieser Partei aber nicht tatenlos zusehen. Sie meldeten einen Gegenprotest an, an dem auch Menschen teilnahmen, die unter dem Nationalsozialismus gelitten hatten. An diesem Tag passierte auf der Straße etwas, mit dem wir alle nicht gerechnet hatten. Es ging alles ganz schnell. Es kam nämlich plötzlich ein ganzer Trupp Skinheads die Straße entlanggerannt und griff die Gegendemonstration an. Brutal schlugen sie auf die zum Teil sehr alten Menschen ein. Manche erlitten sichtbare Verletzungen, manche stürzten. Eine solche Gewalt hatte ich zuvor noch nie direkt beobachtet. Die Verletzten wurden von Mitdemonstrant:innen so schnell es ging aus der Gefahrenzone gebracht, die anderen flüchteten ebenfalls. Unter ihnen waren Menschen, die die Konzentrationslager des Dritten Reiches überlebt hatten, andere hatten Verwandte im Holocaust verloren. Und jetzt wurden sie hier in Wiehl von brutalen Schlägern angegriffen. Polizisten, die den Angegriffenen hätten helfen können, waren zunächst nicht zu sehen. Das änderte sich erst, als sich der Zug der Gegendemonstration aufgelöst hatte. Schließlich wurden die brutalen Schläger von der Bereitschaftspolizei abgedrängt und in eine kleine Halle neben der NPD-Tagungsstätte gebracht, die sie zunächst nicht verlassen durften.

Mir waren diese Skinheads unheimlich. Mit ihren kahl geschorenen Köpfen, Bomberjacken und Springerstiefeln waren sie schon von Weitem gut zu erkennen. Wie brutal sie waren, hatte ich selbst gesehen. Und natürlich war mir klar, dass ich ebenfalls eines ihrer Ziele hätte sein können, hätten sie gewusst, wer ich wirklich bin. Trotzdem ging ich zu ihnen in die kleine Halle. Mich interessierten ihre Geschichten: Was hatte sie zu diesen gewalttätigen Menschen gemacht? Wo waren sie aufgewachsen? Und wer unterstützte sie?

Die Polizisten am Eingang ließen mich durch. Ich stellte mich den Schlägern vor. Sie waren nicht begeistert: Journalist:innen gegenüber waren sie in der Regel skeptisch. Das war bei mir nicht anders. Trotzdem bat ich sie um ein Interview, wollte mit ihnen über ihre Motive, ihren Hass und ihre Gewalt sprechen. Ich schlug ihnen vor, dass sie ihre Zusage nicht sofort treffen müssten, sie könnten mich auch später anrufen, falls sie das Interview geben wollten. Also ließ ich meine Kontaktdaten da und ging ohne große Hoffnung, dass sie sich jemals melden würden.

Drei Tage später kam dann doch ein Anruf. Sie waren bereit, sich mit mir und einem Kamerateam zu treffen. In Bochum, wo die meisten von ihnen zu Hause waren.

Wir trafen sie auf einem kleinen Platz. Erst war nur eine Handvoll dort, später kamen noch einmal so viele dazu.

Noch während wir das Gespräch aufzeichneten, kamen ein paar Polizeiwagen auf dem Platz an. Auch Mannschaftswagen waren dabei. Die Polizisten blieben in ihren Fahrzeugen. Dann, als wir die Kamera ausgeschaltet hatten, kamen sie auf unsere kleine Versammlung zu. Sie nahmen jeden Skinhead fest und verfrachteten alle in die Mannschaftswagen. Dann ging es zur Wache.

Erst als ein Polizist mir erklärte, warum die jungen Leute festgenommen worden waren, verstand ich die ganze Aktion. Während wir das Gespräch mit einem Teil der Skinheads führten, hatte der andere Teil einen Kleiderladen überfallen. Mit vorgehaltenem Messer hatten sie die Verkäuferinnen gezwungen, ihnen einige Bomberjacken zu geben. Diese hatten sie dann versteckt und waren anschließend zu dem Platz gekommen, auf dem wir das Interview aufzeichneten. Das Gespräch mit uns wollten sie als Alibi nutzen. Dieser Raub war rund um unser Interview eingefädelt worden.

Einer der Rädelsführer der Wattenscheider Skinheads hieß Tom. Er war ein ziemlich intelligenter junger Mann. Er war ohne Vater aufgewachsen. Tom war der Vordenker seiner Clique.

Ich wollte unbedingt einen Film über ihn machen, aber keinen kurzen, der im Regionalprogramm ausgestrahlt würde, sondern einen langen, für dreißig Minuten. Damals gab es im WDR-Fernsehen die Rubrik *Landesspiegel*, für die ich meine Idee vorschlug. Die Idee wurde von der Redaktion angenommen. Tom willigte ebenfalls ein. Er wusste, dass er mit einem Team zusammenarbeiten würde, das für seine rechtsradikalen Ansichten kein Verständnis hatte, aber dem wollte er sich offensichtlich aussetzen.

Wir drehten den Beitrag ganz traditionell auf Film. Das hatte den Vorteil, dass die Kamera autark war, denn elektronische Kameras waren damals noch über lange Kabel mit Rekordern verbunden, die von einem Assistenten entweder mit einem Gurt über der Schulter getragen oder auf einem kleinen Karren hinterhergezogen wurden. Zudem hatte man beim Dreh auf Film gerne eine zweite Kamera dabei. Die große Arriflex war die Kamera, die auch in der Nähe eines Mikrofons drehen konnte, weil sie fast geräuschlos lief. Mit der »stummen« Arri wurden Zwischenschnitte gedreht, für die es keinen eigenen Ton brauchte. Wenn wir drehten, dann mussten wir Klappen schlagen, damit Ton und Bild später am Schneidetisch synchronisiert werden konnten.

Für das Interview fuhren wir nicht jeden Tag nach Wattenscheid, sondern verabredeten uns mit Tom zu verschiedenen Zeiten: mal für einen Nachmittag oder Abend, mal für einen ganzen Tag. An den ersten Drehtagen schalteten wir die Kamera manchmal gar nicht an. Sie stand dann einfach auf dem Tisch, an dem wir mit ihnen saßen. Wir wollten, dass die Skinheads sich an die Situation gewöhnten. Und an uns.

An einem Wochenende wollten sie zu einem lokalen Skinhead-Festival. Ein Unternehmer hatte ihnen dafür einen großen Schuppen überlassen, in dem sonst Baugeräte geparkt wurden. Wir fuhren mit zwei Teamwagen zu der Veranstaltung. In einem lagerte unsere Kameraausrüstung, im anderen einige Lampen, die wir in dem dunklen Schuppen brauchten. Niemandem von uns war so richtig wohl dabei, aber wir brauchten die Bilder. Unser Gemütszustand besserte sich nicht, nachdem am Kombi, in dem wir die Lampen transportiert hatten, alle vier Reifen zerstochen worden waren. Wir kontaktierten einen Abschleppunternehmer, der den Wagen reparierte, während wir im Schuppen die Skinheads besuchten.

Unsere große Kamera stand auf einer Empore. Unten tanzten die Skinheads Pogo. Die meisten hatten ihre Oberkörper entblößt, sie rempelten sich gegenseitig an. Manche schlugen aufeinander ein. Der Schmerz schien sie immer weiter anzustacheln. Auf der Tanzfläche wogten mehr als hundert Männerkörper durcheinander. Die Oberkörper klatschten aneinander, rot und verschwitzt. Es war eine wilde Horde, die sich in Ekstase tanzte, inmitten von unbändigem Lärm. Frauen sahen wir kaum und wenn, dann standen sie am Rand.

Wir brauchten Schnittbilder von unten. Doch keiner aus dem Team wagte sich in diese wild aufeinander eindreschende Menge. Irgendwann nahm ich mir die stumme Kamera und schlängelte mich vorsichtig durchs Getümmel. Das Unglaubliche war, dass mir nichts zustieß. Ich war heilfroh, als ich wieder zurück auf der Empore bei meinem Team war. Auch darüber, dass wir auf diese Weise ein paar Bilder bekamen, die so dicht an den Skinheads nicht häufig im Fernsehen zu sehen waren.

Später in der Nacht wurde uns noch einmal richtig mulmig. Die Borussenfront, eine rechtsextreme Hooligan-Truppe aus Dortmund, kam zu der Veranstaltung. Damit hatten wir nicht gerechnet. Für uns war das ein Grund, die Szene schleunigst zu verlassen. Zum Glück war unser Lichtwagen inzwischen wieder fahrtüchtig.

Ich wollte in dem Film unbedingt auch Szenen zeigen, in denen sich die Skins tätowierten. Sie hatten schon etliche Tattoos. Weil sie sich den Besuch beim Tätowierer nicht leisten konnten, hatten sie einen elektrischen Rasierer umgebaut: Mit der vibrierenden Nadel und Tinte malten sie sich die Bilder selbst auf ihre Körper.

Nirgends fanden wir einen Raum, in dem wir die Szenen hätten filmen können. Als der Vorschlag kam, man könne es ja bei mir zu Hause machen, zögerte ich erst, stimmte dann aber doch zu. Schließlich ging es um den Film. Also kamen drei von ihnen an einem Nachmittag nach Ratingen in meine Wohnung. Am Ende waren nicht nur ihre Körper um ein Tattoo reicher: Auch auf den Wänden meines Wohnzimmers hatten sie einige interessante Zeichnungen hinterlassen. Ich erinnere mich an einen Punker, dessen Frisur sie sehr gut getroffen hatten. Als ich einige Monate später aus der Wohnung auszog, hatte ich große Schwierigkeiten, die Werke der Skins zu überstreichen.

Die Dreharbeiten mit Tom dauerten fast ein Jahr. Am Ende begleiteten wir ihn nach Nienburg, dort war er zur Bundeswehr einberufen worden. Vor der Clausewitz-Kaserne drehten wir die letzten Bilder mit ihm. Er verabschiedete sich und ging dann durch das Tor in die Kaserne.

Der Film »Tom – Ansichten eines Skins« lief am 21. Juni 1985 zum ersten Mal im WDR. Am Ende bestand der Film überwiegend aus einem Interview mit Tom, das viel von seinem Seelenleben offenbarte. Er wollte die Klappen selbst schlagen, mit denen Tonaufnahme und Filmaufnahme synchronisiert wurden. Signalisierte der Kameramann, dass die Kamera lief, und der Assistent, dass die Tonaufnahme gestartet war, machte Tom erst Mätzchen. Er strich sich zum Beispiel über den kahl geschorenen Kopf, tat so, als würde er seine Frisur richten, grinste und rief: »Tom! Die Erste!« Ein anderes Mal trat er mit seinem Springerstiefel in Richtung Kamera, nur um Zentimeter vor dem Objektiv zu stoppen. Wir übernahmen einen Teil dieser Klappen in den Film. Sie waren ein Abbild seiner Seele.

Ich mochte ihn. Nicht seine Ansichten. Nicht seine Gewalt. Ich glaube aber, dass er ein gutes Beispiel dafür ist, dass Menschen einfach die Falschen treffen und dann abgleiten. Tom lebt heute nicht mehr. Das habe ich bei der Recherche zu meinem Buch erfahren. Die Nachricht berührt mich mehr, als ich gedacht hätte.

Zwei Jahre war ich in Düsseldorf als Reporter unterwegs, da tat sich wieder eine großartige Chance auf. Der WDR setzte sehr auf Regionalisierung. Dort, wo er kein Studio oder kein Büro hatte, arbeitete er mit sogenannten Regionalkorrespondenten. 1985 wurde die Stelle in Duisburg frei. Ich bewarb mich und bekam den Job. Nun war ich verantwortlich für ein Gebiet, das die Städte Duisburg, Moers, Kamp-Lintfort und einige kleinere Gemeinden umfasste. Von nun an sollte ich weniger für das Fernsehen, sondern mehr für den Hörfunk arbeiten. Die Region war extrem ereignisreich, ständig passierte etwas.

Der Duisburger Stadtteil Rheinhausen lebte damals überwiegend vom Krupp-Stahlwerk. Generationen von Stahlarbeitern hatten dort schon Stahl gekocht. Sie waren stolz auf ihren »Krupp-Stahl«. Ich glaube, in Rheinhausen hätte sich kaum jemand träumen lassen, dass das einmal vorbei sein könnte. Und doch war es im November 1987 so weit. Dumm war nur, dass die Kruppianer aus Rheinhausen die Gerüchte von der Schließung ihres Standortes nicht von ihren Chefs erfuhren. Das Gerücht kam von der anderen Rheinseite: Die Betriebsräte des Mannesmann-Stahlwerks hatten die Information an ihre Kollegen in Rheinhausen weitergegeben. Die Manager hatten einen Deal gemacht: Mannesmann in Duisburg-Huckingen sollte weiter produzieren, Krupp in Duisburg-Rheinhausen dagegen geschlossen werden. Am 27. November 1987 standen die Menschen aus Rheinhausen deshalb vor der Krupp-Verwaltung ihres Werkes. An diesem Morgen begann einer der emotionalsten Arbeitskämpfe der Republik. Ich war von der ersten Minute an dabei. In mein Auto hatte ich ein Telefon einbauen lassen, so hatte ich eine Art Übertragungswagen und konnte mich immer und überall ins Hörfunkprogramm einwählen.

Ich weiß, dass Journalist:innen sich nicht mit einer Sache gemein machen sollen. Aber was, wenn sie merken, dass Menschen nach Strich und Faden belogen werden? Ich habe mich immer als jemand verstanden, der die Sorgen und Nöte der Menschen ernst nimmt und sie öffentlich macht.

Die Zeit rund um die Schließung in Rheinhausen war außerordentlich spannend. Manchmal rief mich der Betriebsratsvorsitzende mitten in der Nacht an: »Sie müssen sofort kommen. Die brennen mir hier die Hütte ab.« Dann setzte ich mich ins Auto und fuhr nach Rheinhausen.

Ich hatte in meinem Leben viele Situationen, in denen ich einfach glücklich mit mir selbst war. An manche Situationen erinnere ich mich, als wären sie erst gestern passiert. Dazu gehört auch eine Nacht, in der ich wieder einmal auf dem Weg zum Stahlwerk war.

Erneut hatte der Betriebsratsvorsitzende um Mitternacht angerufen. Ich fuhr sofort los. Im Radio lief die »Pastorale« von Beethoven, ich fuhr über die Rheinbrücke bei Krefeld. Und in diesem Moment empfand ich dieses Glück. Ich fühlte mich wie schwerelos, war einfach glücklich, weil ich diesen großartigen Beruf hatte, weil ich spürte, dass ich Menschen in einer schwierigen Lage eine Stimme geben konnte.

Ich weiß, dass das nicht zusammengeht mit dem auf der einen Seite immer stärker werdenden Verlangen, endlich die zu sein, die ich wirklich war, und der männlichen Rolle auf der anderen Seite, die ich als Reporter spielen musste. Ich hatte mich einfach damit abgefunden, ich hatte mich arrangiert. Wenn ich arbeiten musste, spielte ich Georg. Sobald die Arbeit vorbei war, war ich ich.

Einige Monate bevor ich die Aufgabe als Regionalkorrespondent in Duisburg übernahm, hatte ich mich meinem

Mentor im WDR-Landesstudio Düsseldorf, Bernd Müller, anvertraut. Ich hatte ihn um ein Gespräch gebeten, und wir waren gemeinsam Mittagessen gegangen. Anfang der Achtzigerjahre war in Deutschland das erste Transsexuellen-Gesetz beschlossen worden. Das Leben wurde für Menschen wie mich spürbar erleichtert. Es gab eine Personenstandsänderung, die persönlichen Papiere konnten dem wahren Geschlecht angeglichen werden. Und auch die äußere Hülle konnte operativ angepasst werden. Doch für beides mussten Betroffene noch etliche Hürden überwinden.

Für die Personenstandsänderung waren zwei unabhängige psychologische Gutachten notwendig, die schnell einen vierstelligen Betrag kosten konnten. Manchen dieser Gutachter:innen fehlte es an der nötigen Empathie, wie ich später immer wieder von anderen trans* Personen hörte. Sie fügten Betroffenen mit schlüpfrigen, zum Teil widerlichen Fragen weiteres Leid zu. Da wurde zum Beispiel explizit nach der sexuellen Orientierung gefragt oder nach dem Masturbationsverhalten. Manche Gutachter:innen wollten wissen, für wann die geschlechtsangleichende Operation geplant sei, obwohl das mit der Persönlichkeit der Betroffenen nichts zu tun hatte. Was sollten die aber tun? Ohne Gutachten hätte kein Richter einer Personenstandsänderung zugestimmt. Da wäre es nicht hilfreich gewesen, den Psycholog:innen zu zeigen, was man von diesen Methoden hielt. Betroffene mussten das Spiel mitspielen. Ich bin froh, dass meine Therapeutin mich schon Jahre kannte, als sie mir die Unterlagen für die

Personenstandsänderung überreichte. Mir blieb so erspart, was viele andere durchleiden mussten.

Bis heute erlebe ich Psycholog:innen in sozialen Netzwerken, die trans* Menschen radikal ablehnen. Ich bin jedes Mal erschüttert, wenn ich deren Abwertung in meine Timeline gespült bekomme, und frage mich, ob sie in diesem Beruf richtig aufgehoben sind. Können sie trans* Menschen unvoreingenommen helfen?

Mit den gesetzlichen Änderungen in den Achtzigerjahren machte ich mir Hoffnungen, auch bald als diejenige leben zu können, die ich wirklich war. Ich wünschte mir, dass das Versteckspiel ein Ende hätte und ich endlich als die Person leben könnte, die Georgine war, und so akzeptiert werden würde. Deshalb schilderte ich Bernd Müller meine Situation. Ob ich Vertrauen zu ihm haben konnte, war überhaupt keine Frage; davon war ich felsenfest überzeugt. Bernd Müller reagierte sehr nachdenklich und tatsächlich empathisch. Wir sprachen sehr lange, wogen das Für und Wider ab. Leider überwog das Wider gewaltig.

Ich hatte meine ersten Einsätze vor der Kamera gehabt. Als Reporter war ich inzwischen gerne gesehen. Das alles hätte ich mit einem Outing aufs Spiel gesetzt. Bernd Müller und ich waren uns sicher, dass ich keine Einsätze mehr vor der Kamera bekommen würde, wenn ich die Wahrheit über mich sagen würde. Nicht, weil der WDR das nicht gewollt hätte, aber wir wussten, dass die Gesellschaft noch nicht so weit war. Nicht zuletzt durch die WDR-Beiträge in Hörfunk und Fernsehen über Menschen wie mich, die ausgestrahlt wurden. Meine Kolleg:innen schilderten, welche Nöte die Betroffenen durchlebten, aber auch wie einige von ihnen endlich ihr Glück fanden. Die meisten Betroffenen hatten aber eines gemeinsam: Sie lebten oft ein Leben, das abhängig war von Sozialhilfe. Das Transsexuellen-Gesetz öffnete für die Betroffenen zwar neue Möglichkeiten, ihr Leben so zu leben, wie sie es sich wünschten. Es hielt die Gesellschaft aber nicht davon ab, die Betroffenen auszugrenzen. Und deshalb wollten viele von ihnen gar nicht mehr leben. Aus diesem Grund blieb ich bei meinem selbst ausgehandelten Arrangement: In der Öffentlichkeit lebte ich meine Rolle als Georg – privat durfte ich sein, wer ich war: Georgine. Denn meine Sorge war, dass ich nicht mehr tun konnte, was ich liebte, wenn ich wurde, wer ich war.

Für den Reporter Georg Kellermann bot sich dann Anfang der Neunzigerjahre eine neue Berufschance. 1991 sendete der WDR für eine kurze Dauer bereits morgens eine erste Version des ARD-*Morgenmagazins.* Die Redaktion plante für diese Frühstrecke auch Berichte aus der ehemaligen DDR, die sich nur wenige Monate vorher mit der Bundesrepublik wiedervereinigt hatte. Ich war zufällig in der Redaktion und bekam mit, dass man für die kommende Woche noch einen Reporter suchte. Da verzichtete ich gerne auf meinen geplanten Urlaub.

Der Fall der Mauer war noch keine zwei Jahre alt, die Wiedervereinigung nicht einmal ein Jahr. Das Team sollte mit einem Übertragungswagen durch die Städte und Ortschaften der ehemaligen DDR fahren und zeigen, was die Menschen dort beschäftigte. Und wie groß die Aufgabe war, im Osten blühende Landschaften zu gestalten.

Wir berichteten aus Halle. Auf dem Marktplatz sprachen wir mit Menschen, die viele besorgte Fragen bezüglich ihrer Zukunft stellten. Wir sendeten aus dem Telegrafenamt, das an ein Museum erinnerte, und aus den Chemiewerken Leuna, von wo wir nur berichten durften, nachdem jede Kamera einen »Aufpasser« bekommen hatte, der dafür sorgte, dass bestimmte Bilder nicht gezeigt wurden. Wir hielten uns daran und lieferten trotzdem einen Überblick über eine marode Werksinfrastruktur, die unvorstellbar war und mit Umweltschutz nichts gemein hatte. Von manchen Rohrleitungen hingen »Eiszapfen« herunter, die in allen Farben des Regenbogens schillerten. Rost, so weit das Auge reichte.

1992 kam dann die Chance meines Lebens beim WDR. Der Sender hatte entschieden, mit dem ZDF ab dem Sommer ein gemeinsames Frühinformationsprogramm auszustrahlen. Im wöchentlichen Wechsel kam es mal vom WDR für die ARD und mal vom ZDF. Dafür wurde eine neue Redaktion aufgebaut. Johannes Kaul, der die Redaktion leiten sollte, fragte mich, ob ich Lust hätte, dabei zu sein. Und wie ich die hatte. Es gab nur zwei Hürden, von denen ich glaubte, dass sie nur schwer zu überwinden wären: Ich hatte mein Studium nicht beendet und kein Volontariat gemacht. Cornelius Bormann und Bernd Müller, meine Vorgesetzten in Düsseldorf, hatten mich all die Jahre ermahnt, das Studium abzuschließen. Mir aber hatte die journalistische Arbeit so viel bedeutet, dass das Studium weiter darunter litt. Dafür hatte ich neun Jahre lang gezeigt, dass ich journalistisch einiges zuwege gebracht hatte.

Ich sollte mich trotz dieser Hürden bewerben, meinte Johannes Kaul. Und das tat ich dann auch. Zur selben Zeit, im Frühjahr 1992, streikte in Deutschland der öffentliche Dienst für eine kräftige Gehaltserhöhung. Mal fuhren keine Busse, mal streikte das Personal in Krankenhäusern, mal die Schleusenwärter an den Kanalschleusen im Revier. Jeden Abend stand ich mit unserem Ü-Wagen an einem anderen Streikort und berichtete live für die *Aktuelle Stunde.* Ich glaube, ich lieferte in dieser Woche so etwas wie ein Gesellenstück ab. Jedenfalls bekam ich eine Einladung von Fritz Pleitgen, der damals Chefredakteur des WDR für die überregionalen Programme war.

Pleitgen war zu jener Zeit schon eine Ikone des Fernsehjournalismus. Einer, zu dem ich aufschaute. Ich war ziemlich nervös, als ich ihn traf. Doch wie sich herausstellte, gab es dafür keinen Grund: Es war ein sehr angenehmes Bewerbungsgespräch. Und am Ende sagte mir Pleitgen, dass er mich im Team haben wollte. Ich hatte es geschafft und war ziemlich erleichtert.

Im Juli 1992 wurde aus dem freien Regionalkorrespondenten Georg Kellermann der fest angestellte Reporter und Redakteur Georg Kellermann. Nach einem Studienabschluss wurde ich nie wieder gefragt. Heute geht man dazu über, ein abgeschlossenes Studium nicht mehr zur Bedingung zu machen. Journalist:innen können auch Menschen werden, die andere Fähigkeiten mitbringen.

Wenn ich heute an die ersten drei Jahre beim ARD-*Morgenmagazin* zurückdenke, dann immer noch sehr begeistert. Und dass, obwohl ich manche Woche um halb zwei Uhr morgens aufstehen musste, um über die Autobahn nach Köln zu fahren. Ich war so glücklich über die neuen Aufgaben, dass ich manchmal Slalom zur Walzermusik aus dem Radio fuhr. Natürlich nur, wenn die Bahn frei war.

Wir waren ein wunderbares Team. Mit zwei Chefs, die nicht nur Kompetenz, sondern auch Empathie mitbrachten. Die Sendung war vom Start weg erfolgreich. Und am Ende der Sendewoche, am Freitagvormittag, saßen wir alle auf dem Fußboden auf dem Flur vor unseren Redaktionsbüros – zufrieden mit dem, was wir während der letzten Tage jeden Morgen drei Stunden lang als Sendung geboten hatten.

Drei Monate nachdem ich beim *Morgenmagazin* angefangen hatte, war ich gerade mit meinem Freund Karsten, der ebenfalls als Journalist für den WDR arbeitete, zu Abend essen, als an ebendiesem Sonntagabend in Amsterdam ein fürchterliches Unglück passierte. Eine Frachtmaschine der israelischen Fluggesellschaft El Al hatte kurz nach dem Start zwei Triebwerke verloren. Die Besatzung versuchte, zum Flughafen Schiphol zurückzukehren, aber die riesige Maschine war nicht mehr zu steuern. Nur wenige Kilometer vor der rettenden Landebahn stürzte sie in ein Wohnhaus im Amsterdamer Vorort Bijlmermeer. In dem Haus starben offiziell neunundreißig Bewohner:innen, es waren vermutlich deutlich mehr, weil viele von ihnen nicht gemeldet waren. Im Frachtflugzeug verloren alle vier Insassen ihr Leben.

Als wir zu mir nach Hause zurückkamen, ging das Telefon. Der Chef vom Dienst beim *Morgenmagazin* bat mich, sofort nach Amsterdam zu fahren, um für die Sendung am Morgen zu berichten. Mein Freund Karsten kam mit.

Unfälle, Katastrophen und Kriege sind mit die schlimmsten Aufgaben, die ich mir für Reporter:innen vorstellen kann. Ich habe selbst einmal ein Unglück am eigenen Leib erlebt.

Am 6. Februar 2000 war ich gemeinsam mit meiner damaligen Frau zum Essen bei unserem Freund Karsten in Düsseldorf eingeladen. Wir lebten damals in Bonn und waren mit dem Zug nach Düsseldorf gefahren. Für die Rückfahrt wählten wir den Amsterdam-Basel-Nachtexpress. Dieser hatte im Gegensatz zu den heutigen Großraumwagen noch richtige Abteile, in denen man die Fenster öffnen konnte. Die Abteile in den ersten Wagen, durch die wir gingen, waren alle besetzt. Wir wollten gerne ein Abteil nur für uns, das wir einige Waggons weiter vorne fanden.

Ich fahre gerne Bahn, weil ich die Zeit dann oft mit Nichtstun genießen kann. Ich liebe es, aus dem Fenster zu schauen und den Gedanken freien Lauf zu lassen.

Die Fahrt nach Düsseldorf verlief bis Köln ereignislos. Zwischen Köln und Bonn wurde der Zug dann auf das Nebengleis geleitet, weil auf dem Gleis in Richtung Bonn gearbeitet wurde. Als wir die Baustelle passiert hatten, beschleunigte der Zug wieder, obwohl er noch nicht auf das richtige Gleis gewechselt hatte.

Ich öffnete das Fenster. Der Zug fuhr immer schneller. Weil es kalt war und der Fahrtwind mir das Gesicht fast einfror, schloss ich das Fenster wieder und setzte mich hin. Plötzlich hörte ich einen ohrenbetäubenden Lärm. Am Abteilfenster zog ein riesiger Funkenschweif vorbei. Ich weiß, dass ich kurz dachte, was für ein tolles Bild das war. Diesen Funkenflug kannte ich von den Hochöfen in Duisburg. Beim Abstich, wenn das Roheisen aus dem Hochofen fließt. Es war ein Bild, das jeden Film geschmückt hätte. Ich wusste in der Sekunde ja noch nicht, dass mein Zug gerade verunglückte. Im nächsten Augenblick bekam ich es mit aller Gewalt zu spüren: Unser Waggon wurde aus den Schienen gerissen. Ich stürzte aus der offenen Abteiltür auf den Gang und bekam eine Ladung Mutterboden in den Mund. Dann flog ich zurück ins Abteil. Das alles passierte in Sekundenbruchteilen.

Und dann war es still.

Meine Frau lag neben mir. Ich schaute aus dem Fenster. Der Waggon war eine Böschung herabgestürzt, aber er stand aufrecht. Dass ich mich ziemlich verletzt hatte, merkte ich noch nicht. Zum Glück waren wir beide bei Bewusstsein und konnten uns einigermaßen bewegen.

Noch aus dem Abteil rief ich meinen Freund Stefan an und erzählte ihm, was passiert war, weil ich irgendwie Kontakt zur realen Welt haben wollte. Die Situation war unwirklich. Dann wählte ich Karstens Nummer, der anfangs gar nicht verstand, was ich ihm erzählte. Draußen war es immer noch still. Nur manchmal hörten wir Hilferufe. Leise.

Gemeinsam mit anderen Fahrgästen kletterten wir dann

aus dem Waggon und den Bahndamm hoch auf den Bahnsteig am Bahnhof Brühl. Ich weiß nicht, wie lange es dauerte, bis die ersten Martinshörner signalisierten, dass Hilfe auf dem Weg war. Es fühlte sich an wie eine Unendlichkeit.

Die Nacht war sternenklar. Es ging kein Wind. Mir war nicht kalt. Dass neun Menschen gestorben waren, erfuhr ich erst später. Hundertneunundvierzig Personen erlitten zum Teil schwere Verletzungen.

Eine Weile saßen wir auf dem Bahnsteig. Irgendwann kam eine Ärztin mit zwei Sanitätern vorbei und untersuchte uns und die anderen, die auf der Bank ausharrten. Meine Frau und ich bekamen beide eine grüne Triage-Karte umgehängt. Das bedeutete, dass unsere Verletzungen nicht lebensbedrohlich waren und auch nicht vorrangig behandelt werden mussten. Aber wir brauchten nach dem Unglück trotzdem Monate, bis wir wieder fit waren.

Ein Bild, das mir bis heute nicht aus dem Kopf geht, ist eine junge Frau, die sich aus einem umgestürzten Waggon auf die Seite nach oben gearbeitet hatte. Dort saß sie dann. Sie war blutüberströmt und weinte. Sie hatte es trotz der Verletzungen offenbar geschafft, aus einem Abteilfenster auf das Wrack zu klettern, das zum Teil auf dem Bahnsteig lag. Unten standen mehrere Sanitäter, die sie aber nicht erreichen konnten. Sie hielten ihre Arme geöffnet und riefen ihr zu, sie solle springen. Aber das ging nicht. Sie konnte das in ihrem Zustand nicht, selbst wenn sich ihr mehrere offene Arme entgegenstreckten. So viel Verzweiflung bei denen, die helfen wollten, und bei ihr, der geholfen werden musste.

Einige Monate später wurde in Köln gegen den Lokführer verhandelt. Dass er zu schnell gefahren war, war nur einer der Gründe, die zu der Katastrophe führten. Es gab eine Menge Fehler, für die andere verantwortlich waren. Ich war als Zeuge geladen. Am Ende meiner Aussage wurde ich gefragt, ob ich zornig auf den jungen Mann sei. Nein, ich spürte keinen Zorn. Der Lokführer tat mir leid: Er war so jung und erst am Anfang seines Berufslebens. Das Unglück hatte ihn für den Rest seines Lebens traumatisiert, wie ein Psychiater im Prozess erklärt hatte.

Im Sommer ein Jahr später fuhr ich zum ersten Mal nach dem Unglück mit dem Auto zum Bahnhof in Brühl und ging auf den Bahnsteig, auf dem ich die längste Nacht meines Lebens verbracht hatte. Das Unglücksgleis war inzwischen abgebaut worden. Das Haus, an dem die Lokomotive eine Wand im Erdgeschoss durchbrochen hatte, war repariert. Es war ein warmer, friedlicher Sommerabend. Ich setzte mich auf die Bahnsteigkante. Dort weinte ich zum ersten Mal nach diesem Unfall.

Für meine journalistische Arbeit habe ich es danach immer als eine wichtige Erfahrung empfunden, dieses Unglück miterlebt zu haben. Journalist:innen kommen in der Regel erst an den Ort einer Katastrophe, wenn sie schon lange passiert ist, wenn Polizei und Rettungskräfte die Opfer versorgt haben oder bereits auf dem Weg in eine Klinik sind.

Bis zu der Nacht im Bahnhof Brühl wusste ich nicht, was in der Zwischenzeit passiert. Vor allem in der Zeit, die vergeht, bis die ersten Helfer:innen vor Ort eintreffen. Ich konnte es mir vorstellen. Aber es erlebt zu haben ist dann noch einmal etwas ganz anderes. Als wir an der Absturzstelle in Amsterdam ankamen, hatte ich diese Erfahrung noch nicht gemacht.

Wie ein riesiger Hammer hatte das abstürzende Flugzeug das Wohnhaus in der Mitte getroffen. Ich frage mich heute noch, wie die Menschen, die umkamen, ihre letzten Sekunden erlebt hatten. Ob sie das Flugzeug gesehen haben, als es auf ihr Haus zustürzte. Oder was Flugkapitän Yitzhak Fuchs in der Not versucht hatte, bevor er starb. Seinen Namen werde ich nicht vergessen.

Wir sammelten die ganze Nacht Informationen. Um sechs Uhr begann das *Morgenmagazin*, und die Katastrophe in Amsterdam war das vorherrschende Thema.

Polizei und Feuerwehr informierten uns regelmäßig. Bewegte Bilder lieferte das niederländische Fernsehen, denn wir konnten die Absturzstelle zunächst nicht besuchen. Es gibt immer Kolleg:innen, die kritisieren und sich mit den Polizist:innen vor Ort streiten, dass sie nicht vorgelassen werden. Ich finde es selbstverständlich, dass wir in solchen Situationen Geduld haben müssen.

Irgendwann brachte ein Pressesprecher der niederländischen Polizei Kamerateams und Journalist:innen geordnet zur Absturzstelle. Dass die Frachtmaschine Munition und Chemikalien geladen hatte, erfuhr ich erst sehr viel später. Dass sie allerdings Parfüm transportierte, ließ sich nicht verheimlichen. Es stank bestialisch danach, und das machte die ganze Szenerie unwirklich. Der Parfümgeruch mischte sich mit dem Gestank ausgelaufenen und nicht verbrannten Kerosins. Die größten Trümmerteile, die ich sah, waren zweimal zwei Meter groß. Alles war verkohlt.

Ich denke beim Schreiben dieses Buches an ganz viele Situationen, die ich erlebt, und die Menschen, die ich dabei getroffen habe. Vor allem die, mit denen ich zusammengearbeitet habe. Fernseharbeit ist Teamarbeit. Da kommt es vor allem auf die Kameraleute und die Cutter:innen an, wenn ein gutes Stück entstehen soll. Für den WDR arbeiten Menschen, die ihr Handwerk wie keine anderen verstehen. Eine Fernsehgeschichte ist zunächst eine Bildgeschichte. Kameraleute haben oft kreative Ideen, Cutter:innen komponieren daraus eine zusammenhängende Erzählung. Erst dann schreiben Journalist:innen ihre Texte, die die Informationen liefern, die aus den Bildern nicht sofort hervorgehen. Deshalb empfinde ich es als ungerecht, wenn Autor:innen am Ende die Lorbeeren einheimsen. Natürlich haben sie recherchiert, alle Fäden in der Hand und am Ende die Verantwortung für den Inhalt. Aber ihr Erfolg wäre nicht möglich ohne die handwerklichen Fähigkeiten des ganzen Teams.

Besonders ungerecht wird es bei Aufsagern zum Beispiel für die *Tagesschau* und Liveschalten. Wer einigermaßen geradeaus reden kann, ordentlich recherchiert hat und dann selbstbewusst vor der Kamera steht, der hat im Nu etwas abgeliefert, von dem viel mehr Notiz genommen wird als von einem bebilderten Beitrag, in dem man nicht sein Gesicht zeigt. Aufsager und Liveschalten sind in meinen

Augen immer das am schnellsten und leichtesten verdiente Lob.

Zu denen, die mich zuerst lobten, gehörte meine Mutter. Damit war sie das absolute Gegenteil meines Vaters, der seinen Kindern nicht einmal sagen konnte, dass er stolz auf sie ist. Meine Mutter hatte aus ihrem Stolz dagegen nie einen Hehl gemacht. Sie rief immer an, wenn ich in der *Tagesschau*, den *Tagesthemen* oder dem *Morgenmagazin* zu sehen war. Oder wenn die Bäckerin auf mich zu sprechen kam, weil sie mich im Fernsehen gesehen hatte. Verkehrte Welt, denke ich heute. Ein gebauter Beitrag ist viel schwieriger als eine Liveschalte. Aber über das Lob meiner Mutter freute ich mich natürlich immer.

Meinen ersten »Aufsager«, bei dem ich selbst im Bild war, für die *Tagesschau* machte ich in Zaire, in der Nähe der Stadt Goma. Dort hatte ich gemeinsam mit Kameramann Micki Pindter und Toningenieur Tom Wegener einen Einsatz Ende 1996.

Hunderttausende waren 1994 vor dem Genozid aus ihrer Heimat Ruanda ins benachbarte Zaire geflohen und hatten dort in den riesigen Wäldern Zuflucht gesucht. Mehr als zwei Jahre später wollten sie zurück nach Ruanda – so schnell es irgendwie ging und alle auf einmal. Es war ein nicht enden wollender Menschenstrom. Die Vereinten Nationen zählten mehr als siebenhunderttausend Rückkehrer. Das Flüchtlingshilfswerk half mit allem, was möglich war, vor allem mit Lastwagen, die die Menschen nach Hause brachten.

Wir fuhren damals in ein kleines Dorf einige Kilometer

westlich von Goma, dem Grenzort zwischen Zaire und Ruanda. Dort stand eine lange Kolonne Lastwagen aufgereiht wie an einer Perlenkette. Als die Ladeluken geöffnet wurden, versuchten die Menschen panisch, einen Platz zu ergattern. Man konnte erahnen, dass der Platz auf den Lastwagen bei Weitem nicht reichen würde, all die verängstigten Menschen aufzunehmen. Die Ladeflächen waren schnell voll. Familien wurden getrennt, weil manche nicht mehr auf den Lkw klettern konnten, auf dem ihre Angehörigen schon einen Platz gefunden hatten. Verzweifelt versuchten diese dann, ihre Verwandten auf die Ladefläche zu ziehen. Davon hatte Micki eine Großaufnahme gemacht, von zwei ineinander verschlungenen Händen: die eine zog, die andere wurde gezogen. Ein Bild, das die Verzweiflung viel stärker verdeutlichte, als Worte sie je hätten beschreiben können. Es ging unter die Haut. An diesem Ort stellte ich mich für den Aufsager vor die Kamera. Eigentlich wollte ich nicht, aber Tom und Micki hörten nicht auf, mich zu drängen.

»Du musst das machen. Und wenn es für deine Mutter ist.«

Also schrieb ich einen kleinen Text. Für etwa zwanzig Sekunden lang. Dann kletterten wir auf einen Tanklastwagen, der am Straßenrand stand. Dort machte ich meinen Aufsager. Micky und Tom schickten mir später einen Screenshot, darunter stand: »Mein erster Aufsager für die *Tagesschau.*« Ein wenig stolz war ich darauf schon. Es zeigte auch, dass wir vor Ort unseren Beitrag selber produziert hatten.

Ich erinnere mich noch gut daran, wie mein Vater immer Sonntagabend den Fernseher einschaltete. Nie um Sport zu schauen, aber den *Weltspiegel*. Das war Pflicht. Wenn wir zu Hause waren, schaute die ganze Familie immer gemeinsam die Sendung im Ersten, in der Auslandskorrespondent:innen rund um den Globus berichteten. Sonntagabends blickten wir über den Tellerrand. Ikonen des Fernsehjournalismus standen in unserem Wohnzimmer. Vati saß in seinem Fernsehsessel, meine Schwester, mein Bruder und ich auf der Dreiercouch und Mutti hatte es sich auf dem Zweiersofa gemütlich gemacht, wenn sie dabei war.

Gerd Ruge war eines dieser Vorbilder. Damals wusste ich noch nicht, dass ich ihn später persönlich kennenlernen und sogar mit ihm zusammenarbeiten würde.

Ich glaube, der *Weltspiegel* gehörte mit zu den Programmen, die unbewusst meine Liebe zum Journalismus weckten.

Im Frühjahr 1995 flammten die Rivalitäten zwischen den Volksgruppen der Hutus und der Tutsis in Burundi wieder auf, so wie auch im Nachbarland Ruanda. Ich fuhr mit meinem Team nach Bujumbura, um für die ARD von dort aus zu berichten. Ich hatte einen besonderen Auftrag im Gepäck: eine Reportage über diesen Konflikt für den *Weltspiegel*.

Meine erste.

Die Arbeit in Burundi war anstrengend und gefährlich. Wir waren gewarnt worden, auf keinen Fall nach Einbruch der Dunkelheit im Land unterwegs zu sein. Solche Ratschläge sind extrem wichtig, nur halten sich nicht immer alle daran. Ein Team zum Beispiel, mit dem wir morgens noch gemeinsam im Frühstücksraum unseres Hotels gesessen hatten, hatte es nicht geschafft. Die Kollegen waren aus der Hauptstadt in den nördlichen Landesteil gefahren. Dort waren sie so lange aufgehalten worden, dass es bereits dunkel wurde, als sie noch auf der Straße in Richtung Bujumbura unterwegs waren. Ein fürchterlicher Fehler. Im dichten Wald gerieten sie in einen Hinterhalt. Drei von ihnen wurden erschossen, nur ein Kameramann aus Südafrika überlebte schwer verletzt. Er wurde zwar von etlichen Kugeln getroffen, aber nicht tödlich. Er stellte sich tot. Die Mörder nahmen alles mit, was wertvoll war, und verschwanden damit in der Dunkelheit. Der Kameramann kroch dann auf allen vieren die Straßen entlang, bis er auf einen Militärposten traf. Die Soldaten riefen sofort einen Krankenwagen.

Von alledem erfuhren wir nichts. Nur, dass die vier nicht zurückgekommen waren. Eine Kollegin, die für den amerikanischen Fernsehsender ABC arbeitete, machte sich große Sorgen. Fast alle, die im Hotel untergebracht waren, versuchten, ihre Kontakte in der Regierung zu erreichen. Ich rief einen Offizier der burundischen Armee an, den wir am Tag zuvor interviewt hatten. Er versprach, sich zu kümmern. Von ihm bekamen wir später die schrecklichen Hintergrundinformationen.

Den Beitrag für den *Weltspiegel* stellten wir im ARD-Studio in Nairobi fertig: am Samstag geschnitten und über eine Leitung nach Köln überspielt. Sonntag rief ich zu Hause an, um meinem Vater zu sagen, er sollte die Sendung am Abend auf keinen Fall verpassen. Hätte er wahrscheinlich sowieso nicht, aber ich wollte sicher sein, dass er dabei war, wenn mein erster Beitrag für den *Weltspiegel* gesendet wurde. Und irgendwie hatte ich den Film auch für ihn gemacht. Ich wusste, dass er stolz sein würde, selbst wenn er das auch dieses Mal nicht zeigen würde. Trotzdem stellte ich mir vor, wie er in seinem Fernsehsessel sitzt, wenn Moderator Jürgen Thebrath die Reportage von Georg Kellermann ankündigt. Ich fand, dass das ein guter Grund war, stolz zu sein auf seinen Nachwuchs. Ich musste ihn anschließend fragen, was er dachte, als er den Film im *Weltspiegel* gesehen hatte. Er antwortete allerdings nichts, was mir in Erinnerung blieb. Andere hingegen ließen mich wissen, wie sie auf meinen beruflichen Erfolg sahen. Der Mann meiner Patentante, Onkel Heiner, etwa nahm mich einmal zur Seite. »Ich hätte nie gedacht, dass aus dir einmal etwas wird. Aber aus dir ist ja doch was geworden«, sagte er zu mir. Wie gerne hätte ich wenigstens so etwas einmal von meinem Vater gehört. Auch wenn es nur ein halbes Lob ist. Aber das gab es bei ihm nicht.

Das wichtigste Kapitel meiner Arbeit für das ARD-*Morgenmagazin* ereignete sich in Mostar. Die kleine Stadt mitten in Bosnien und Herzegowina besuchte ich insgesamt vierzehnmal.

Mostar wird als »Grenzstadt zwischen Orient und Okzident« bezeichnet – zwischen Morgenland und Abendland. Der Fluss Neretva teilt den Ort. Die Stari Most, die alte Brücke, ist so etwas wie die Verbindung zwischen den beiden Ländern und den beiden Weltreligionen Islam und Christentum. Als ich das erste Mal hinfuhr, wurden Granaten auf die Stadt noch aus serbischen Geschützen abgefeuert. Die Serben versuchten mit Gewalt, das auseinanderbrechende Jugoslawien zusammenzuhalten. Ihre Geschütze standen auf den Bergen über der Stadt Mostar. Einige Gebäude in der Stadt waren zerstört. Aber als Stadt war Mostar noch intakt. Die alte Brücke stand noch, und Muslime und Christen verteidigten Mostar gemeinsam.

Unser Team lernte sich in Mostar zum ersten Mal kennen. John, der die Übertragungstechnik mitbrachte. Boris, der Kameramann aus Split. Aus derselben Stadt kam auch Petar, der uns mit seinem alten Daimler Kilometer um Kilometer durch das Land fuhr. Und Meri, die uns mit ihrem Sprach- und Organisationstalent viele Türen öffnete. Wir alle waren fast immer zusammen, wenn es nach Mostar ging. Wir konnten uns blind aufeinander verlassen.

Als in Bosnien der Konflikt dann auch zwischen den christlichen Kroaten und den muslimischen Bosniern ausbrach, wurde erbittert um Mostar gekämpft. Nach wenigen Monaten waren große Teile dieser Stadt zerstört. Die Trümmer der Stari Most lagen in der Neretva. Während des kroatisch-bosnischen Krieges gelang es uns nicht, auf die bosnische Seite Mostars zu fahren und von dort zu berichten. Das war frustrierend, weil die muslimische Bevölkerung extrem litt. Hilfsgüter kamen fast gar nicht durch, das Krankenhaus war zerstört. Irgendwo in den Trümmern hatten die Menschen ein Nothospital eingerichtet. In dem waren Operationen ohne Narkose an der Tagesordnung, weil Narkotika nicht zu bekommen waren.

Diese Geschichten konnten wir erst erzählen, als es einen Waffenstillstand zwischen den beiden verfeindeten Volksgruppen gab. Die Europäische Union hatte unter anderen vermittelt. Und sie schickte einen Deutschen, der die Stadt wieder lebensfähig machen und die beiden Feinde miteinander versöhnen sollte.

Hans Koschnick, ehemals regierender Bürgermeister von Bremen, wurde nach Mostar entsandt. Er sollte die zerstörte Infrastruktur wieder aufbauen und eine Verwaltung, an der die beiden verfeindeten Volksgruppen gleichermaßen beteiligt waren. Koschnick bekam viel Geld für seine Aufgaben. Das durfte er allerdings nur für die genannten Aufgaben verwenden. Humanitäre Hilfe gehörte nicht dazu. Gemeinsam mit der *Süddeutschen Zeitung* startete das ARD-*Morgenmagazin* damals deshalb eine Spendenaktion, die immerhin mehr als siebenhunderttausend Mark einbrachte. Dieses Geld nahm Hans Koschnick, um Menschen in Mostar zu helfen. Gemeinsam mit Jens Schneider von der *Süddeutschen Zeitung* begleitete ich damals die ersten Tage von Hans Koschnick in Mostar. Gleich zu Beginn traf ich einen der beeindruckendsten Menschen in Mostar: Mathilde. Und es war ein Zufall, dass ich sie kennenlernte.

Mit unserem Übertragungswagen standen wir an einem Morgen vor dem zerstörten Hotel Neretva auf der bosnischen Seite Mostars. Als ich nach einer kurzen Recherche zum Wagen zurückkam, zeigte John auf eine alte Dame, die am Hydranten gerade zwei Wassereimer füllte.

»Mit ihr musst du unbedingt reden«, sagte John. »Sie spricht Deutsch.«

Die alte Dame stand mit dem Rücken zu uns. Ich ging auf sie zu und nahm die beiden Eimer, als sie sich gerade herunterbeugte, um sie aufzunehmen.

»Das ist aber kommod«, sagte sie, als sie merkte, dass sie die schwere Last an diesem Morgen nicht selber tragen musste. Gemeinsam gingen wir zu ihrem Haus.

Es befand sich in einer kleinen Gasse. In einer Mauer war eine Tür, und dahinter lagen ihr Garten und das wunderschöne Haus, in dem sie mit ihrem Sohn lebte. Der schlief noch, als ich mit ihr eintrat. Granatsplitter hatten die Weinreben zerstört, und auch das Gebäude hatte einige Schäden davongetragen. Mathilde lud uns zum Kaffee ein. Boris nahm die Kamera mit, weil wir ein Interview mit ihr in ihrem Garten führen wollten.

»Die sind nicht gescheit«, sagte sie und schlug sich mit der Hand vor die Stirn. »Der eine will das reine Serbien, der andere das reine Bosnien und wieder ein anderer das reine Kroatien.« Sie selbst war in Slowenien geboren. Mit ihrer Familie hatte sie in der kleinen Gasse in Mostar gelebt, in der Angehörige aller Volksgruppen zu Hause waren. Ihre Tochter Minka hatte einen Serben geheiratet. Als seine Landsleute den Krieg begannen, musste sie mit ihrem Mann nach Belgrad fliehen. Wie lange Mathilde denn nicht mit ihrer Tochter gesprochen habe, wollte ich wissen.

»Drei Jahre nicht.« Alle Telefonverbindungen waren unterbrochen. Und die Briefe über das rote Kreuz zu versenden dauerte Ewigkeiten.

Ich fragte Mathilde, ob ihre Tochter ein Festnetztelefon in Belgrad habe. Sie gab mir die Nummer. Ich ging zu unserem Satellitentelefon, mit dem wir in die ganze Welt telefonieren konnten. Ich wählte die Nummer in Belgrad. Es klingelte nur einmal. Dann meldete sich eine Frauenstimme.

»Ist dort Minka?«

»Ja«.

Ich stellte mich vor und sagte, dass ich vor dem Hotel Neretva in Mostar stehe.

»Wo ist meine Mutter?«, schrie sie ohne Vorwarnung in den Hörer. John war schon losgelaufen, um Mathilde zu holen. Als sie kam, drückte ich ihr den Hörer in die Hand und sagte: »Hier ist Ihre Tochter.«

»Minka, Minka, Minka.«

Mathilde setzte sich auf das Trittbrett unseres Übertragungswagens und sprach zum ersten Mal nach drei Jahren mit ihrer Tochter Minka.

Wir filmten das alles nicht. Wir ließen Mathilde und ihre Minka allein. Das war ihre Geschichte und nicht unsere.

Als Hans Koschnick von Mathilde erfuhr, besuchte er sie. Später sorgte er dafür, dass sie mitten im Krieg über einen bosnisch-serbischen Kontrollposten nach Serbien reisen konnte. Zu ihrer Tochter Minka nach Belgrad. Er hat damit mitten im Krieg möglich gemacht, was eigentlich unmöglich war.

Auch die Geschichte von Sanel bewegt mich bis heute. Wenn wir im muslimischen Teil Mostars unterwegs waren, tauchte irgendwann mit Sicherheit Sanel auf. Ein Granatsplitter hatte ihm einen Arm abgerissen. Auf seinem Fahrrad war er trotzdem täglich unterwegs. Wenn er uns von Weitem sah, hielt er sofort an. Die eine Hand am Mund, rief er laut den Namen unseres Kameramanns: »Booooris!« Mit Boris hatte er sich angefreundet. Wir drehten immer wieder mit Sanel und erzählten von seinem Schicksal.

Irgendwann meldete sich eine Ärztin aus Berlin, deren Sohn Orthopäde war. Sie wollten Sanel eine Armprothese schenken. Ich sollte nur dafür sorgen, dass er für einige Zeit nach Berlin kommen kann.

Ein anderer Zuschauer wollte Sanel einen Fotoapparat spendieren. Und noch einer Geld schenken. Wir brachten alle Spender zusammen. Einer bezahlte daraufhin die Dolmetscherin, denn weder sprach Sanel Deutsch noch seine Unterstützer Bosnisch. Ein anderer übernahm die Kosten für die Flüge. Und die Prothese gab es in Berlin. Kurz vor Weihnachten 1994 flog er gemeinsam mit Meri, unserer Dolmetscherin, hin.

Die Reise wäre beinahe in einer Katastrophe geendet: Sanel hatte nämlich keinen eigenen Reisepass, sondern war nur im Pass seiner Mutter registriert. Weil die aber nicht mit nach Berlin flog, wollten die kroatischen Grenzbeamten in Zagreb ihn nicht ausreisen lassen. Meri setzte Himmel und Hölle in Bewegung, erzählte die Geschichte von den Menschen, die Sanel in Deutschland helfen wollten. Irgendwann überzeugte sie die Grenzer, und sie durfte gemeinsam mit

Sanel ins Flugzeug. Das war wieder einer dieser Momente, in dem mir klar wurde, wie solidarisch Menschen sein können. Für den jungen Muslim Sanel war es eine aufregende Weihnachtszeit in Berlin. Am zweiten Weihnachtstag flogen wir alle gemeinsam wieder zurück nach Mostar. Im Hotel Ero, dem Sitz der EU-Verwaltung, trafen wir Hans Koschnick.

»Sanel möchte, dass du ihn nach Hause bringst«, bat ihn Dörte Kett, die Vertraute von Hans Koschnick. Und so kam es, dass Sanel in der EU-Dienstlimousine mit Standarten der Europäischen Union an den Kotflügeln in Begleitung von »Hassan« Koschnick die letzten Meter seiner aufregenden Reise zurücklegte.

1997 ging ich als Korrespondent für das ARD-*Morgenmagazin* nach Washington. Für zwei Jahre sollte ich in den USA leben – für mich war das etwas sehr Besonderes. Gemeinsam mit Claus Kleber, Sabine Reifenberg und Tom Buhrow berichtete ich dann aus den USA. Leider beherrschte nur ein Thema die Nachrichten in dieser Zeit: die sogenannte »Lewinsky-Affäre« beschäftigte die Öffentlichkeit, als ich 1997 startete, und sie endete in etwa erst, als ich nach zwei Jahren zurück nach Deutschland ging.

Zwischendurch berichteten wir auch über andere Themen: Auf dem Mars landete ein kleiner Roboter, der zum ersten Mal Bilder vom roten Planeten zur Erde sendete. Dazu zählten hochauflösende Bilder eines vierzig Zentimeter großen Steins auf der Marsoberfläche, den die Wissenschaftler:innen der NASA liebevoll »Barnacle Bill« tauften, den

Namen einer Comicfigur, so wie auch andere Steine nach Comicfiguren getauft wurden. »Yogi« oder »Scooby-Doo«. Aber wenn es in Washington wieder um Beweise in der Sexaffäre gegen Präsident Bill Clinton und die Praktikantin Monica Lewinsky ging, um Lügen und evangelische Moral, dann mussten alle anderen Themen zurückstecken. Mir ist erst, als die MeToo-Bewegung die Schlagzeilen beherrschte, klar geworden, dass es in der Lewinsky-Affäre am Ende um einen Mann ging, der seine Macht erst gegenüber einer jungen Frau genutzt und später durch sie auch verhindert hatte, dass er zur Verantwortung gezogen wurde. Der Ruf von Monica Lewinsky dagegen war damals zerstört.

Für mich war das Leben in den USA angenehmer als in Deutschland. Die Amerikaner:innen waren zu der Zeit Menschen wie mir gegenüber aufgeschlossener. Einkaufen oder sich in der Öffentlichkeit zeigen war viel weniger belastend, als ich das aus Deutschland kannte. Queeren Lebensentwürfen gegenüber waren die Amerikaner schon damals viel offener als die Deutschen. Ich glaube, in diesen Jahren begann ich, die harte Schale, die mich umgab, langsam aufzubrechen. Aber es sollte noch zwanzig Jahre dauern, bis ich sie auch abwerfen konnte.

Ich öffnete mich zwar ein wenig mehr, als das in Deutschland möglich gewesen wäre, aber immer noch rein privat. Ab und an zeigte ich mich feminin gekleidet in der Öffentlichkeit, im Restaurant oder auch einmal im Kino. Leider viel zu selten, weil ich nicht immer meine Sorge überwinden konnte, gesehen und damit entdeckt zu werden. Immerhin war mein kleines Häuschen im Washingtoner Stadtteil Georgetown nur wenige Schritte vom ARD-Studio entfernt gelegen. Sicher hätte ich dort mal Kolleg:innen über den Weg laufen können. Im Studio selbst waren nur wenige eingeweiht. Das »Erwischtwerden« passierte alles tatsächlich nur in meinem Kopf. Aber das wurde mir erst viele Jahre später bewusst.

Einkaufen war paradiesisch in den USA. Ich konnte alles kaufen, zu Hause anprobieren und zurückbringen, wenn es nicht passte oder nicht gefiel. In Deutschland verdrehten Verkäufer:innen auch schon mal die Augen, wenn ich fragte, ob ich ein Kleid oder ein Paar Schuhe zurückbringen könnte, wenn diese nicht passten.

Als ich einmal einen wunderschönen Mantel im Sale in einem Kölner Bekleidungshaus gefunden hatte, war ich mir nicht sicher, ob er mir passen und auch stehen würde. Er war dunkelblau und lang. Innen weiche Wolle, außen glatt und mit einer sehr weiten Kapuze. Zurückbringen durfte man reduzierte Artikel – anders als in den USA – nicht. Während ich so dastand, kam eine Verkäuferin und fragte mich, ob sie mir helfen könne. Ich antwortete, dass mir der Mantel gefalle und ich den gerne für meine Partnerin kaufen würde. Welche Statur meine Freundin denn habe, fragte sie.

»Sie ist so groß wie ich.«

»Ja, dann ziehen Sie ihn doch einmal an. Dann können Sie besser einschätzen, ob er passen wird und ihr steht.«

Ich weiß nicht, ob sie die beste Diplomatin war, die ich je getroffen hatte, oder ob ihr meine Ausreden nicht auffielen.

Jedenfalls besitze ich den Mantel immer noch. Er ist inzwischen dreißig Jahre alt und immer noch ein ausgefallen schönes Stück. Aber so eine Begegnung war in Deutschland die große Ausnahme. In den USA hatte ich mit dem Einkaufen dagegen keine Probleme. Da ging ich meistens im Sale oder in den Outlet-Stores der großen Ketten einkaufen. Manchmal probierte ich die Sachen gleich im Geschäft an, oder ich packte alles ein, fuhr nach Hause und brachte später zurück, was mir nicht passte oder nicht gefiel.

Eine der schönsten Erfahrungen während meiner Zeit in den Vereinigten Staaten hatte ich diesbezüglich auf einer kleinen Insel im Pazifik. American Samoa.

Die kleine Inselgruppe grenzt an den unabhängigen Staat Samoa im Südpazifik und ist Protektorat der Vereinigten Staaten.

Amerikanisch-Samoa ist winzig. Nur um die fünfzigtausend Menschen leben auf der Insel, der Weg von Washington dorthin ist lang. Etwa dreimal sechs Stunden sitzt man im Flugzeug. Washington – Los Angeles – Hawaii – Samoa.

Ein Freund hatte die Idee, einen Film über American Samoa zu machen, und gemeinsam mit Stephanie Slewka, mit der ich im ARD-Studio Washington für das *Morgenmagazin* arbeitete, verwandelte ich diese Idee in ein Projekt.

»Ein neuer Tag im Paradies« hieß unser Film. Samoa hat wirklich etwas Paradiesisches. Den Titel hatten wir dem Radiomoderator des Senders von Amerikanisch-Samoa zu verdanken. Der begrüßte seine Zuhörer nämlich immer mit

»Manuia le taeao« und dann auf Englisch: »Good Morning, Samoa – Another Day in Paradise.« »Guten Morgen, Samoa – ein neuer Tag im Paradies.« Während der elf Tage, die wir auf Samoa drehten, lernten wir sehr viele Menschen kennen.

Eine Thunfischkonserven-Fabrik ist der größte Arbeitgeber vor Ort. Wer den Hafen der Hauptstadt Pago Pago ansteuert, musste erst einmal an einer halb versunkenen Flotte von Fischtrawlern vorbei. 1991 war American Samoa vom tropischen Wirbelsturm Val getroffen worden. Es war der schwerste Sturm in mehr als einhundert Jahren. Val wehte die Schiffe auf ein Riff vor dem Hafen von Pago Pago. Weil sich zunächst niemand verantwortlich fühlte, ließ man sie einfach liegen und rosten. Erst neun Jahre später wurden die meisten von ihnen geborgen.

An einem Morgen während unseres Aufenthalts war die Ankunft eines deutschen Kreuzfahrtschiffes geplant. Am Kai baute sich eine Gruppe Samoanerinnen auf. Sie wollten mit Tanz und Gesang die Kreuzfahrer begrüßen. Ich bin immer noch von der Freundlichkeit angetan, die uns überall begegnete. Auch hier am Kai wurden wir sehr herzlich in Empfang genommen. Aber am meisten beeindruckte mich, dass in dieser Folkloregruppe Frauen mittanzten, die so waren wie ich. Sie werden Fa'afafine genannt. Es sind Männer, die von Geburt an als Frauen erzogen werden.

Ich wusste nichts von den Fa'afafine, als ich nach Samoa fuhr. Aber nachdem ich am Kai die ersten gesehen hatte, fielen mir immer mehr Menschen auf, die sich so nannten. Sie sind ein fester Teil der samoanischen Kultur und werden von vielen akzeptiert und in den meisten Familien immer auch als das behandelt, was sie sind: Fa'afafine. Wie viele auf Samoa leben, ist nicht genau bekannt. Schätzungen gehen davon aus, dass es in American Samoa durchaus mehr als tausend sein könnten. Aber im Gegensatz zu meiner Heimat Deutschland lebten sie hier öffentlich als Frauen. Sie wurden gesehen und von vielen respektiert. Sie gingen in die Kirche – Samoa ist überwiegend christlich geprägt – und übernahmen Aufgaben, die auf Samoa als typische Aufgaben für Frauen gesehen wurden. In einer bewegenden Dokumentation sah ich einmal eine Fa'afafine, die ihre Aufgaben ganz klar benannte: Sie wird sich im Alter um die Eltern kümmern. »Meine Geschwister haben Familien gegründet. Ich bin alleine geblieben. Ich habe keine Kinder. Meine Aufgabe werden meine Eltern sein.«

Manche Anthropolog:innen vermuten, dass Familien, in denen zu viele Söhne geboren werden, ein, zwei, manchmal sogar drei der Jungen zu Frauen erziehen, die dann auch so leben. Aber diese Hypothese ist nicht gesichert. Es scheint ein Teil des Generationenvertrags auf Samoa zu sein, dass sich die Nachkommen um ihre Eltern und die Kranken und Bedürftigen kümmern.

Manche Fa'afafine leben in Beziehungen mit Männern. Sie gelten aber nicht als homosexuell. Übersetzt bedeutet ihr Name in etwa »wie eine Frau«. Nur einen Fehler sollte man nicht machen, zu glauben, die Fa'afafine seien trans* Frauen. Fa'afafine werden zum Frausein erzogen, trans* Frauen sind von Geburt an Frauen.

Stefanie, die mein Geheimnis kannte, fragte ab und an unsere Gesprächspartner:innen nach den Fa'afafine. Sie wollte mir damit Informationen verschaffen, nach denen ich selbst nicht fragen wollte. Zu groß war meine Sorge, dass mein Interesse entsprechend interpretiert werden könnte. Aus demselben Grund stimmte ich auch nicht zu, als Stefanie vorschlug, einen Teil unserer Reportage über American Samoa den Fa'afafine zu widmen. Das bedauere ich heute.

Das Thema ließ mich nicht mehr los. Eine Weile war ich mir sogar sicher, dass ich nach meinem Eintritt in den Ruhestand meinen Wohnsitz in dieses Paradies verlegen würde. Dort war ich in meinen Gedanken freier und respektierter als in meiner Heimat. Die Sicherheit, dass ich nach Samoa auswandern würde, hielt sich aber nicht lange: Von Deutschland aus sind die Inseln zwei Flugtage entfernt, die Tickets kosten ein Vermögen, und ohne Freund:innen ist es auch im Paradies nicht schön.

Ein Jahr nachdem ich aus den USA zurückgekehrt war, im August 2000, starb meine Mutter. Sie wurde siebzig Jahre alt. Für mich ist sie viel zu früh von uns gegangen. Nachdem sie einige Jahre zuvor eine Krebserkrankung überstanden hatte, war die Krankheit erneut mit brutaler Gewalt ausgebrochen. Meine beiden Geschwister und ich hatten ihr im März noch eine Überraschungsgeburtstagsparty beschert. Alle Verwandten waren gekommen. Ihre Verwandten aus Betzdorf und die aus der Kellermann-Linie. Uns war bewusst, dass es ihr letzter Geburtstag sein würde.

Sie ahnte nichts von der Feier. Mein Bruder fuhr zu ihr und lud sie zum Kaffeetrinken ein. Als sie ins Café am Ratinger Markt kam, war der Saal voll mit Freund:innen und Verwandten, worüber sie sich sehr freute. Aber wir spürten auch, dass sie inzwischen sehr schwach war.

Mutti war damals schon seit etlichen Jahren trocken. Wenn ich heute gefragt werde, was ich für die größte menschliche Leistung halte, dann sage ich zuerst, dass meine Mutter es geschafft hat, vom Alkohol wegzukommen. Immer wieder hatte ich ihr das selbst gesagt. Doch selbst an ihrem Sterbebett hatte ich das Gefühl, es noch mal deutlicher betonen zu müssen. Auch wie viel sie mir bedeutete. Da lag sie bereits im Koma. Als ich mit ihr alleine im Zimmer war, flehte ich sie an: »Wach bitte noch einmal auf!« Leider tat sie das nicht mehr. Trotzdem sagte ich ihr, was ich in diesem Moment fühlte.

Eine Sterbebegleiterin erzählte mir einmal, dass Menschen, die im Koma liegen, noch sehr genau mitbekommen, was um sie herum passiert. Seitdem bin ich mir sicher, dass Mutti meine Worte und die meiner Geschwister verstand und mitnahm.

Wir lasen ihr dann *Peterchens Mondfahrt* vor, ihr Lieblingsbuch. Mein Bruder hatte die Idee und lief rasch in die nächste Buchhandlung, um ein Exemplar zu kaufen. Schöner hätte unser Abschied nicht sein können, denn nur wenige Stunden, nachdem wir das Buch beendet hatten, schlief sie für immer ein.

Meine Mutter fehlt mir sehr. Ich spreche jeden Tag mit ihr. Heute als ihre Tochter Georgine, denn in meinen Gedanken hat sie die ganze Geschichte miterlebt. Und in meinen Gedanken freut sie sich für mich, weil ich glaube, dass es ihr wichtiger war, dass ihre Kinder glücklich sind, und nicht, wer sie äußerlich sind.

Die jüngste Schwester meiner Mutter heißt Inge. Meine Lieblingstante. Tante Inge und ihr Mann, Onkel Rudi, sind wunderbare Menschen. Mit ihr erlebte ich nach dem Tod meiner Mutter einen tollen Urlaub, bei dem sie in Gedanken die ganze Zeit dabei war.

Anja, meine Cousine und Inges Tochter, hatte meinem Bruder und mir erzählt, dass ihre Mutter zeit ihres Lebens gerne nach Madeira gereist wäre. Doch irgendwie hatte das bislang nie geklappt. Also überraschten wir Tante Inge im April 2018 damit. Bis zum Abflugschalter im Flughafen Köln/Bonn wusste sie nicht, wohin es geht.

Wir hatten eine wunderbare Woche auf Madeira, die nicht nur ein Geschenk für Tante Inge war, sondern auch für meinen Bruder und mich. Jeden Abend saßen wir zusammen, während Tante Inge Geschichten aus ihrer Jugend und Familie erzählte. Und so erfuhren wir natürlich auch sehr viel über unsere Mutter. Wir hörten Geschichten, die wir kannten, und solche, die wir noch nicht gehört hatten. Und die ganze Woche war uns so, als säße Mutti mit am Tisch.

Am Ende der Woche sagte ich Tante Inge, wer ich wirklich

bin. Sie war nicht schockiert. Ich glaube, sie hatte es bereits geahnt. Sie – wie auch der Rest der Familie – unterstützt mich seitdem sehr warmherzig. Mir war damals, als hätte ich auf diese Weise auch die Unterstützung meiner Mutter bekommen.

Mein Onkel Rudi war Schriftsetzer bei der *Siegener Zeitung* und gelernter Kalligraf. Weihnachten verschickt er immer Gedichte, die er kunstvoll abschreibt, und er fertigte kleine Namenskärtchen für die ganze Familie meiner Mutter. Als er mir ein Kärtchen schenkte, auf dem kunst- und liebevoll »Georgine« stand, wusste ich, dass ich in die richtige Familie hineingeboren worden war. Eine Familie, die sich wandeln konnte. Die Spießigkeit der Sechzigerjahre war einer Offenheit gewichen, die ich allen Menschen wünsche.

Eine andere Erfahrung ist mir im Zusammenhang mit dem Tod meiner Mutter wichtig. Wenige Monate nachdem sie gestorben war, sollte in den Niederlanden ein Sterbehilfegesetz verabschiedet werden. Im ARD-*Morgenmagazin* hatten wir die Idee, dieses Gesetz zum Anlass zu nehmen, um über Palliativmedizin, Sterbehilfe und Hospize zu berichten. Es war die Karwoche vor den Ostertagen 2001. Zur Vorbereitung fuhr ich mit meinem Kollegen und Freund Herbert Elias in ein Hospiz in Lohmar bei Bonn, das von den Eheleute Sibilla und Joseph Brombach aufgebaut wurde. Für ihren unermüdlichen Einsatz wurden sie auch mit dem Bundesverdienstkreuz ausgezeichnet.

Wer in ein Hospiz kommt, weiß, dass dies die letzte Station seines Lebens sein wird. Das Hospiz in Lohmar ist ein ungeheuer friedlicher Ort. Auch wenn der Tod allgegenwärtig ist, so wird er nicht thematisiert. Er ist einfach da. Manchmal kommt er mehrmals am Tag, und manchmal lässt er sich eine ganze Woche lang nicht blicken.

In diesem Hospiz lebte Ingrid Löschner. Sie hatte eine schwere Krankheit, die sie langsam umbrachte. Mit ihr wollte ich gerne ein Interview für unsere Themenwoche führen.

Wir führten ein sehr langes Vorgespräch. Und ja, sie wollte in der darauffolgenden Woche unbedingt bei der Sendung dabei sein. Zum Schluss unseres Vorgespräches sprach ich ein Bild an, das über dem Kopfende ihres Bettes hing. Eine Brücke, die sich über einen Bach schwingt. Es erinnerte mich ein wenig an Monets »Die japanische Brücke im Garten von Giverny«.

»Den Maler werden Sie auf meiner Beerdigung kennenlernen«, sagte sie. »Er ist der Freund meiner Schwester.«

In der ARD-Sendewoche berichteten wir dann zuerst von der Palliativstation in einem Bonner Krankenhaus. Am nächsten Tag – einem Dienstag – aus Den Haag. Im niederländischen Parlament wurde an dem Tag das Sterbehilfegesetz verabschiedet. Wir sprachen mit Menschen, die Angehörige hatten, die sehnsüchtig auf dieses Gesetz warteten, weil sie ihre Krankheit, ihre Schmerzen nicht mehr ertragen konnten.

Nach der Berichterstattung in Holland ging es sofort nach Lohmar. Von dem Hospiz aus wollten wir zwei Tage lang berichten. Als wir am Nachmittag dort ankamen, hatte Frau Brombach keine guten Nachrichten für uns. Ingrid Löschner gehe es nicht gut. Sie sei für ein Interview zu schwach. Während wir nach Alternativen suchten, erschien Ingrid Löschner, im Rollstuhl sitzend und geschoben von ihrer Betreuerin, im Gemeinschaftsraum.

»Da sind Sie ja! Ich warte schon auf Sie«, begrüßte sie uns.

Was für eine Überraschung! In Windeseile verlegten die Kameraleute und Techniker die Kabel in ihr Zimmer. Wir wollten das Interview aufzeichnen, um es am nächsten Morgen in der Sendung zu zeigen, weil wir Frau Löschner nicht so früh wecken wollten.

Das Interview mit Ingrid Löschner ist das bewegendste, das ich in den fünfundvierzig Jahren meines Berufslebens geführt habe. So klar, wie sie über das Ende ihres Lebens sprach, das war beeindruckend. Sie fragte nicht: »Warum ich?« Sie hatte ihren baldigen Tod akzeptiert. Wartete geduldig auf das, was sie als Nächstes erleben würde.

Die Brombachs hatten mir im Vorfeld erzählt, dass die meisten Menschen, die ins Hospiz gehen, den Tod dann bereits akzeptiert haben. Dass sie in ihrem Leben aufgeräumt haben und sich jetzt verabschieden möchten. Alle brachten dann noch ein paar Dinge mit, die ihnen wichtig waren. So wie Ingrid Löschner das Bild über dem Kopfende ihres Bettes.

Am Ende hatten wir weit mehr als elf Minuten Interview aufgezeichnet. Das ist für eine Magazinsendung am Morgen viel zu viel. Herbert Elias und ich hörten uns das Interview mehrmals an, aber wir wollten nirgends etwas kürzen. Es ging einfach nicht. Jeder größere Eingriff hätte die Botschaft, die Ingrid Löschner uns mitgegeben hatte, verfälscht. Unvollständig gemacht.

Ich rief die Planerin in der Redaktion an. Das Interview war für die letzte halbe Stunde nach halb neun eingeplant. In dieser Zeit gab es noch einige andere Rubriken wie »Börse« und »Wetter«. Unser Interview hätte in dieser Länge die Sendung gesprengt. Meine Kollegin bot mir an, sich das Interview anzuhören, danach wollten wir gemeinsam besprechen, wo man eventuell kürzen könnte. Doch diese Diskussion führten wir danach nicht mehr, denn als sie zurückrief, sagte sie, sie habe alle Rubriken auf die kürzest mögliche Länge gestutzt. Das Interview wollte auch sie nicht beschneiden.

Einige Tage nach der Ausstrahlung brachte der Postbote zwei randvolle Kisten mit Briefen und Postkarten in unser Planungsbüro. So viel Zuschauerpost wie nach diesem Gespräch bekam das *Morgenmagazin* selten. Und es waren ausnahmslos anerkennende Worte für Ingrid Löschner, weil sie so bewegend und offen über ihre Situation gesprochen hatte und weil sie damit anderen auch Mut gemacht und Angst genommen hatte. Wichtig ist mir die kurze Bekanntschaft mit Ingrid Löschner aber auch, weil ich mit ihr den Tod meiner eigenen Mutter abschließen konnte.

Wenige Tage nach unserem Interview rief Frau Brombach an und sagte mir, dass Frau Löschner im Sterben liege. Ich fuhr noch am Nachmittag nach Lohmar. Sie lag bereits im Koma. Ihre Kinder waren bei ihr und nahmen mich sehr einfühlsam auf. Sie bedankten sich dafür, dass wir das Gespräch mit Ingrid Löschner geführt hatten. Für ihre Mutter sei das am Ende ihres Lebens eine ganz wichtige Erfahrung gewesen.

Ich setzte mich an ihr Bett und hielt ihre Hand. Eigentlich hielt ich zwei Hände. Die von Ingrid Löschner und die meiner Mutter.

Und dann fuhr ich zur Beerdigung. Tatsächlich lernte ich dort den Maler kennen, der das wunderschöne Bild über dem Bett von Ingrid Löschner gemalt hatte. Peter Fritz. Wir sind bis heute befreundet. Und immer wenn ich in Berlin bin, besuche ich ihn in seinem Atelier.

Ich kaufte damals zwei Bilder von ihm. Keines mit einer Brücke. Später erst, vor meinem Umzug nach Paris, fragte ich ihn, ob es in Ordnung sei, mir ein Werk von ihm zu wünschen. Ich wollte ein Gemälde wie das, das er für Ingrid Löschner gemalt hatte. Eine Brücke, die über ein Gewässer führt. Ich nannte keinen Ort. Zu dem, den er sich dann ausgesucht hat, habe ich eine persönliche Beziehung – ohne dass Peter Fritz davon wusste.

Es zeigt die Weidendammer Brücke in Berlin. Rechts der Bertolt-Brecht-Platz mit dem Berliner Ensemble. Dahinter das Restaurant Ganymed, in dem ich so gerne Bouillabaisse von Süßwasserfischen esse. Im Hintergrund die Reichstagskuppel und links in der Mitte der Bahnhof Friedrichstraße. Wichtig aber ist, dass man die Albrechtstraße sehen kann, die in Höhe des Bahnhofs nach rechts von der Spree wegführt. Dort wohnte lange meine sehr gute Freundin Dörte

Kett. Wir lernten uns in Mostar kennen, dort war sie die rechte Hand von Hans Koschnick. Leider starb sie viel zu früh. Das Bild von Peter Fritz erinnert mich immer an sie und hat in meiner Wohnung einen ganz besonderen Platz.

Und wenig später kam der 11. September 2001. Ein Tag, den ich niemals vergessen werde. Die Terroranschläge trafen die Vereinigten Staaten mitten ins Herz und erschütterten die ganze Welt. Egal, wen man fragt: Alle wissen genau, wo sie in jenem Moment waren, als sie von 9/11 erfuhren.

Ich hatte an diesem Tag Nachtschicht. Die begann abends gegen achtzehn Uhr und endete morgens um vier Uhr. Danach ging es nach Hause und ein paar Stunden ins Bett. Der Fernseher lief tagsüber nebenbei, weil ich abends nicht uninformiert in der Übergabekonferenz von der Tag- zur Nachtschicht sitzen wollte. Kurz vor drei schaute ich auf den Schirm und sah Bilder vom brennenden Nordturm des World Trade Centers. Wenige Minuten später flog dann ein zweites Flugzeug in den Südturm. Die Fernsehkommentator:innen waren völlig aufgelöst. Was für ein Schock! Diese Bilder wird niemand je vergessen, der sie gesehen hat. Ich rief meinen Chef Johannes Kaul an und bat ihn, mich nach New York zu schicken. Ich liebe New York. Diese Anschläge waren unbegreiflich.

Eine Stunde später saß ich in einem Intercity, der mich von Bonn zum Frankfurter Flughafen brachte. Dort angekommen, erfuhr ich, dass der gesamte Flugverkehr in die USA eingestellt worden war. Flugzeuge aus Europa, die schon in der Luft waren, mussten entweder umkehren oder wurden auf kleinen Provinzflughäfen in Kanada zwischengelandet. Ich telefonierte mit der Redaktion in Köln und erfuhr, dass die beiden Türme mittlerweile eingestürzt waren.

Erschüttert fuhr ich zurück nach Bonn. Am nächsten Tag erhielt ich die Nachricht, dass von Madrid aus ein Flug nach New York starten würde. Gemeinsam mit einigen Kollegen flog ich nach Madrid, nur um dort zu erfahren, dass der geplante Flug ebenfalls gestrichen worden war. Spätabends saß ich wieder in meiner Wohnung in Bonn.

Am Freitag meldete sich die Lufthansa. Ein Flug nach Vancouver war geplant. Ich sagte zu und wollte mich schon auf den Weg machen, als das Telefon wieder ging. Die Maschine nach Vancouver würde ich zeitlich nicht mehr erreichen, aber am Nachmittag war ein Flug nach Toronto geplant, den ich nahm. Im Flugzeug saß auch Heribert Roth, der gerade als Korrespondent für die ARD in New York anfangen sollte. Neun Stunden später waren wir in Kanada und damit endlich auf dem nordamerikanischen Kontinent. Nur noch siebenhundertfünfzig Kilometer bis New York. Flüge dahin gab es immer noch nicht. Deshalb organisierten wir uns am nächsten Tag einen Mietwagen. Es war der letzte, den man am Bahnhof von Toronto bekommen konnte.

Die Fahrt durch den Staat New York gab uns erste Eindrücke vom seelischen Zustand, in dem sich das ganze Land nach den Anschlägen befand. Die Menschen waren traumatisiert, aber sie hielten solidarisch zusammen.

Den ganzen Tag waren wir unterwegs. Kurz vor New York

fuhren wir auf den Palisades Parkway, eine wunderschöne Autobahn, die oberhalb des Hudson River direkt zur George Washington Bridge führt. Als wir die Brücke überquerten, blickten wir über den Stadtteil Manhattan. Ganz hinten in der Ferne, da, wo Manhattan fast zu Ende war, stand eine Rauchsäule, wo vorher die beiden Türme am Himmel gekratzt hatten. In den Trümmern brannte es noch Tage nach den Anschlägen.

Die Arbeit im ARD-Studio New York ging gleich los. Wir teilten uns die Aufgaben. Ich denke heute immer noch sehr gerne an dieses tolle Team zurück.

Ein Wunsch aus Deutschland war eine Dokumentation, die im Abendprogramm der ARD laufen sollte. Eine Woche nach den Anschlägen. Gemeinsam mit Heribert Roth und Birgit Virnich berichtete ich über eine Stadt und ihre Menschen, die tief getroffen waren, aber nicht aufgaben.

Wir liefen viele Strecken zu Fuß, weil Lower Manhattan für Autos gesperrt war. Auch U-Bahnen und Busse fuhren nicht. Überall hingen Bilder von Vermissten, oft sahen wir Menschen, die hemmungslos weinten. In der St. Paul's Chapel, die unmittelbar neben den beiden Türmen liegt, wurden viele Feuerwehrleute versorgt. Hier machten sie Pause, bekamen etwas zu essen und zu trinken. Manche saßen stumm auf den Stühlen, andere weinten. Viele ihrer Kolleg:innen waren ums Leben gekommen. Sie waren in die brennenden Türme geeilt, um anderen zu helfen, und beim Einsturz verschüttet worden. Die Versorgung in der kleinen Kirche hatten viele Ehrenamtliche übernommen. In einer irischen Kirchengemeinde, die einige Hundert Meter außerhalb des engsten Sperrgürtels lag, bereiteten sie vor, was zur Versorgung der Menschen wichtig war. Mit einem Pick-up brachten sie alles zur St. Paul's Chapel. Auf einer dieser Fahrten nahmen sie uns mit. Wir setzten uns auf die Ladefläche neben die Lebensmittel und Wasserflaschen. Dann ging es durch mehrere Sicherheitskontrollen zur Kirche. Dort wurden Speisen und Getränke an die Helfer und Helferinnen weitergegeben, die sich Tag und Nacht um Feuerwehrleute, Polizisten und Polizistinnen und alle, die rund um »Ground Zero« Aufgaben hatten, kümmerten. In der Kirche spielten sich unglaubliche Szenen ab. In den Bänken saßen Feuerwehrleute, die für kurze Zeit Ruhe suchten. Manche von ihnen weinten. Ich habe nie so viele Männer weinen gesehen. Andere hatte ihre Arme auf der Kirchenbank vor sich verschränkt und ihren Kopf hineingelegt. Ich habe später den hinteren Ausgang der Kirche benutzt. Dort lag der Ground Zero. Die Bilder von den Resten der Türme, die wie Nadeln in den verrauchten Himmel zeigten, sah ich später viele Male auf Fotos und Dokumentationen. Aber dort wirklich gestanden zu haben war etwas ganz anderes.

Ein kleines Areal war vor Ort geräumt worden. Dort standen zwei Container. Einer trug das Kennzeichen AA 11, der andere UA 17. Das waren die beiden Flüge von American Airlines und United Airlines, die die Attentäter in die Türme gesteuert hatten. In den Containern wurden die Trümmerteile gesammelt, die die Bergungstrupps unter den eingestürzten Türmen fanden.

Das erste Bild unseres Beitrages für die ARD-Dokumentation drehten wir auf der *Staten Island Ferry* – die Fähre, die die riesige Insel Staten Island mit dem Finanzdistrikt in Lower Manhattan verbindet. Es war ein wunderschöner Tag, als wir drehten. Manhattan lag wie auf dem Präsentierteller vor uns. Nur die Türme ragten nicht mehr aus dem Hochhausgewusel Manhattans empor.

Ich schreibe große Teile dieses Buches auf einer Reise, die mich vor wenigen Tagen auch nach New York geführt hat. Ich bin Lower Manhattan noch einmal abgelaufen und auch am neuen World Trade Center gewesen. Wer dort steht, sieht das Memorial und die Grundrisse der beiden Türme. Es sind tiefe quadratische Gruben, die mit schwarzem Stein ausgekleidet sind. Von allen Seiten fließt Wasser hinein, und das Geräusch hat etwas Beruhigendes. Auf die Mauern darum sind die Namen der mehr als dreitausend Menschen eingraviert, die bei den Anschlägen ums Leben gekommen sind. Als ich dort saß, wurden die Menschen, die ich im September 2001 kennengelernt hatte, und die Geschichten, die sie mir erzählt hatte, in meinem Kopf noch einmal lebendig.

Auch die St. Paul's Chapel besuchte ich noch einmal und erinnerte mich an die verzweifelten Menschen, die ich dort vor mehr als zwanzig Jahren vorfand. Die Kapelle trägt seit den Anschlägen den Beinamen »The Little Chapel That Stood«. Die kleine Kapelle, die stehen blieb. Es grenzt in der Tat an ein Wunder, dass die Kirche von den einstürzenden Türmen nicht getroffen wurde.

Im Juli 2002 sollte meine nächste Station im Ausland für den WDR folgen. Ich ging für fünf Jahre nach Paris.

Ich freute mich auf diese Zeit. Auch wegen der Geschichte meines Vaters. Frankreich war das Land, in dem mein Vater erst Besatzungssoldat und dann Kriegsgefangener war und das sich tief in seine Seele eingebrannt hatte. Und jetzt durfte ich von dort aus berichten.

Gleich am Anfang lernte ich, dass französische Amtsträger:innen und Politiker:innen ein manchmal eigenwilliges Verhältnis zur Berichterstattung – insbesondere über den eigenen Präsidenten – haben. Jacques Chirac hatte 2002 im zweiten Wahlgang gegen den rechtsextremen Jean-Marie le Pen gewonnen. Mehr als achtzig Prozent der Französinnen und Franzosen hatten für ihn gestimmt. Es war eindeutig, dass viele ihm ihre Stimme gaben, um zu verhindern, dass der Gründer des rechtsextremen Front National Präsident wurde. Ein wenig Demut hätte dem Sieger also ganz gut gestanden. Die kannte Chirac aber nicht. Mit stolz geschwellter Brust trug er die achtzig Prozent vor sich her. So offensichtlich, dass französische Zeitungen begannen, sich über den »Sonnenkönig« Chirac lustig zu machen. Für die *Tagesthemen* berichtete ich damals über die Karikaturen, die landauf, landab veröffentlicht wurden, und die Arroganz eines Wahlsiegers, der den Sieg auch denen zu verdanken hatte, die ihm unter normalen Umständen nie ihre Stimme gegeben hätten.

Der Beitrag fand den Unmut des französischen Außenministeriums, das ihn an seinen Botschafter in Berlin delegierte. Der schrieb einen gleichlautenden Brief an die Chefredaktion der *Tagesthemen* und an den Intendanten des Westdeutschen Rundfunks, Fritz Pleitgen. Tenor war, dass der neue Frankreich-Korrespondent der ARD die deutsch-französischen Beziehungen belaste. Da hatte ich noch nicht einmal richtig in Paris angefangen, und schon wurde ich zu einer Gefahr für die Beziehungen meiner Heimat zu meinem geliebten Frankreich. Fritz Pleitgen antwortete dem Botschafter damals sehr freundlich und machte darauf aufmerksam, dass es unter Freunden doch auch möglich sein müsse, kritische Dinge zu sagen. Ich meldete mich telefonisch beim stellvertretenden Außenamtssprecher.

»Wir waren sehr schockiert«, sagte der mir zuerst. Dann trafen wir uns und führten ein sehr angenehmes Gespräch. Mein kritischer Beitrag spielte schnell keine Rolle mehr. Auf diese Weise bekam ich schneller Kontakt zu wichtigen Leuten, als ich mir je hätte träumen lassen.

Jedes Jahr bekam ich zum Beispiel zum Nationalfeiertag eine Einladung in den Garten des Élysée-Palastes. Erst zog die Militärparade über die Champs Élysées. Dann trafen sich Menschen aus dem ganzen Land im Garten des Palastes, der eigentlich ein kleiner Park ist. Und in diesem bauten alle Regionen des Landes ihre Stände auf: Es gab Austern aus der Bretagne, Käse aus der Normandie, Champagner aus der Champagne, Wurst aus der Auvergne. Der Besuch wurde jedes Mal zu einer kulinarischen Tour de France. Wenn ich gefragt werde, was ich in Deutschland aus Frankreich vermisse, dann gehört der Vormittag am Nationalfeiertag dazu.

Für mich war die Entsendung nach Paris so etwas wie der Ruf in ein kleines Paradies. Nicht nur, weil ich offenbar die Liebe meines Vaters zu Frankreich im Blut hatte, sondern auch, weil ich hier noch mehr ich selbst sein konnte als in Deutschland oder während meiner Zeit in den USA.

Regelmäßig luden auch die großen Modehäuser zu ihren Schauen ein. Und für TV-Journalist:innen gab es dafür natürlich Einladungen. Ich ging aber nur hin, wenn die Fernsehsender in Deutschland einen Beitrag bestellten. Und das passierte häufig. Wenn nicht die *Tagesschau*, dann hatte sicher eine der Boulevardsendungen Interesse an einem Beitrag aus der Modewelt. Am liebsten ging ich dabei zu Chanel. Nicht nur wegen Karl Lagerfeld.

Die Schau, das *Défilé*, war jedes Mal eine Show der Superlative. Mit Musik und Lichtarrangements. Perfekt bis ins Detail. Und am Ende schritt Karl Lagerfeld in der Mitte seines Teams über den Laufsteg und wurde von allen gefeiert.

Die Kamerateams standen am Ende des Catwalks. An den Seiten saßen die geladenen Ehrengäste, darunter viele sehr bekannte Menschen. Und ich durfte dabei sein und von einem Kostüm träumen, in das ein Etikett von Chanel eingenäht war.

Wenn wir Karl Lagerfeld zum Interview trafen, dann ging es in den Backstagebereich. Dort herrschte ein buntes, lautes Treiben. Alle waren aufgeregt wie eine Ballettkompanie vor ihrer Aufführung.

In Paris erreichte mich dann auch die Nachricht, dass in Köln über mich geredet wurde. Mein sehr guter Freund Herbert, mit dem ich gemeinsam die Reportage über das Hospiz in Lohmar realisiert hatte, rief mich an und fragte mich, ob ich wisse, dass es im Sender in Köln Kolleg:innen gebe, die darüber sprachen, dass Georg in Paris in Frauenkleidern herumliefe. Ich war ihm dafür sehr dankbar, denn Gerüchte haben immer die unangenehme Eigenschaft, dass Betroffene meistens als Letzte von ihnen erfahren. Mir machte das erstaunlicherweise nichts aus. »Sollen sie doch reden«, antwortete ich Herbert. Ich wunderte mich nicht einmal über meine Lässigkeit. Mir ging es gut. Ich war an einem Lieblingsort. Die Arbeit machte Spaß. Und ich war all denen dankbar, die mein Vertrauen nicht missbraucht hatten.

Nationalfeiertage, die Filmfestspiele von Cannes, Erinnerungen an die Invasion in der Normandie – an Themen mangelte es nicht. Wir produzierten sogar einen Film über La Rochelle – die Stadt, in der mein Vater als Soldat und Kriegsgefangener lebte. Für den Beitrag besuchten wir einen Mann, der ein kleines Museum über die Kriegsjahre in La Rochelle gegründet hatte. Ich weiß nicht, wie lange ich die vielen Fotos von deutschen Soldaten anschaute, die er gesammelt hatte, in der Hoffnung, ein Bild zu finden, auf dem auch mein Vater zu sehen war. Ich fand leider kein einziges.

Bis wenige Jahre vor seinem Tod ist mein Vater regelmäßig gemeinsam mit seinem besten Freund Karl und anderen Freunden aus den Kriegsjahren nach La Rochelle gefahren. Sie trafen sich dort mit ehemaligen französischen Soldaten. Aus den Kriegsgegnern waren Menschen geworden, die sich mochten. Diese Freude, dass Franzosen und Deutsche ihren

Hass überwunden hatten, spürte ich auch während meiner Arbeit in Frankreich immer wieder. 2004 feierte Paris den sechzigsten Jahrestag der Befreiung von den deutschen Besatzern. Das war ein ausgelassenes Spektakel. Überall in der Stadt gab es Feiern. Ein Festzug zog durch die Innenstadt. Viele Menschen hatten sich gekleidet wie zu Mitte der Vierzigerjahre. Sie tanzten auf den Straßen rund um den Jardin du Luxembourg.

Wir trafen damals eine Dame, die während der Besetzung im französischen Widerstand gekämpft hatte. Als wir sie in ihrer kleinen Wohnung in der Nähe des Parc des Buttes-Chaumont besuchten, erzählte sie uns, wie sie sich in Eisenbahntunneln, Kellern und Parks vor den Deutschen versteckt hatte. Das war beeindruckend. Was mich aber am meisten berührte, war ein Gemälde, das sie an der Wand aufgehängt hatte. Sie in jungen Jahren. Gemalt hatte das Bild unverkennbar Pablo Picasso. Er lebte während des Krieges in Paris. Seine Bilder galten damals als entartete Kunst, er hatte Ausstellungsverbot, aber zum Glück viele Freund:innen, die ihn unterstützten. Dazu gehörte auch unsere Widerstandskämpferin.

Da hing ein sehr wertvolles Bild in ihrer kleinen Wohnung mitten in Paris. Sie hätte es sicher für viel Geld verkaufen können, aber das war ihr nicht wichtig. Ich staune heute noch darüber. Sie war zu recht ungeheuer stolz darauf.

Aus Frankreich wurde ich auch immer wieder in andere Länder geschickt, wenn dort für die Berichterstattung zusätzliche Journalist:innen gebraucht wurden. So kam es, dass ich 2005 erneut in die USA reiste. Damals tobte der Wirbelsturm Katrina über dem Golf von Mexico und verwüstete große Teile von New Orleans und Louisiana. Über 1300 Menschen starben. Die genaue Zahl der Toten wurde nie ermittelt.

Ich flog zuerst nach Houston. Dort wartete Audrey Stimson, die schon seit Langem als Producerin für die ARD in Nordamerika arbeitete. Wir sollten zunächst nicht direkt nach New Orleans fahren. Es gab Hinweise, dass Menschen, die aus New Orleans geflohen waren, versuchten, mit Booten wieder zurück in die zerstörte Stadt zu fahren, um nach ihren Häusern und ihrem Hab und Gut zu schauen. Manche wollten auch einfach ihre Haustiere aus den überfluteten Häusern holen. Diese Rückkehrer:innen sollten wir finden und begleiten. Dafür mussten wir mitten durch das zerstörte Louisiana fahren. Zwar hatten wir in einem Supermarkt vierzehn Reservekanister gekauft, die waren allerdings noch nicht mit Benzin gefüllt. Wir glaubten, dass wir das später nachholen könnten. Was für ein Irrtum. Wir hätten sie besser gleich gefüllt.

Irgendwann waren wir im Katastrophengebiet. Dieses Gefühl im Bauch, wann denn endlich eine intakte Tankstelle kommt, werde ich nicht vergessen. Meile um Meile ging es tiefer in das Schlamassel. Nirgendwo sahen wir Licht. Nur die Scheinwerfer der wenigen Autos, die hier unterwegs waren, blendeten uns. Und die Tanknadel wanderte immer mehr in Richtung *empty*.

Irgendwann ging nichts mehr. Wir bogen auf eine Tankstelle ab, auf der ein Notstromaggregat ein wenig Licht zauberte. Hinter jeder Zapfsäule wartete eine Autoschlange. Es gab kein Benzin, und niemand konnte uns sagen, wann der nächste Tankwagen kommen würde. Auf dem Platz draußen traf ich einen Mann, der mit seinem Pick-up weiter Richtung Westen wollte. Wir unterhielten uns eine Weile. Als er sich dann von uns verabschiedete, warnte ich ihn: »Da gibt es nirgends Tankstellen, die Sprit haben.« Das sei kein Problem für ihn, sagte er. Er hatte die ganze Ladefläche voll mit Benzinkanistern, und die waren gefüllt mit Benzin. Darüber hatte er eine Plane gespannt. Als ich ihm erzählte, dass uns der Sprit ausgegangen sei, bot er uns zwei Kanister an. »Sie haben gerade die ARD gerettet«, antwortete ich ihm. Da er kein Geld wollte, schenkte ich ihm eine Flasche Rotwein und Zigaretten. Wir tauschten unsere Handynummern aus, weil wir in Kontakt bleiben wollten. Am nächsten Tag riefen wir ihn an, weil wir wissen wollten, ob er heil und ohne Probleme dort angekommen war, wo er hinwollte. Auch für ihn war zum Glück alles gut gelaufen. Die Menschen, die mit Booten über den Lake Borgne oder den Lake Pontchartrain versuchten, in die überflutete Stadt zu kommen, fanden wir letztendlich nicht.

Der Wirbelsturm war mittlerweile von Louisiana Richtung Norden über Mississippi hinweggezogen. Dort gibt es eine kleine Provinzstadt. Meridian. Arnd Henze war der Redakteur in Köln, der das Projekt betreute. Er hatte eine tolle Idee.

Meridian liegt in dem Teil des Landes, in dem 1964 drei

Bürgerrechtler aus New York von Einheimischen ermordet worden waren. Die Täter gehörten dem Ku-Klux-Klan an. Der Fall wurde später sogar verfilmt: *Mississippi Burning*. Die Rassentrennung ist zwar formal aufgehoben, faktisch existiert sie aber leider immer noch. Arnd schlug vor, dass wir in diesem Teil der USA schauen, was der Sturm mit den unterschiedlichen Bewohnern gemacht hatte.

Wir drehten zunächst in einem Viertel, in dem vorwiegend Weiße lebten. Überall lagen umgestürzte Bäume. Der Sturm hatte auf dem Weg von New Orleans hierher zwar an Kraft verloren, war aber immer noch stark genug, um selbst große, alte Bäume zu entwurzeln. Wir hörten überall den Lärm von Motorsägen. Bei den Weißen wurde aufgeräumt. Beiläufig erfuhren wir, dass bei der Feuerwehr von Meridian fast ausschließlich Weiße arbeiteten. Die Segregation war allgegenwärtig. Die Weißen, mit denen wir sprachen, waren sich dessen bewusst und bedauerten das. Aber es änderte sich nichts. Die Weißen wohnten in dem einen, die Schwarzen in dem anderen Viertel.

Am Nachmittag fuhren wir in ein Stadtviertel, in dem vor allem Schwarze lebten. Auch hier waren etliche Bäume umgestürzt. Während die Straßen von Stämmen und Ästen befreit waren, lagen vor den Häusern und in den Gärten Bäume und Äste wild durcheinander. Nur ab und an begegneten wir Menschen, die versuchten, ein wenig Ordnung ins Chaos zu bringen. Es war ganz offensichtlich, dass den Menschen, die hier lebten, Geld fehlte, um die Schäden zu beseitigen. Die meisten hatten nicht einmal Versicherungen, die für die

Schäden aufkamen. Am Abend wurden wir völlig unerwartet zu einer *After Storm Party* im Schwarzenviertel eingeladen. Das war eine supernette Runde. Es wurde gegrillt, und wir freuten uns, dass wir dabei sein durften.

Zwei Jahre vorher war es eine andere Katastrophe, die mich nach Texas brachte. Der Absturz der Raumfähre Columbia. Nach zwei Wochen im All brach die Raumfähre am 1. Februar 2003 beim Wiedereintritt in die Erdatmosphäre auseinander. Sieben Menschen an Bord des Raumtransporters kamen ums Leben. Die Trümmer, die nicht vollständig verglüht waren, fielen auf den Bundesstaat Texas. Einen Tag später war ich auf dem Weg nach Houston. Mit mehreren Kolleg:innen sollte ich eine Reportage über die Katastrophe für das Erste produzieren. Es blieb uns nicht viel Zeit, und Texas ist groß.

Von Houston ging es tief ins texanische Hinterland. Die Frage, was wir machen sollten, bewegte uns während der Fahrt die ganze Zeit. Solche Reisen ins Ungewisse sind immer spannend.

In einem kleinen Ort hielten wir an einer Kirche an. Dort stand bereits der Übertragungswagen eines amerikanischen Fernsehsenders. Wir bekamen den Rat, weiterzufahren in die umliegenden Wälder. Dort gäbe es eine Frau, die mit großem Eifer dabei sei, Trümmerteile der abgestürzten Raumfähre zu suchen, und die Orte, an denen sie lagen, an die Behörden zu melden.

Wir fanden ihr Haus, aber die Frau war nicht zu Hause. Auf der Veranda lag ein kleines Funkgerät. Darunter ein

Blatt Papier. Darauf stand die Anweisung, sie mit dem Funkgerät zu rufen, falls sie nicht zu Hause war. Sie meldete sich sofort, und wenig später hörten wir den Motor ihres Quads. Und dann tauchte sie plötzlich zwischen den Bäumen auf. Die Texanerin hatte in den vorangegangenen Stunden schon gelernt, worauf Fernsehteams Wert legen: gute Bilder. Und sie hatte eine Menge davon zu bieten. Große Trümmerteile, kleine Trümmerteile. Und sie konnte super erzählen: Wie sie nach der Katastrophe zunächst einmal im eigenen Garten ein Teil der abgestürzten Raumfähre gefunden hatte. Dann ein weiteres, um dann irgendwann auf ihrem Quad loszufahren. Hier im tiefsten Texas fand sie immer mehr Spuren dieser Katastrophe, die inzwischen die ganze Welt bewegte.

Jedes Teil wurde von Polizisten oder Soldaten markiert und dann in eine Karte der Gegend eingezeichnet, denn es blieb dann erst einmal dort, wo der Wind es hingeweht hatte. Ich erinnere mich zum Beispiel an eine Platine. Die sah aus wie das Bauteil aus einem Computer. Hochkant steckte sie im Boden neben einem Feldweg. Weil die Platine ein wichtiges Trümmerteil war, stand ein Streifenwagen daneben. Der Polizist sollte das Teil bewachen. Währenddessen ging ein leichter Wind, in dem sich die Platine hin und her wiegte. Wie eine Blume.

Wenn ich das schreibe, denke ich an ein Lob, das Tom Buhrow einmal über mich ausgesprochen hat: »Georg kannst du mit dem Fallschirm über dem Urwald absetzen. Er kommt mit einer Geschichte zurück.«

Es war natürlich immer auch viel Glück dabei gewesen. Und unsere Trümmersucherin war so ein Glücksfall. Aber »Glück muss man können«, sagte mir eine Kollegin einmal. Ich hatte im Leben viele Kolleg:innen, die ihre Erfahrungen gerne mit mir teilten. Die mir beibrachten, wie man »Glück kann«. Heute gebe ich das gerne weiter.

Am 3. Januar 2023 veröffentlichte ich ein Foto auf X, früher bekannt als Twitter, auf dem unscharf unsere Redaktionsvideokonferenz zu erkennen war. Ich hielt eine WDR-Tasse vor mir hoch. Ich hatte mit Filzstift eine vierzig auf sie geschrieben mit einem etwas schiefen Smiley: Vierzig Jahre war ich an diesem Tag für diesen großartigen Sender tätig gewesen. Ich habe keinen Tag bereut.

Ich glaube, ich lieferte in diesen vierzig Jahren durchaus das eine oder andere Gesell:innenstück ab. In der Rückbetrachtung frage ich mich, was eigentlich mein »Meister:innenstück« war, denn auch darunter gibt es einige. Aber eines kommt mir besonders oft in den Sinn.

In der Nacht auf den 22. Februar 2003 wurden im algerischen Teil der Sahara mehrere europäische Touristen entführt. Während einige befreit werden konnten, begann für vierzehn der verbliebenen Geiseln ein sechsmonatiges Drama. Neun Deutsche, vier Schweizer und ein Niederländer. Die Entführer forderten Lösegeld. Zunächst einmal dauerte es eine ganze Weile, bis ein Krisenstab in Berlin überhaupt Kontakt zu den Entführern aufnehmen konnte. Direkte Gespräche waren gar nicht möglich. Alles lief über Mittelsmänner der Tuareg und den Präsidenten des Westafrikanischen Staates Mali, Amadou Toumani Touré.

Mitte Juli flogen wir zum ersten Mal in die malische Hauptstadt Bamako. Dort lernte ich den Hörfunkkorrespondenten der ARD in Nordafrika, Rüdiger Maack, kennen. Auch das war wieder so ein Glücksfall: Rüdiger war bestens vernetzt, und er ließ mich gerne daran teilhaben.

Fünf Tage lang berichteten wir für Hörfunk und Fernsehen der ARD. Jürgen Chrobog, Staatssekretär im Außenministerium, war in Bamako. Er sollte sich um die Freilassung der vierzehn Menschen kümmern. Als Chrobog wieder Richtung Berlin flog, wussten wir, dass es diesmal noch nicht so weit war. Eine Woche später waren wir wieder in Bamako und warteten sechs Tage lang auf die befreiende Nachricht, die dann doch nicht kam. Über einen Mittelsmann, den Rüdiger aufgetrieben hatte, erfuhren wir, dass die Entführer inzwischen bereit waren, direkt mit Chrobog zu verhandeln. Nur schnell würde es nicht gehen. Der Staatssekretär flog wieder zurück nach Berlin. Für uns ging es zurück nach Paris, nur um drei Tage später wieder nach Bamako zu fliegen. Diesmal sah es wirklich gut aus.

Jürgen Chrobog war nicht in einer kleinen Maschine gekommen, sondern in einem großen Airbus. Später kam eine Transall der Bundesluftwaffe dazu. Sie sollte in die Wüste fliegen, um die Geiseln dort aufzunehmen, wo der Airbus nicht landen konnte. Irgendwie spürten wir schon am Morgen, dass dies ein ganz besonderer Tag werden würde.

Der Spiegel im Museum von
Charlotte von Mahlsdorf in Berlin, 2021

LUNGERSHAUSEN
WIEGEKARTE
für Georg Otto Kellermann 16.40
VOR- UND ZUNAME
Daten der Geburt: Tag: 21.9.57
Gewicht: 3850 Länge: 54 cm
Kopf 36
ÜBERREICHT DURCH
HIPP GMBH · MÜNCHEN 19

Wiegekarte

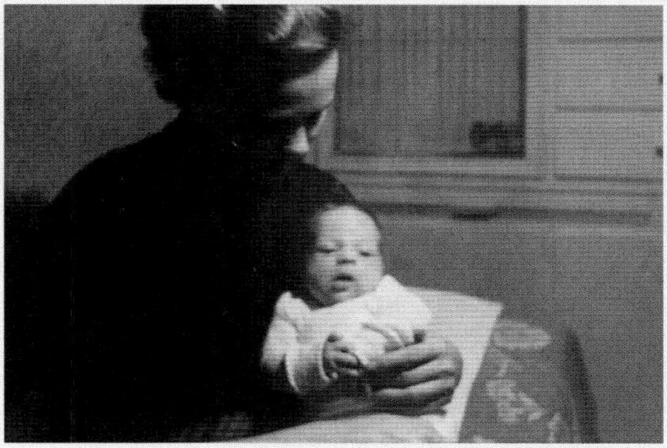

Mit meiner Mutter, 1957

Mit
meinen Eltern
in Ratingen,
1958

Stolz präsentieren mich meine Eltern, 1958

Radio-Nerd, 1959

Einschulung, 1964

Erste heilige
Kommunion, 1966

Mit Bruder Walter und Schwester Ulla:
Die »Orgelpfeifen«, 1969

Mein Patenonkel
und »seine« Lok

Georg(ine),
unterwegs im Land der unbegrenzten Möglichkeiten, 1980

In der Sendung »Guten Morgen aus Düsseldorf«, 1986 / © WDR

Als Reporter im kriegszerstörten Sarajevo, Winter 1995/96

Im ARD-Studio in Washington, 1997–1999
(Amtszeit von Präsident Bill Clinton)

Korrespondent in Paris, 2002–2006 / © WDR

Live-Berichterstattung für das ARD-Morgenmagazin
in Uganda, 1996

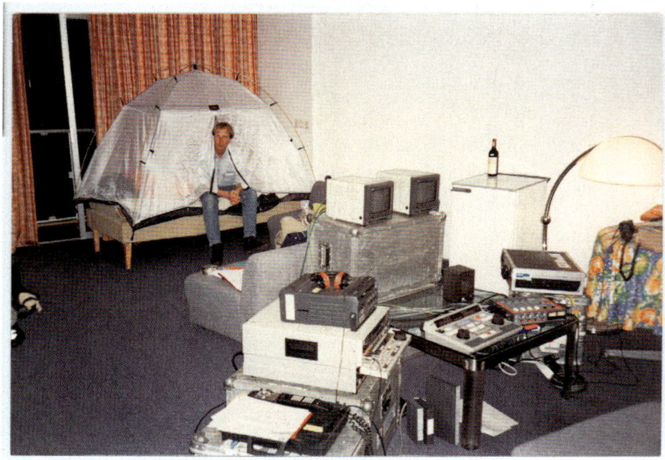

Mein Bett im Schneideraum in Ruanda, 1996

Post auf X (damals Twitter) zu meinem ersten TV-Auftritt am 23. März 2020

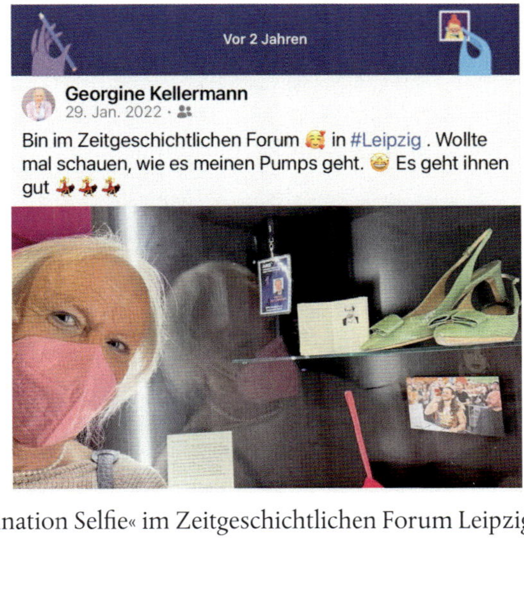

»Faszination Selfie« im Zeitgeschichtlichen Forum Leipzig, 2021

Vor dem Weißen Haus in Washington, 2019

Mit der »Vielfältigkeits-AG«
der Marie-Kahle-Gesamtschule in Bonn, 2024

Post auf X an meinem letzten Arbeitstag beim WDR in Köln, 31. August 2023

Mit meiner Patenschule beim CSD in Oldenburg, 2023

Mit Linus Giese beim »Dyke March« in Berlin, 2023

Mit der Leitung der Berufsbildenden Schulen 3 Artur Büttner und Silke Heyne in Oldenburg, 2023

Der Pride Award 2021 Hamburg
und der CSD Award Ruhr 2023

Im Atelier von
Peter Fritz in
Berlin, 2022

Mit Monika Schulz-Pusch
vor einem Porträt von Charlotte von Mahlsdorf in Berlin, 2021

Wir hatten eine eigene Satellitenübertragungsanlage aus Deutschland mitgebracht. Fast hundertmal arbeitete diese Anlage auch für andere europäische Anstalten an diesem Tag. Manche hatten eigene Reporter:innen vor Ort, die unsere Technik nutzten. Andere baten mich um Unterstützung. So kam es, dass ich an diesem Tag fast fünfzig Liveschalten absolvierte. So viele erreichte ich nie wieder.

Begleitet wurde Staatssekretär Chrobog von Christian Buck, der sich um die vielen Journalist:innen kümmerte, die inzwischen auf dem Flughafen von Bamako auf Neuigkeiten warteten. Buck war damals der für Krisen zuständige Pressereferent im Auswärtigen Amt. Er hatte zwei Jahre vorher auch die Geiselnahme der Göttinger Familie Wallert auf der philippinischen Insel Jolo betreut. Das war eine großartige Zusammenarbeit. Wir konnten uns darauf verlassen, dass Christian Buck uns informierte, sobald er Neuigkeiten hatte, die an die Öffentlichkeit gelangen durften. Er konnte sich auf uns verlassen. Wir würden nichts öffentlich machen, was die Verhandlungen mit den Entführern gefährden würde.

Am Abend erfuhren wir, dass es sehr gute Nachrichten gab. Der Staatssekretär würde sie uns gegen zweiundzwanzig Uhr selber mitteilen. Die ARD plante eine Sonderausgabe der *Tagesthemen* um einundzwanzig Uhr fünfundvierzig, die von Anne Will moderiert wurde. Jürgen Chrobog kam mit Christian Buck zu unserem Kamerateam. Als die Sendung begann, sprach Chrobog in mein Mikrofon: »Die Geiseln sind frei.« Ich glaube, ganz Deutschland spürte die Erleichterung, die Jürgen Chrobog in diesem Moment zeigte.

Irgendwann kam die Transall in dieser Nacht aus der Wüste zurück. An Bord die vierzehn Menschen, die ein halbes Jahr in der Wüste auf ihre Freilassung gehofft hatten. Aus der Ferne beobachteten wir, wie sie aus dem Flugzeug stiegen und müde, aber glücklich im Empfangsgebäude des Flughafens von Bamako verschwanden. Sie wurden zunächst in den Präsidentenpalast gebracht und dann wieder zum Flughafen. Noch in der Nacht ging es an Bord des Airbus zurück nach Europa. Was muss das für sie für ein emotionaler Flug gewesen sein? Weg von der Wüste. Zu den Menschen, die sie liebten und die viele Monate um sie gezittert hatten.

Wir waren auch müde, aber glücklich. Die Menschen, derentwegen wir nach Mali geflogen waren, waren frei. Die Nachricht über ihre Freilassung hatten wir nach Deutschland übermittelt.

Am nächsten Tag saßen wir mit den Teams anderer Medien noch ein paar Stunden auf einer Terrasse am Niger zusammen. Nach den turbulenten Tagen war es ein friedlicher Nachmittag. Auf dem Fluss waren Fischer unterwegs, die ihre Netze auswarfen. Die Sonne senkte sich langsam zum Horizont. Diesen Frieden nach all dem Stress zuvor sogen wir ein wie die frische Luft an einem Frühlingsmorgen.

2006 verabschiedete ich mich von der weltweiten Berichterstattung. Damals beschloss der WDR, zu den neun Regionalstudios, die es in Nordrhein-Westfalen schon gab, noch zwei weitere an den Start zu bringen. Eines in Duisburg und eines in Bonn. Regionale Berichterstattung wurde immer wichtiger. Die Zuschauer- und Hörer:innen zeigten immer größeres Interesse an Themen, die in ihrer direkten Nachbarschaft spielten. Für mich war das eine willkommene Gelegenheit, die globale Berichterstattung gegen die regionale einzutauschen. Immer wieder bin ich danach gefragt worden, warum ich die weite Welt mit einem vergleichbar klitzekleinen Sendegebiet tauschte. Auch manche Kolleg:innen, die für die großen Fernsehmagazine arbeiteten, schauten eher herablassend auf das Kollegium in der Region. »Ins Regionale wäre ich nie zurückgegangen«, sagte mir eine Kollegin naserümpfend, als ich ihr von meinem Plan erzählte. Ich habe diesen Dünkel nie verstanden. Journalismus beschäftigt sich mit den Geschichten, die die Menschen bewegen. Mir ist nicht wichtig, ob ich einen Austernzüchter am Becken von Arcachon, eine Richterin in Hannibal, Missouri, oder einen Stahlarbeiter an der Ruhr kennenlerne.

Also ging es für mich zunächst nach Bonn. Im ehemaligen Studio des ZDF hatte der WDR ein kleines Regionalbüro eingerichtet. Das war merkwürdig, vor allem wenn man bedenkt, dass zu Zeiten der alten Bundesrepublik ein großes ARD-Studio in der damaligen Hauptstadt Bonn stand, in dem einige sehr bedeutende Journalist:innen Rundfunk- und Fernsehgeschichte geschrieben hatten.

Mit einem kleinen Team sollten wir zwei Monate lang die neue Sendung vorbereiten, um dann im Februar 2007 zu starten. Vom ersten Tag an machte das großen Spaß. Schreibtische und Stühle waren anfangs noch nicht eingetroffen, und so konferierten wir auf dem Boden sitzend. Weil es manchmal nicht möglich war, einen Handwerker aufzutreiben, brachte mein Vertreter Tilman Rauh kurzerhand seine Bohrmaschine von zu Hause mit. Das war der Spirit, mit dem wir starteten und den wir uns über Jahre bewahrten.

Informationen aus der Region werden von den Konsument:innen von Fernsehen und Radio regelmäßig mit den besten Noten bewertet. Die Menschen möchten wissen, was in ihrer Heimat passiert. Die Moderator:innen der elf *Lokalzeiten* im WDR-Fernsehen sind den Menschen dort sehr vertraut. Sie reden auf Augenhöhe mit ihnen, tauchen quasi jeden Abend in ihrem Wohnzimmer auf und sind dort sehr beliebte Gäste. Trotzdem ist es nicht leicht, jeden Tag ein spannendes Programm zusammenzustellen, das ausgewogen ist, zwischen Information und Unterhaltung. Das sind die Hürden, die für die Redaktionen großer Informationssendungen nicht so hoch sind. Da geht es um Aufmacher und die Folgenachrichten, Ereignisse diktieren den Ablauf.

Die *Lokalzeit* aus Bonn an den Start zu bringen war kein aufwendiges Unterfangen. Wir konnten auf den Erfahrungen von neun bewährten Teams aufbauen. Und wollten doch ein wenig unser Ding machen. Nach etwas mehr als zwei Monaten startete die neue Sendung im Februar 2007. Sie war von Anfang an ein Erfolg, über den sich alle im Studio Bonn zu Recht sehr freuten.

Nur ein halbes Jahr nach dem Start wurde das ganze Team der *Lokalzeit* aus Bonn mit einer schrecklichen Nachricht konfrontiert: Hannah, eine vierzehnjährige Schülerin, war verschwunden. Sie hatte auf dem Weg nach Hause die Straßenbahn an der Haltestelle Königswinter-Oberdollendorf verlassen. Im nur dreihundert Meter entfernten Elternhaus kam sie aber nicht an.

Am Anfang hatten wir alle noch Hoffnung. Die schwand mit jeder Stunde. Irgendwann sagte selbst die Polizei, dass sie nicht damit rechnete, Hannah lebend zu finden. Fünf Tage suchten ihre Familie, Verwandte und Freund:innen, die Polizei und Freiwillige nach ihr. Dann fand man sie.

Ein junger Arbeiter hatte sie überfallen, in einem abgestellten Bus vergewaltigt, sie anschließend umgebracht und die Leiche versteckt. Der Täter wurde wenig später festgenommen.

Das Schicksal der jungen Frau, aber auch das ihrer beiden Schwestern und der Eltern berührte uns alle. Für sie endet dieses Drama nie.

Ich denke oft an Hannah. Sie wäre heute eine dreißigjährige Frau. Vielleicht würde sie gerade ihr Studium abschließen, einen Beruf ergreifen, heiraten, eine Familie gründen oder durch die Welt reisen.

Die Berichterstattung in solchen Fällen und besonders im Fall von Hannah ist immer eine Gratwanderung. Wir waren uns immer bewusst, dass ihre Familie die Bilder sehen würde, die wir zeigten, die Informationen hören würde, die unsere Teams erzählten. Deshalb fragten wir uns immer, wie wir selbst auf solche Meldungen reagieren würden. Ich bin heute noch stolz auf die extrem sensible Berichterstattung unserer Redaktion.

Die bewegendste Rückmeldung kam von Hannahs Vater, Volker Wiedeck. Er schrieb mir einen Brief, darin bedankte er sich dafür, dass wir zurückhaltend und sensibel mit den Informationen umgegangen seien. Ich habe geweint, als ich diesen Brief gelesen habe.

Die Familie gründete später die Hannah-Stiftung. Sie beschäftigt sich mit der Prävention von sexueller Gewalt gegen Kinder und Jugendliche, und sie hilft den Opfern.

Als ich 1992 aus der freien Mitarbeit in die Festanstellung im WDR wechselte, kam ich in ein Unternehmen, das in vielen Bereichen noch wie ein Spiegel der patriarchalen Gesellschaft war. In der Hierarchie hatten vor allem Männer das Sagen: Kamerafrauen gab es damals, soweit ich mich erinnere, wenn überhaupt nur vereinzelt, und auch Produktion und Technik waren männlich dominiert.

Ich erinnere mich an ein Einladungsschreiben des Chefs der Produktion an seine Abteilungsleiter. »Sehr geehrte Herren« stand da. Damen brauchte er nicht anzuschreiben, denn die gab es in seiner Hierarchie schlicht nicht. Dieses Schreiben ist keine fünfzehn Jahre her. Doch die patriarchalen Strukturen sollten sich zum Glück verändern. Die meisten wussten es damals nur noch nicht, und manchen war es sicherlich auch nicht recht.

Fritz Pleitgen tat viel dafür, diese Strukturen zu verändern. Sein Wort hatte beim WDR Gewicht. Nach seiner Station als Chefredakteur wurde er Hörfunkdirektor und darauf Intendant. Kein anderer Intendant hat in meiner Erinnerung dem WDR so sehr seinen Stempel aufgedrückt wie Fritz Pleitgen. Er begann damals, die alten, patriarchalen Strukturen abzubauen, den WDR zu modernisieren. Abgeschlossen ist dieser Prozess noch lange nicht. Aber der WDR ist heute viel weiter als 1992 und vor allem 1983, als ich dort startete und mir schon lange wünschte, endlich die zu sein, die ich war.

Unter dem Intendanten Fritz Pleitgen übernahmen dann zunehmend immer mehr Frauen Führungspositionen, vor allem in den journalistischen Bereichen. Es gab sogar eine Zeit, in der hatte ich ausschließlich Frauen als Vorgesetzte. Die Intendantin und Nachfolgerin von Fritz Pleitgen war eine, die Fernsehdirektorin ebenso wie meine Chefredakteurin und meine direkte Vorgesetzte. Da können sich manche Medienunternehmen in Deutschland auch heute noch eine dicke Scheibe von abschneiden. Diese Entwicklung tat dem WDR gut, davon bin ich überzeugt.

Abbau patriarchaler Strukturen heißt ja nicht nur, mehr Frauen in Führungspositionen zu beschäftigen. Es ist eine Philosophie, die sich langsam über das ganze Unternehmen ausbreitet. Dazu gehören nicht nur Intendant:innen, die das fördern, sondern alle viertausend Menschen, die so ein Unternehmen prägen. Ich erlebe den WDR heute als divers und offen für die unterschiedlichsten Lebensentwürfe. Das ist am Ende auch eine Grundlage für seine erfolgreiche Arbeit.

Als Fritz Pleitgen im September 2022 starb, twitterte ich sehr spontan, was ich ihm zu verdanken habe:

»Ich erzähle euch jetzt etwas über Fritz Pleitgen. Weil es mir ein Bedürfnis ist. Dauert ein wenig. Also nehmt Platz. Er war immer da. Seit ich 1983 bei @WDR angefangen habe. Erst als Freier. 1992 wurde ich Redakteur(in) beim ARD-Morgenmagazin. Ich erfüllte keine der Bedingungen, die der WDR damals stellte. Aber Fritz Pleitgen wollte, dass ich angestellt wurde. Danke. Ich empfinde das immer noch als ein großes Glück in meinem Leben. Wir sind uns über die Jahre immer wieder begegnet. Einen Abend in Paris werde ich nicht vergessen. Da hatte ich zum ersten und einzigen Mal mehr zu erzählen als er. Es war immer angenehm in seiner Nähe. Weil er seine Mitarbeiterinnen geschätzt hat. Das letzte Mal persönlich getroffen habe ich ihn im Oktober 2019. Ich kam aus San Francisco zurück. Die Reise, auf der Georgine zum ersten Mal öffentlich gemacht hatte, dass Georg immer ein Fake war. In Frankfurt. Am Flughafenbahnhof. Er stand am Bahnsteig, als Georgine die Rolltreppe herunterkam. Er musterte mich. Ich ging auf ihn zu. »Wo kommen Sie denn her?«, fragte er. »Aus San Francisco.« »Was haben Sie denn da gemacht?« »Meinen ersten und meinen zweiten Geburtstag gefeiert.« »Wieso den zweiten?« »Ich bin eine Frau.« Da hat er so unglaublich empathisch reagiert. »Das muss der WDR durchziehen«, meinte er. Der WDR ist eine meiner größten Stützen geworden. Kein Wunder. Fritz Pleitgen gehört zu den Menschen, die ihn nachhaltig geprägt haben. Ich habe Ihnen mehr zu verdanken, Herr Pleitgen, als Ihnen jemals bewusst war. Danke! Ich werde Sie nicht vergessen.«

Fritz Pleitgen war kein offensichtlicher Feminist. Er war groß, hatte eine tiefe Stimme und trat dominant auf. Aber er schickte mit dieser Autorität seinen WDR auf einen neuen Kurs. Ich sprach vor einigen Monaten mit unserer Diversity-Managerin Britta Frielingsdorf darüber. Sie beschrieb sein Werk in meinen Augen sehr klug: Manchmal bräuchte es solche Patriarchen, um verkrustete Strukturen aufzubrechen. Hinzu kommt ein Team, das begeistert mitmacht. Andere Sender in Deutschland haben da noch einiges vor sich. Auch der WDR ist noch nicht am Ziel, aber er ist ein ganzes Stück weiter.

Diesem neuen Geist verdanke ich, dass ich das Glück hatte, am Ende meines Arbeitslebens dann auch öffentlich die zu sein, die ich schon immer war.

»Georg ist die größte Lüge, die ich mir im Leben leistete«

Es gibt Menschen, die sich entscheiden, gegen den Strom zu schwimmen, die sich entscheiden, ihr Leben so zu leben, wie sie es sich wünschen. Ganz egal, in welcher Zeit sie leben. Zu ihnen gehörte Charlotte von Mahlsdorf. Von ihr hatte ich zum ersten Mal 1990 gehört, als mir meine Freundin Diana von ihr erzählte. Diana lebte in Erfurt. Ich hatte sie auf einer spontanen Reise in die damals noch existierende DDR kennengelernt. Dort war Charlotte von Mahlsdorf ein Idol, vor allem für Jugendliche und Menschen, die man heute als queer bezeichnen würde. Charlotte galt als Freigeist, und das imponierte vielen in einem Staat, der Freiheit nicht zuließ.

Geboren wurde sie 1928 als Lothar Berfelde. Aber Lothar wollte schon früh »Lottchen« genannt werden, die Abkürzung für Charlotte. Manche im Berlin der angehenden Nazi-Ära akzeptierten sie tatsächlich mit diesem Namen. Es waren wohl freundliche Menschen, zu denen sie sich hingezogen fühlte, denen sie vertraute. Andere mobbten sie, ihr Vater verachtete sie sogar. Er war ein gewalttätiger Mann, der schon sehr früh Mitglied der NSDAP wurde. Charlottes Mutter bekam seine Gewalt häufig zu spüren. Nachdem sie 1944 die Familie dann schließlich verlassen hatte, bedrohte der Vater Charlotte mit seinem Dienstrevolver. Daraufhin erschlug sie ihren Peiniger mit einem Nudelholz im Schlaf. Ein Gericht verurteilte sie deshalb zu vier Jahren Jugendgefängnis. Aus dem Gefängnis kam sie nach Ende des Nazi-Regimes schon bald wieder frei. So erzählt sie es in ihrem Buch *Ich bin meine eigene Frau*.

Dieses Buch lege ich allen ans Herz, die ein wenig mehr über das Leben einer Frau erfahren möchten, die schon früh die gesellschaftlichen Normen ignorierte und damit glücklicher wurde als viele andere. Wer sich ein wenig mehr für Charlotte von Mahlsdorf interessiert, kann auch das Gründerzeitmuseum in Berlin-Mahlsdorf besuchen, das sie mit viel Liebe und großem Sachverstand aufbaute. Ich empfehle aber, vorher das Buch zu lesen, denn viele Gegenstände daraus finden sich im Museum wieder. Charlotte von Mahlsdorf starb 2002.

Heute wird das Museum von Monika Schulz-Pusch geleitet. Sie lud mich vor einigen Jahren ein, das ehemalige Gutshaus in Mahlsdorf zu besuchen. Monika ist eine Freundin von Charlotte und weiß viel über sie zu erzählen. Ich bekam eine persönliche Führung, die so intensiv war, dass ich glaubte, Charlotte von Mahlsdorf müsse jeden Moment in einem der vielen Zimmer stehen.

In ihrem Buch schreibt Charlotte von Mahlsdorf viel über ihr eigenes Glück. Einen Satz habe ich mir gemerkt: »Die

Leute merken, wenn jemand eins ist mit sich.« Schöner hätte sie das nicht sagen können. Wie gerne hätte ich diese beeindruckende Frau persönlich kennengelernt.

Der US-amerikanische Theaterschriftsteller Doug Wright kreierte aus der Lebensgeschichte von Charlotte ein Theaterstück. Dafür erhielt er den Tony Award in der Kategorie Best Play und den Pulitzer-Preis für das beste Drama. Ich empfinde das als eine großartige Würdigung – auch für Charlotte von Mahlsdorf.

Mein Rollenspiel zwischen Georg und Georgine wurde immer schwieriger für mich. Der Mann in diesem Stück ist mir in der Rückbetrachtung nicht immer sympathisch. Ich stand unter Druck, weil ich mich verstecken musste, nicht die Person sein konnte, die ich wirklich war. Ich weiß, dass ich einiges davon an mein privates Umfeld abgab. Das traf Menschen, die mich unterstützten, die sich für mich wünschten, dass Georgine endlich frei und offen lebt. Aber ich traute mich das nicht und stieß Menschen vor den Kopf. Meine langjährige Lebensgefährtin Astrid, die heute meine beste Freundin ist, sagte in dieser Zeit zu mir:

»Ich gehe mit dir im Rock, wohin du willst. Aber geh mit mir.« Doch das schaffte ich nur selten. Am liebsten war ich zu Hause. Dort konnte ich einfach ich sein, ich musste mich nicht verstellen und lief nicht Gefahr, entdeckt zu werden. Erst nach meiner »Offenbarung« wurde mir klar, dass ich durch diese Angst eine Menge Dinge im Leben verpasst habe. Ich habe meinen letzten Schritt in die Öffentlichkeit immer »Coming Out« genannt. Bis zu dem Tag, als Moderator Micky Beisenherz mir in der WDR-Talkshow »Kölner Treff« sagte, dass ihm »Offenbarung« viel besser gefalle. Das stimmt. Mir auch. Ich habe diese Bezeichnung sehr gerne übernommen.

Jedes Mal, wenn ich eine neue Aufgabe im WDR übernahm, ermutigte Astrid mich, endlich reinen Tisch zu machen. Ich war immer kurz davor. In meinen Wunschträumen schaffte ich es auch immer. Nur nicht im echten Leben, hier verließ mich am Ende der Mut.

Zu dieser Zeit kleidete ich mich schon lange nur noch in femininen Klamotten. Dabei entwickelte ich eine beachtliche Perfektion, um nicht zu sehr aufzufallen. In den USA hatte ich einen Laden gefunden, der Blusen nähte, die auf Taille geschnitten waren, aber wie Hemden geknöpft wurden. Davon legte ich mir einen apokalyptischen Vorrat zu. Jeans kaufte ich nur noch in der Damenabteilung, genauso wie die Slipper. Ich kannte meine Größe, wusste, welche Schuhe mir gut passten und kaufte etliche online. Meine Pumps zog ich an, wenn ich das Haus verließ und zur Arbeit fuhr. Erst in der Tiefgarage unter dem Studio wechselte ich meine Schuhe. Mein wahres Ich wartete im Auto auf den Feierabend, Georg ging arbeiten. Mehr als einmal passierte es mir, dass ich auf der Treppe ins Studio bemerkte, dass ich noch meine Pumps trug. Dann musste ich schnell zurück zum Auto. Wenn ich nach der Arbeit wieder nach Hause fuhr, dann war »Georg« wieder abgemeldet. Sobald ich zu Hause war, habe ich mich umgezogen.

Das war wie ein Zwang.

Ich besaß nur einen Anzug. Den trug ich, wenn es sich gar nicht vermeiden ließ. Ich habe ihn eigentlich gehasst, aber er gehörte zu meiner Rolle als »Georg«. Offizielle Termine habe ich daher nur selten wahrgenommen. Mir war viel wichtiger, ich sein zu können. Aber das ging nun einmal nicht im Job. Kaum ging ich über die Schwelle meiner Haustür, zog ich meine Kleidung aus. Es war, als sei ich ein Handwerker, der sich seinen Blaumann, seine Arbeitskleidung, vom Körper reißen würde. Wenn ich endlich meine Kleidung trug, in der ich mich wohlfühlte und ich sein konnte, fühlte sich das an, als würde ich in meine richtige Haut schlüpfen. Das blieb auch anderen nicht verborgen.

»Der bleibt ja keine Minute in seinen Klamotten«, stellte die Mutter einer meiner Partnerinnen einmal fest, die uns für einige Tage besucht hatte und so täglich Zeugin meiner persönlichen Häutung wurde.

Das Internet eröffnete mir eine schier unendliche Auswahl an Kleidungsstücken, die mir halfen, mich wohl und einigermaßen feminin gekleidet zu fühlen, ohne sofort aufzufallen. Das erleichterte mir mein Ichsein sehr. Außerdem gab es im Netz eine Fülle an Informationen über Menschen wie mich, und täglich wurden es mehr. Ich merkte, dass ich nicht allein war, und trotzdem wagte ich mich auch in der Anonymität nicht, mich anderen anzuvertrauen. Ich blieb eine Fremde im Netz, denn ich konnte mir nicht sicher sein, ob sich hinter den anderen anonymen Namen nicht jemand verbarg, der mich kannte und geoutet hätte. Heute schlage ich mir mit der Hand vor die Stirn, wenn ich daran denke. Doch damals war diese Angst allgegenwärtig.

Was mir an meinen neuen Aufgaben als Teamleiter gefiel, war die Verantwtortung, die ich übernehmen konnte. Ich unterstützte Menschen in ihrer Arbeit, durfte ihnen ein wenig von dem vermitteln, was ich selbst einmal gelernt hatte. Ich bemerkte aber auch: Das Führen von Menschen wird niemandem in die Wiege gelegt – auch mir nicht. Zwar bringe ich Empathie und Kreativität mit, aber jedes Team ist anders, und Vorgesetzte sollten sich auf das Team einstellen und nicht erwarten, dass sich das Team den eigenen Vorstellungen anpasst.

Häufig hatte ich Ideen, von den ich glaubte, dass sie am besten gleich umgesetzt werden müssten. Im WDR-Landesstudio Duisburg, das ich im Anschluss an meine Zeit in Bonn leitete, war der Weg aus meinem Büro in die Redaktion ziemlich kurz. Meine Kolleg:innen erlebten mehr als einmal, dass ich plötzlich mit einer meiner Ideen um die Ecke kam. Es spielte keine Rolle, ob das Team gerade mit anderen Dingen beschäftigt war. Wenn Georg im Raum stand, dann wollte er, dass man ihm zuhört. Das Gute ist, dass mir meine Kolleg:innen spiegeln konnten, dass es vielleicht manchmal besser wäre, wenn ich ein wenig warten würde. Das sah ich ein und lernte, dass ein Chef auch mal zurückstecken muss. Was ich nicht wusste, war, dass man mir längst einen Spitznamen gegeben hatte.

Für mein Team war ich »der kleine Kolibri«. Ich glaube, das

hatte damit zu tun, dass der Kolibri ein ziemlich munterer Vogel ist, der schnell von hier nach da fliegt und unerwartet auftaucht.

Ich ärgerte mich nicht darüber. Ich fand die Wahl des Spitznamens sogar ziemlich kreativ. Nur von mir selbst war ich enttäuscht: Ich hatte nicht gemerkt, wie dominant ich in der Rolle des Chefs war. Auch wenn ich »den kleinen Kolibri« als eine liebevolle Bezeichnung empfand, wollte ich den Grund dafür ändern. Blinde Flecken entdeckt man in der Regel nicht alleine. Dafür suchte ich mir Unterstützung und lernte Karin Genius kennen, die in Aachen als Coachin arbeitet. Das erste Mal saß ich ihr als »Georg« gegenüber, Monate später verabschiedete ich mich als »Georgine«. Wir entdeckten, was hinter dem kleinen Kolibri steckte – die Schwächen, aber auch die Stärken.

Es waren keine belastenden Gespräche. Im Gegenteil. Wir verabredeten uns immer freitags, wenn die Woche vorbei war. Ich freute mich jedes Mal darauf. Dann erzählte ich ihr von mir, was mich bewegte und was die Woche über im Team passiert war. Natürlich kümmerten wir uns um den Kolibri, sie hielt mir den Spiegel vor, und gemeinsam überlegten wir, wie es gelingen könnte, dass ich Menschen nicht weiter überfahre. Das lag in erster Linie an dem Alphatier, das in jedem Chef lebt, und in zweiter Linie an dem Kolibri. Gemeinsam fragten wir uns, was ich dem wild um sich schlagenden Vogel entgegensetzen könnte. Eine Schildkröte war für mich die Lösung. So hängte ich in meinem Büro das Bild einer Schildkröte auf. Neben der Tür, wo ich es sehen musste, wenn ich wieder impulsiv in Richtung Redaktion lief, um eine meiner Ideen unterzubringen. Es half nicht immer, aber häufig. Ich ging noch einmal in mich, fragte mich, ob das jetzt der richtige Zeitpunkt war. Mein Team honorierte, dass ich sein Anliegen ernst nahm und an mir arbeitete.

Nach einem Jahr, am Ende unserer Zusammenarbeit, bewerteten Karin Genius und ich unsere Gespräche noch einmal. Wir gaben uns gegenseitig ein Feedback, ich hatte zu ihr großes Vertrauen. Und mitten im Gespräch platzte es einfach aus mir heraus: »Ich bin eine Frau.« Sie hielt nur kurz inne, dann antwortete sie: »Jetzt wird mir vieles klar.« In diesem Moment fügten sich für sie die vielen Puzzleteile, die sich im Laufe unserer Gespräche gesammelt hatten und die sie nie so richtig einordnen konnte, zu einem Bild zusammen. Viele der Dinge, die ich ihr erzählt hatte, ergaben für sie plötzlich einen neuen Sinn.

Ich bin in den vergangenen Jahren oft gefragt worden, was denn für mich eine Frau sei. Häufig hatte ich den Eindruck, dass die Menschen, die mich danach fragten, mir eigentlich deutlich machen wollten, dass ich keine Frau sei. Sie argumentierten mit Gameten, Chromosomen, Sex oder Gender, um meine Identität infrage zu stellen und Menschen wie mich zu diskreditieren.

In Deutschland leben etwa 83 Millionen Menschen, etwas mehr als die Hälfte davon sind Frauen. Wenn man diesen mehr als 40 Millionen Frauen die Frage stellt, was eine Frau ist, wird man unzählige unterschiedliche Antworten bekommen. Nach vielen Gesprächen bin ich inzwischen an einem Punkt, an dem mir die Zweifel anderer an meiner Identität nichts mehr ausmachen. Das verdanke ich auch großartigen Frauen, die mich unterstützen und als eine von ihnen sehen. Silke Burmester gehört zu ihnen. Die Journalistin aus Hamburg gründete im Herbst 2020 das Onlinemagazin *Palais F*luxx*. Ein Magazin für »Rausch, Revolte, Wechseljahre«, wie sie selbst schreibt. Ein Magazin von Frauen für Frauen. Silke rief mich eines Tages an und fragte, ob ich einen Beitrag für ihr Magazin schreiben möchte. Sie wünschte sich von mir eine Buchvorstellung über ein Buch, das in meinem Leben eine wichtige Rolle gespielt hat. Unser erstes Telefongespräch werde ich nicht vergessen. Ich saß in einem kleinen Park in Berlin, die Sonne schien, und am anderen Ende der Leitung redete Silke Burmester mit mir, als ob sie mich so akzeptierte und respektierte, wie ich bin.

Das tat mir ziemlich gut.

Sie blieb nicht die Einzige, deren Wertschätzung mich überwältigte. Mit meiner Coachin fing alles an. Von ihr habe ich mich nicht nur verstanden, sondern auch als Georgine gesehen gefühlt. Und damit war das Abschlussgespräch in ihrem Büro in Aachen der Anfang vom Ende von Georg. Ganz langsam bekam die Schale, die Georgine umgab, die ersten Risse, und ich traute mich immer häufiger, Kolleginnen und Kollegen ins Vertrauen zu ziehen. Unabhängig davon hatte ich den Plan, so bald wie möglich in den Vorruhestand zu gehen. Das ist drei Jahre vor der regulären Pensionierung möglich.

Die Idee bekam ich, als ich die amerikanische Serie *Transparent* sah, die 2014 zum ersten Mal bei Amazon lief. Darin geht es um die trans* Frau Maura Pfefferman, die unter dem Namen Mort Pfefferman eine Professorenkarriere gemacht hatte. Mit dem Tag der Pensionierung machte Maura reinen Tisch.

Ihre Familie fiel zunächst aus allen Wolken. Sie unterstützte Maura erst zögerlich und dann immer stärker. Auch nach außen. Die Frage, wie die Kinder sie nun nennen sollten, wurde sehr sympathisch gelöst. Mother oder Pa. Am Ende entschieden sie sich für MoPa. Das finde ich immer noch wunderbar.

Maura hatte während ihres Arbeitslebens nur im Geheimen existiert. Sie traf sich mit Menschen, die ein ähnliches Schicksal lebten. Zufallsbekanntschaften, mit denen sie sich ein Hotelzimmer nahm. Dann lebten beide aus, was sie öffentlich nicht sein durften.

Joey Soloway hat die Drehbücher geschrieben, die Serie produziert und auch Regie geführt. Mit *Transparent* erzählt sie die Geschichte ihres eigenen Vaters, der Psychiater war und sich 2011 als trans* Frau outete.

Was mich besonders an der Serie faszinierte, waren die vielen Details aus dem Leben Mauras, die ich auch in meinem Leben wiederfand. Es bewegt mich, dass die Tochter mit dieser Serie ihrer MoPa ein Denkmal gesetzt hat. Ich wäre glücklich, würden trans* Menschen immer so liebevoll aufgenommen.

Für meinen Abschied beim WDR kaufte ich mir ein sehr elegantes schwarzes Kostüm. Am letzten Tag, an dem auch die Abschiedsreden gehalten wurden, wollte ich in diesem Kostüm zur Feier gehen. Das wäre sicher eine Überraschung für die meisten dort geworden. »Seht her«, hätte ich gesagt. »Ich habe euch vierzig Jahre etwas vorgemacht. Das ist ab heute vorbei. Georg gab es eigentlich nie. Ich spielte nur diese Rolle, weil die Gesellschaft es von mir erwartete.«

Von diesem Tag an hätte es Georg auch für alle anderen nicht mehr gegeben. Eigentlich gab es ihn ja nie. Georg ist die größte Lüge, die ich mir im Leben leistete. Doch zu meinem großen Outing im schwarzen Kostüm kam es nie.

Am Ende lief alles ganz anders.

Der Druck in meinem inneren Wasserkessel wurde immer größer, aber der Deckel flog nicht weg. Ich war reizbar und manchmal auch ungerecht. Einmal etwa hatte ein Kollege einen Fehler gemacht, der unsere Redaktion sehr unprofessionell aussehen ließ und den ich als Studioleiter ausbaden durfte. Darüber musste ich nicht nur mit dem Kollegen diskutieren, sondern mich auch gegenüber Außenstehenden dafür verantworten, und das warf mich ziemlich aus der Bahn. Ich kann mich nicht daran erinnern, jemals so wütend gewesen zu sein. Ich schrie herum, und alle bekamen es mit. Das ist mir in meinem Arbeitsleben nicht oft passiert. Natürlich muss man eine schlechte Arbeit kritisieren, mit dem Kollegen das Gespräch suchen, aber dieser Ausraster hätte mir nicht passieren dürfen. Das wusste ich und führte ein vertrauliches Gespräch mit meinen beiden Chefinnen, danach suchte ich Rat beim Betriebsarzt des WDR. Dr. Michael Neuber. Als er nach den Gründen für meine Unbeherrschtheit fragte, sagte ich ihm, wer ich wirklich bin, und schilderte ihm meine innere Zerrissenheit. Dr. Neuber ist ein Betriebsarzt, wie ich ihn jedem Unternehmen wünsche. Er vermittelte mir sofort den Kontakt zu einer Psychotherapeutin. Susan.

Susan ist ein weiterer Glücksfall in meinem Leben. Stück für Stück verschafften wir in unseren Gesprächen meinem wahren Ich immer mehr Luft zum Atmen. Die erste Erkenntnis dabei war, dass die Barrieren nicht von anderen Menschen gebaut wurden. Sie waren in meinem Kopf. Ich hatte sie selbst dort aufgebaut. Mit der Angst, dass man über mich lachen würde, wenn ich öffentlich machen würde, wer ich wirklich bin.

Das ist eine Erfahrung, die ich allen, die in einer ähnlichen Situation sind, weitergeben möchte. Sucht euch Hilfe. Freund:innen. *Allys.* Verbündete. Menschen, denen ihr vertraut und mit denen ihr die Barrieren in euren Köpfen abbauen könnt.

Es muss auch nicht unbedingt sofort eine Therapie sein. Viele Beratungsstellen für queere Lebensweisen bieten Unterstützung an. Sei es in Einzelgesprächen oder in Gruppentreffen. Ich hatte mich 2018 an die *Aidshilfe* in Düsseldorf gewandt, die einmal in der Woche ein Treffen für trans* Menschen anbietet. Dort traf ich zum ersten Mal andere

Menschen, die eine ähnliche Lebensgeschichte hatten wie ich. Doch ich blieb nicht lange in der Gruppe. In größerer Runde und mit anderen Betroffenen werden die Themen eher allgemein besprochen. Mir aber war wichtig, meine persönlichen Fragen zu bearbeiten. Dafür ist eine Therapie der richtige Ort. Weil es jemanden gibt, der zuhört und nicht richtet, der mir Türen aufzeigt, durch die ich gehen kann. Dafür war Susan die Richtige. Mit ihrer Hilfe wurde Georgine immer offensichtlicher und immer selbstbewusster. So traute ich mich irgendwann auch weiblich gekleidet zu Susan. Der Supermarkt meines Herzens liegt in der Nähe ihrer Praxis. Nach der Therapiestunde ging ich dorthin, um meine Wochenendeinkäufe zu erledigen.

Anfangs bemerkte ich noch die Menschen, die mich musterten. *Falsche Verpackung*, dachte ich dann für mich. Und: Wenn jemand ein Problem mit mir hat, dann ist das *sein* Problem.

Einmal stand ein Mann vor dem Gebäude, in dem Susan arbeitete. Dort haben viele Unternehmen ihre Büros. Er musterte mich, als ich den Weg entlangkam. Und dann fragte er mich sehr rüde: »Wo wollen *Sie* denn hin?« Ich antwortete höflich, er aber entgegnete unfreundlich: »Dann sind Sie hier richtig.« Das wusste ich. Ich kam ja nicht zum ersten Mal. Aber ich ärgere mich heute noch, dass ich ihm nicht schlagfertig geantwortet habe.

In den nachfolgenden Wochen wurde das Leben für mich zunehmend leichter. Immer öfter traute ich mich nach draußen, soweit ich mich wohlfühlte, wie ich wirklich leben wollte. Aber mit Ausnahme einiger Kolleginnen und Kollegen wusste immer noch niemand im WDR von Georgine. Das änderte sich am 17. September 2019.

Ich hatte mir zum Geburtstag eine Reise nach San Francisco geschenkt. Ich liebe diese Stadt. San Francisco ist lebensfroh. Ich fühle mich dort akzeptiert, wie ich bin. Das hat sicher auch damit zu tun, dass hier die Bewegung startete, die zur Befreiung queerer Menschen unendlich viel beigetragen hat. 1970 gingen hier auf der Polk Street die ersten Aktivist:innen auf die Straße, um vor allem gegen Polizeiwillkür zu demonstrieren. Queere Menschen waren zuvor häufig von Polizisten verprügelt worden. Aus der kleinen Gruppe ist im Laufe der Zeit eine weltumspannende Bewegung geworden.

An meinem Geburtstag wollte ich zu Fuß über die Golden-Gate-Bridge laufen. Die Brücke spielt in meinem Leben eine besondere Rolle. Ich habe sie immer als etwas ganz Besonderes empfunden und habe sie schon mehrmals überquert. Wenn ich auf ihr stehe, habe ich das Gefühl, ich könnte fliegen. In der Mitte, wenn man hinunterblickt, stockt einem der Atem. Manchmal steht sie im Nebel. Dann sieht man das Wasser im Golden Gate unten nicht. Nur diese milchige Suppe, die vom Pazifik her in die Bucht von San Francisco zieht.

Für diese Reise hatte ich mich schon sehr weiblich gekleidet: Dreiviertel-Jeans, Ballerinas, weite Bluse, lackierte Fingernägel und eine große Sonnenbrille, hinter der ich mich sicher fühlte. Der Weg nach San Francisco führte über den Frankfurter Flughafen, und den erreicht man aus der Umgebung von Düsseldorf mit dem ICE. Gut eine Stunde dauert die Fahrt. Die Fernzüge Richtung Westen und Süden fahren am Düsseldorfer Hauptbahnhof von Gleis fünfzehn und sechzehn ab. Ich fuhr mit der S-Bahn nach Düsseldorf. Vom Bahnsteig geht es hinunter in den breiten Tunnel, der unter den Gleisen die Bahnsteige miteinander verbindet. Eine Rolltreppe erleichtert dann wieder den Weg nach oben. Als ich an diesem Vormittag ebendiese unten betrat, wusste ich nicht, dass sich mein Leben oben angekommen grundlegend ändern würde.

Ich beobachtete die obere Kante. Irgendwann kamen Menschen ins Bild, die auf dem Bahnsteig standen. Ganz vorne, etwas rechts von der Treppe, erkannte ich plötzlich eine Kollegin, mit der ich in Bonn zusammengearbeitet hatte. Christina von Below.

Sie musterte mich. Ich wusste genau, dass sie sich gerade fragte: »Ist das Georg Kellermann?«

Ich bin mir sicher, dass ich noch ein paar Tage vorher alles darangesetzt hätte, mich unsichtbar zu machen. Ich wäre einfach direkt um die Ecke gegangen, hätte so getan, als sei sie mir unbekannt. Und vielleicht hätte sie mich auch nicht erkannt. Aber in jenem Moment wollte ich nicht mehr: Ich konnte nicht mehr. Manchmal glaube ich, ich hatte auf diesen Moment nur gewartet, um endlich reinen Tisch zu machen. Deshalb ging ich auf sie zu und begrüßte sie.

»Herr Kellermann?«, fragte sie vorsichtig. »Sind Sie verkleidet?«

»Nein«, antwortete ich. »Ich bin eine Frau.«

Sie schwieg ein oder zwei Sekunden. Das waren keine Schrecksekunden, eher Sekunden des Begreifens. Ich schaute sie an. Sie wich meinem Blick nicht aus. Ich sah in ihren Augen kein Entsetzen. Ich machte mir keine Sorgen. Und dann sagte sie: »Cool.«

Als ich sie beim Schreiben dieses Buches nach dieser Begebenheit fragte, ob ich ihren Namen erwähnen dürfe, antwortete sie, dass sie sich über unser Zusammentreffen am Düsseldorfer Hauptbahnhof sehr gefreut habe. Weil es so ungezwungen und frei gewesen sei. So müsste es immer sein, schrieb sie. Christina war eine Verbündete, ohne dass ich das gewusst habe. Mit anderen, Freundinnen und Freunden, die eingeweiht waren und mich sehr unterstützten, führte ich ausführliche Gespräche. Die reagierten eher skeptisch, wenn ich einmal die Frage stellte, ob ich wirklich bis zur Pensionierung mit der Offenlegung meines Geheimnisses warten sollte. Ich verstehe sie auch heute noch: Eine trans* Reporterin im deutschen Fernsehen hatte es bis dahin noch nie gegeben. Niemand konnte vorhersagen, wie meine Umwelt auf Georgine Kellermann reagieren würde. Und niemand konnte mir vorhersagen, ob ich mit den Reaktionen klarkommen würde. Aber das war damals auf dem Bahnsteig zwischen den Gleisen fünfzehn und sechzehn am Düsseldorfer Hauptbahnhof in wenigen Minuten kein Thema mehr.

Christina und ich unterhielten uns noch ein paar Minuten.

Über San Francisco und ein wenig auch über die Geschichte von Georgine. Dann fuhr mein Zug Richtung Frankfurter Flughafen ein. Christina wartete auf einen anderen. Wir trennten uns.

Es war, als hätte die Begegnung mit Christina einen Schalter umgelegt. Jetzt wollte ich auch, dass öffentlich wurde, was mein Innerstes ausmachte. Noch im Zug begann ich, eine neue Facebook-Seite zu gestalten. Für Georgine Kellermann. Ich suchte ein Bild eines schönen Regenbogens aus meinem Ordner raus, mit dem ich den Hintergrund gestaltete.

Für mein Profil wählte ich ein Foto, das ich drei Monate vorher in Washington gemacht hatte. Ein chinesischer Tourist hatte es mit meinem Handy aufgenommen, nachdem ich ihn mit seinem fotografiert hatte. Ich stand vor dem Weißen Haus und trug ein nachtblaues Kostüm, dazu dunkelblaue Sandaletten, einen dunkelblauen Hut und eine ebenso schöne Handtasche, die mich an meine Reise nach Buenos Aires im selben Jahr erinnerte.

Für mich war dieses Foto mehr als eine Erinnerung an meinen Besuch in Washington. Für mich war es ein kleiner Protest gegen Trump. Zu dieser Zeit saß er als amerikanischer Präsident im Weißen Haus. Ein Mann, den ich zutiefst verachte.

Aber viel wichtiger war, dass ich mich an diesem Tag das erste Mal so gekleidet und so frei in die Öffentlichkeit gewagt hatte. Vorher hatte ich immer Angst und Sorge vor abwertenden Blicken, doch das interessierte mich ab diesem Tag nicht mehr. Ich fühlte mich wohl, mir ging es wunderbar, und Getuschel oder schräge Blicke begegneten mir nicht. Ich war frei, ich war ich selbst und spürte jede Faser meines Lebens. Für mich war das ein rundum glücklicher Tag, und ich glaube, das sieht man auch auf dem Foto. Als ich mich danach auf eine Bank vor dem Weißen Haus gesetzt hatte, kamen ein Kamerateam und der Korrespondent des ZDF auf den Platz. Sie drehten dort einen Aufsager für eine Sendung, im Hintergrund liefen die Touristen hin und her. Ich fühlte mich so wohl, dass mir ein übermütiger Gedanke kam: Sollte ich mich auch unter die Touristen vor die Kamera mischen? Beinahe hätte ich meine Idee umgesetzt und wäre auch durch das Bild gelaufen. Am Ende traute ich mich leider doch nicht.

Auch wenn es von diesem Tag kein Bewegtbild gibt, so erinnert das Foto daran. Und das Outfit erzählt die Geschichte von meinem langsam wachsenden Mut, meiner inneren Befreiung. Heute gehört das Kostüm dem Haus der Geschichte in Bonn. Dort liegt es im Archiv und wird, wenn es einmal eine Ausstellung über queere Menschen in Deutschland gibt, sicher einen schönen Platz bekommen. So richtig kann ich es immer noch nicht glauben, dass mein Kostüm nun dem bedeutendsten Geschichtsmuseum in Deutschland gehört. Das Haus der Geschichte hatte mich kontaktiert und gefragt, ob sie das Outfit kaufen könnten. Ich wollte es ihnen schenken; das wollten sie aber nicht. Das ist ja eine gesellschaftliche Wertschätzung und Anerkennung, mit der ich niemals im Leben gerechnet hätte.

Als der Zug im Flughafenfernbahnhof von Frankfurt einfuhr, überlegte ich noch einmal kurz, ob ich die Seite wirklich online stellen wollte. Ich stellte mir noch einmal die Frage, ob das alles richtig war. Aber ich zögerte nur ganz kurz. Dann drückte ich die entsprechende Taste. Selbst beim Schreiben dieser Zeilen, Jahre später, erlebe ich das alles noch mal als einen unglaublichen Befreiungsschlag.

Die ersten Sonnenstrahlen. Die Freiheit. Das Atmen. Ich fühlte mich wie eine kleine Schildkröte, die aus ihrem Ei schlüpft, die Schale hinter sich lässt und sich nun mit unglaublicher Geschwindigkeit in Richtung Ozean bewegt. Das Element, in dem sie zu Hause ist.

Ich war jetzt dort, wo ich hingehörte.

Endlich angekommen.

»Dass ich ein Mädchen bin. Das ist so schön«

»Ich bin eine Frau.«

»Ich heiße Georgine.«

Zwei Sätze, die alles sagen, was bis zum 17. September 2019 öffentlich nicht gesagt werden durfte.

Auf dem Flug von Frankfurt nach San Francisco hatte ich ausreichend Gelegenheit, im Internet die Reaktionen auf meine neue Facebook-Seite zu verfolgen. Es kamen die ersten Likes und die ersten Follower:innen. Die ersten Kommentare wurden geschrieben. Die Rückmeldungen waren wunderbar, ich freute mich so sehr darüber und konnte es irgendwie auch nicht fassen.

Ich weiß heute aus Erzählungen, dass im Hintergrund mancher Telefondraht heiß lief. Viele stellten sich die Frage, ob der neue Account ein Fake war. Die, die mich kannten, wussten, dass das nicht der Fall war. Und so wurde aus dem Gerücht zunehmend die Gewissheit, dass sich in meinem

Leben etwas grundlegend geändert hatte. Die allermeisten nahmen das sehr positiv auf.

Ich hatte die Position als Studioleiter im WDR-Landesstudio Essen im Juni 2019 übernommen. Etwa einhundertzwanzig Menschen arbeiten dort. Redakteur:innen, Kameraleute, Cutter:innen, Assistent:innen, Autor:innen und viele mehr. Für sie alle war das Jahr 2019 mit vielen Herausforderungen verbunden gewesen. Im Frühjahr hatte Matthias Aust als stellvertretender Studioleiter begonnen. Im Juni kam ich als Chef – nur um drei Monate später ihre Chefin zu werden.

Eine Zumutung für die Menschen. Ich meine das nicht negativ. Ich hatte dem Team, in dem ich arbeitete, etwas zugemutet. Die Kolleg:innen mussten nun auch mit dieser Veränderung in meinem Leben umgehen. Doch das Team reagierte toll.

Mein Vertreter Matthias Aust hatte ich schon am ersten Tag meiner Tätigkeit in Essen mit meinem Geheimnis überfallen. Wir trafen uns in der Fußgängerzone, als ich auf dem Weg zu meinem neuen Arbeitsplatz war. Er sollte Blumen für mich holen, und so gingen wir gemeinsam zum Blumenstand in der Fußgängerzone. Unterwegs ist es mir dann einfach rausgerutscht. Aber auch bei ihm war ich sicher, dass mein Vertrauen gerechtfertigt war.

Mit Matthias Aust beriet ich mich noch aus Kalifornien per Telefon, wie ich am besten auf die vielen Fragen, die die Menschen hatten, eingehen könnte. Wir glaubten, dass es die beste Lösung sei, wenn ich eine Nachricht an alle schrieb. Und so kam es, dass sich am 25. September 2019 um sechs

Uhr fünfzehn eine WhatsApp auf den Weg aus San Francisco auf das Handy von Matthias Aust in Essen machte:

> *»Ihr Lieben, ihr habt sicher tausend Fragen an mich. Sorry, dass ich mit »Georgine« so überraschend aufgetreten bin. Es war nicht überraschend, nur konsequent. Ich würde das alles gerne mit euch besprechen. Und bitte stellt alle Fragen. Gerne jetzt schon über FB oder WhatsApp. Und sehr gerne nach meiner Rückkehr … Am Dienstag könnten wir dann in der Konferenz zusammensitzen. Und bitte: Wer jetzt schon Fragen hat, bitte schreibt. Ich freue mich sehr auf euch. Liebe Grüße aus Trumpistan,* US
> *Georg(ine)«*

Matthias leitete die Nachricht dann an alle im Studio weiter. Das war eine gute Idee. Nach und nach kamen die ersten Nachrichten über WhatsApp und Facebook, manche schrieben eine SMS. Jedenfalls kam ich nach zwei Wochen von der Westküste der Vereinigten Staaten in ein Team zurück, das zwar noch viele Fragen stellen wollte, aber schon einige Antworten bekommen hatte. Trotzdem war ich am Tag meiner Rückkehr sehr aufgeregt. Knapp drei Wochen zuvor hatte ich mein Team als Studioleiter Georg Kellermann verlassen. Nun kam die Studioleiterin Georgine Kellermann am Montag nach ihrem Urlaub zurück. Auch wenn ich in der Zwischenzeit viele empathische Rückmeldungen bekommen hatte, fragte ich mich, was mich erwarten würde. Ich trug, was ich auch bei der schicksalhaften Begegnung mit meiner Kollegin auf dem Düsseldorfer Hauptbahnhof getragen hatte. Eine Dreiviertel-Jeans, Bluse und Ballerinas. Eine Unmenge Gedanken schossen mir durch den Kopf. Wie würde es wohl sein, zum ersten Mal den Kolleg:innen zu begegnen? Welche Fragen würden sie stellen? Ich war ja schließlich auch ihre Vorgesetzte. Würden sie sich trauen, persönliche Fragen zu stellen oder gar Kritik zu üben? Nur eine Frage stellte ich mir nicht: ob ich die richtige Entscheidung getroffen hatte. Seitdem Georg Vergangenheit war, war ich glücklich, bedingungslos glücklich. Ich hatte mir selbst versprochen, dass ich meine Kündigung anbieten würde, wenn die Menschen Schwierigkeiten haben würden, mit mir zusammenzuarbeiten.

Mein Glück wollte ich nicht mehr hergeben.

Es kam dann zum Glück wie so oft. Meine Sorgen waren unbegründet. Der Montag meiner Rückkehr ging einher mit einem neuen Dienstplanmodell, das wir umsetzen wollten. Es gab viel zu besprechen und viel zu tun. Irgendwann hatte ich meine Aufregung komplett vergessen. Es war, als sei Georgine schon immer die Studioleiterin gewesen. Irgendwann stand ich mit einigen Kolleginnen im Planungsbüro. Wir unterhielten uns über Ballerinas. Diese Unterhaltung ist bei mir tief haften geblieben. Für manche ist es vielleicht nur ein Gespräch über Schuhe, aber für mich hat es bis heute eine große Bedeutung: Dieses nebensächliche Gespräch zeigte mir, dass ich dazugehörte. Am nächsten Tag folgte das Teamgespräch, das ich in meinem Urlaub schon angeregt hatte. Den Konferenzraum hatte ich vorher und nachher nie wieder so voll erlebt. Eine Stunde saßen wir zusammen, und ich erzählte meine Geschichte. Dann gab es Fragen. Aber viel weniger, als ich erwartet hatte. Und dann klatschten alle. Das war kein Pflichtklatschen. Das war ein warmherziges Klatschen. Das war Unterstützung. Und Empathie.

Ich hatte dann auch einen persönlichen Austausch angeboten. Viele sind zu mir gekommen. Es waren alles sehr empathische, unterstützende Gespräche. Ein Kollege sagte, dass er genau wisse, wie ich mich fühle. Er habe eine Freundin, die eine ähnliche Vita habe wie ich. Sie traue sich nicht, das öffentlich zu leben, weil sie in einer sehr männerdominierten Branche arbeitet. In meiner Euphorie bot ich meine Hilfe an. Aber seine Freundin wollte nicht. Irgendwie verstand ich das sogar. Ich wusste ja, wie lange es dauern kann, bis man zu sich steht.

Manchmal braucht es eine Rolltreppe, um die letzte Stufe ins Leben zu erreichen.

Meine »Offenbarung« wirbelte auch meine Lebensplanung durcheinander. Ich hatte immer vor, zum frühestmöglichen Zeitpunkt in den Ruhestand zu gehen. So sollte Georg Geschichte werden und Georgine endlich zu ihrem Recht kommen. Doch nach meiner »Offenbarung« wollte ich bis zur letzten Sekunde arbeiten. Von Vorruhestand war keine Rede mehr. Das Leben machte seitdem so einen Spaß, die Arbeit in unserem Team war so großartig, dass ich an das Aufhören keinen Gedanken mehr verschwendete.

Am meisten bewegte mich die Freude meiner Kolleg:innen, mit der sie ihre neue Chefin begrüßten. Es war aber nicht nur das Team im Landesstudio Essen, das mich unterstützte. Es war der ganze WDR.

Wenige Tage nach meiner Rückkehr aus San Francisco und nach unserer Konferenz schrieb ich eine Mail an Kurt Schumacher, den Leiter des Personalmanagements im WDR. In meinem Leben habe sich etwas grundlegend geändert, schrieb ich ihm und bat um ein Gespräch. Es gab viele Fragen, die mir durch den Kopf gingen. Seine Antwort bewegt mich noch heute. Zunächst ging er sachlich auf meinen Gesprächswunsch ein, den er recht schnell erfüllen wollte und zu dem er auch meinen Vorgesetzten Murad Bayraktar einladen würde. Und dann fügte er eine persönliche Nachricht an.

»Ich denke, das ist für Sie nun ein neuer Lebensabschnitt, und hoffe, es ist nicht zu vermessen, wenn ich mich für Sie auch freue.«

Er hätte mir nichts Schöneres antworten können. Ich weinte. Vor Freude. Weil ich wusste, dass es Unternehmen gibt, in denen es bei Weitem nicht so empathisch zugeht.

Eine Woche später stand der Termin. Gemeinsam mit Murad Bayraktar saß ich bei Kurt Schumacher. Murad war nicht nur Vorgesetzter, er war auch ein *Ally*, ein Unterstützer. In einem Mitarbeiter:innengespräch hatte ich ihn einige Monate vorher ins Vertrauen gezogen. Ich hatte ihm erzählt, dass Georg ein Fake war, und von meinem Wunsch, endlich ich selbst zu sein. Ich erinnere mich noch sehr gut an unseren Austausch in seinem Arbeitszimmer. Ich war schon mit dem

Vorsatz zu ihm gefahren, reinen Tisch zu machen, und auch Murad enttäuschte mein Vertrauen nie. Aber er hatte nicht damit gerechnet, dass ich schon wenige Monate nach unserem Gespräch öffentlich machen würde, was bis dahin nur Eingeweihte wussten. Auch er unterstützte mich nach meiner »Offenbarung«.

Aus Schilderungen weiß ich, dass nicht in jedem Unternehmen eine so wertschätzende und konstruktive Atmosphäre herrscht wie in meiner beruflichen Heimat. Manche Angestellte trauen sich überhaupt nicht, von ihrem wahren Ich zu berichten. Manche trans* Menschen fahren ihre Seele im Kofferraum spazieren. Ab und an, wenn sie sich trauen, mieten sie sich ein Zimmer, und dann sind sie für wenige Stunden sie selbst. Um anschließend alles wieder in den Kofferraum zu packen und an ihrem Arbeitsplatz oder in ihren Familien weiter ihre Rolle zu spielen.

In den Ländern der Europäischen Union ist Deutschland fast das Schlusslicht, wenn es darum geht, dass trans* Menschen sich outen. Nur etwas mehr als ein Fünftel aller Betroffenen outet sich am Arbeitsplatz. In Brasilien dagegen offenbaren sich mehr als vierzig Prozent der Menschen ihren Kolleg:innen und Arbeitgeber:innen. Manche Betroffene in Deutschland berichten davon, dass sie »versteckt« wurden, nachdem sie ihren Vorgesetzten von ihrer Situation berichtet hatten. Viele durften also nicht mehr mit Kund:innen Kontakt haben. Andere Unternehmen weigern sich, die Namensänderung umzusetzen. Im Telefonverzeichnis der Firma steht dann weiter der männliche Vorname für eine trans* Frau oder der weibliche für einen trans* Mann. Der sogenannte »Deadname« ist der Name, den eine trans* Person vor der Transition hatte. Manchmal wird dieser noch aus Versehen genannt, was ich entschuldigen kann. Aber wenn dies absichtlich passiert, handelt es sich um ein respektloses Verhalten, das niemand hinnehmen muss. In manchen Unternehmen müssen Betroffene ihre E-Mails noch jahrelang weiter mit ihrem Deadname unterschreiben. Das ist jedes Mal sicherlich eine psychische Tortur. Andere berichten, dass sie nach ihrem Outing einem kontinuierlichen Mobbing ausgesetzt gewesen seien. Einige kündigten deswegen schließlich. Deshalb leben auch viele trans* Menschen von staatlicher Hilfe, weil sie ihre Anstellung verloren haben oder erst gar keine finden.

Ich war mir sicher, dass mir das alles nicht passieren würde, als ich mich zum Gespräch mit dem Personalchef des WDR und meinem Vorgesetzten traf. Aber eine kleine Ungewissheit bleibt immer, bevor man Gewissheit erhält. Das Gespräch mit dem Personalchef des WDR und Murad ist in der Nachbetrachtung eine Blaupause, wie man solche Personalangelegenheiten angeht.

Die beiden machten von Anfang an klar, dass ich jede mögliche Unterstützung erhalten würde. Die E-Mail-Adresse sollte geändert werden und auch alle anderen Einträge. Nur die Stammdaten konnten nicht sofort angepasst werden. In der Rentenversicherungsnummer stehen 00–49 für männliche und 50–99 für weibliche Versicherte. Für nicht binäre Menschen gibt es noch gar keine Identifikation in der

Rentenversicherung. Das Bundesverfassungsgericht stellte zwar schon 2017 fest, dass das eine Diskriminierung ist, die Politik braucht aber bei der Umsetzung bekanntlich eine Weile.

Einen Tag nach unserem Treffen hing bereits ein neues Namensschild an meinem Büro: »Georgine Kellermann, Studioleiterin«. Damit hatten meine Kolleg:innen mich überrascht. Und überwältigt.

Einen weiteren Arbeitstag später war Georg Kellermann auch im Telefonbuch des WDR verschwunden. Meine Mailadresse war neu, und Nachrichten, die noch an den alten Namen geschickt wurden, wurden automatisch weitergeleitet.

Ich werde diese Tage nie vergessen. Für mich hatte ein neues Leben begonnen. Die Wege zur Arbeit legte ich schwebend zurück. Dieses Schweben ist bis zum letzten Arbeitstag geblieben.

Im Dezember, drei Monate nach meiner »Offenbarung«, berichtete die *Aktuelle Stunde* im WDR über ihre neue Kollegin. Das hatte auch damit zu tun, dass die Nachricht von der neuen Studioleiterin in Essen langsam die Runde durch die ganze Republik machte. Die ersten Medienanfragen kamen, auch von Zeitungen, von denen ich meine Geschichte nicht so gerne besprochen haben wollte. Mit meinem eigenen Sender habe ich dagegen gerne gesprochen. Meine Kollegin Andrea Moos kam mit einem Team zu uns ins Landesstudio Essen. Es wurden Szenen von unserer Frühkonferenz gedreht. Ich gab ein Interview und wurde von ihnen in die Stadt begleitet. Zudem filmte das Team einige alte Fotos ab, auf denen Georgine noch Georg war. Auf einem trug ich einen Kommunionsanzug, auf einem anderen war ich für eine Reportage in Afrika unterwegs. Als der Beitrag ausgestrahlt wurde, befand ich mich gerade bei einem Sprachkurs in Lissabon. Mein Account bei Twitter – wie X damals noch hieß – hatte als Georg und auch nach der Änderung des Vornamens in Georgine nie sehr viele Follower:innen. Das änderte sich explosionsartig, nachdem die *Aktuelle Stunde* über mich berichtet hatte. Was kam, war ein *Candystorm*: so viele warmherzige, aufmunternde Nachrichten und so viel Unterstützung. Die Überraschung darüber war nicht nur bei mir ziemlich groß. Natürlich blieben auch abwertende Kommentare oder Beleidigungen nicht aus. Aber die fielen angesichts des überwältigenden Zuspruchs nicht ins Gewicht.

Als ich in den Achtzigerjahren noch im Regionalprogramm gearbeitet habe, war einer meiner Lieblingskollegen Stefan. Ab und an realisierten wir Beiträge gemeinsam. So sind wir zu Freunden geworden. Immer, wenn ich schwierige Phasen im Leben erlebt oder schwierige Entscheidungen zu treffen hatte, suchte ich auch Rat bei Stefan. Er war ja auch der Erste, den ich aus dem verunglückten Zug angerufen hatte.

Stefan ist der Vernünftige in unserer Freundschaft. Bei mir darf es auch schon mal etwas unüberlegter zugehen. Jedenfalls bin ich immer gut gefahren, wenn ich seine Ratschläge beherzigte. Wir sprachen auch immer wieder darüber, dass ich eines Tages reinen Tisch machen wollte. Stefan war zurückhaltend, was den Zeitpunkt anging. Wir teilten die gleiche Sorge: »Kannst du noch vor der Kamera arbeiten, wenn du dich offenbarst?,« fragte er mich. »Wird deine Autorität als Vorgesetzte noch respektiert?« Wir beantworteten diese Fragen beide nicht mit einem eindeutigen Ja. Die Zweifel überwogen bei Weitem. Dass ich am 19. September 2019 meine Schale sprengte und wurde, wer ich bin, überraschte Stefan. Und ebenso überraschte ihn die Reaktion in unserem WDR. Dass sie so extrem positiv ausfallen würde, hatten wir beide nicht uneingeschränkt für möglich gehalten. Jedenfalls bin ich heilfroh, dass ich mit ihm gedanklich sehr viel von dem vorwegnahm, was alles hätte passieren können.

Für meine persönliche Zukunft gab es nach meiner »Offenbarung« viele Fragen zu klären. Die wichtigste für mich war, ob ich weiter als Reporterin arbeiten und als trans* Frau vor die Kamera treten durfte. Ich richtete diese Frage ganz formell an meine Vorgesetzten. Ich hätte damals Verständnis dafür gehabt, wenn sie sich gegen eine weitere On-Air-Tätigkeit entschieden hätten. Ich wäre traurig gewesen. Aber diese Traurigkeit wäre überlagert worden von diesem euphorischen Glücksgefühl, das ich erlebte, seit Georg Vergangenheit war.

Verständnis hätte ich gehabt, weil es sicher auch Kritiker:innen außerhalb des Hauses gab, die sich diese Situation nur zu gerne ausgesucht hätten, um das öffentlich-rechtliche Rundfunksystem weiter zu diskreditieren. Ich war in dieser Frage befangen. Mich hätte man nicht fragen dürfen, denn ich wollte weiter als Journalistin arbeiten und nicht als Paradiesvogel in einer Nische. Es gab eine Besprechung, an der ich nicht teilnahm. In der entschied die damalige Hörfunkdirektorin Valerie Weber trotz dem einen oder anderen Bedenken, dass Georgine Kellermann ebenso Reporterin sein dürfe, wie Georg Kellermann Reporter war. Als ich ihr später schrieb, auch um mich noch einmal zu bedanken, antwortete sie, was sie wohl auch in der Konferenz gesagt hatte: »Wenn wir ein diverses Haus sein wollen, dann werden wir das jetzt auch beweisen. Ohne Wenn und Aber. Und wenn hier jemand auch vor dem Publikum eine mutige Entscheidung treffen muss, dann sollte das ein öffentlich-rechtliches Haus sein.« Eine Entscheidung, über die nicht nur ich mich sehr freute.

Mein erster Einsatz als Georgine kam dann ziemlich rasch. Gemeinsam mit der Feuerwehr Bochum produziert der WDR seit einigen Jahren die Serie *Feuer & Flamme*. Die Zuschauer:innen werden mitgenommen zu den Einsätzen der Feuerwehrfrauen und -männer. Überall sind Kameras angebracht, und die Feuerwehrleute tragen Bodycams, die jede für sich alles aufzeichnen. Es ist ein sehr realistisches und ein ungeheuer aufwendiges Format. Alle Aufnahmen müssen ausgewertet und dann zu den verschiedenen Folgen zusammengeschnitten werden. Die Nachbearbeitung dauert Monate. Aber unzählige Fans warten jedes Mal auf die Ankündigung der neuen Staffel. Die *Lokalzeit Ruhr*, in deren Sendegebiet Bochum liegt, berichtet immer gerne über diese Staffelstarts. 2020 fiel der Start mitten in die Coronakrise.

Schon die Dreharbeiten waren für das *Feuer & Flamme*-Team schwieriger, weil sich alle an ein Hygienekonzept halten mussten, das mit dem Gesundheitsamt der Stadt abgestimmt war. Die Premierenfeier war für den 23. März geplant, musste dann aber wegen der Coronapandemie abgesagt werden. Daher wollte die *Lokalzeit Ruhr* am Abend natürlich mit den Betroffenen sprechen, die sich nach den wochenlangen Dreharbeiten darauf gefreut hatten, das Ergebnis der Arbeit zu sehen, an der sie maßgeblich Anteil hatten.

Dass mich mein erster Einsatz vor der Kamera gleich in eine Männerdomäne führte, war wohl Schicksal. Die Feuerwehrleute in Bochum begegneten mir sehr respektvoll. Sie freuten sich mit mir, nachdem ich sie interviewt und wir alle Bilder im Kasten hatten. Das war eine ehrliche Freude und für mich wieder ein Indiz, dass ich mir all die Jahre viel zu viele Gedanken und Sorgen gemacht hatte.

Nach unserem Einsatz veröffentlichte ich ein Bild auf X. Ein Screenshot aus der Sendung: Es zeigt mich mit dem Mikro vor einem Feuerwehrfahrzeug. Und die Namensbinde unten rechts am Rand sagte »Georgine Kellermann«. »Zum ersten Mal«, schrieb ich dazu und postete vier Tanz-Emojis dahinter.

Mehr als sechstausendzweihundertmal wurde der Tweet gelikt. Es gab zweihundertachtzehn Kommentare. Es waren durch die Bank positive Reaktionen. So etwas hatte ich zuvor noch nicht erlebt und auch nicht erwartet. Viele lobten den WDR und bedankten sich für diesen Mut, seine »neue« Kollegin so großartig zu unterstützen.

Mein nächstes Ziel war es, auch meinen amtlichen Personenstand meiner Seele anzupassen. Das war in Zeiten der Coronapandemie nicht ohne Probleme zu realisieren, aber ich hatte zum Glück verständige Menschen an meiner Seite, die mich sehr unterstützten. Die nötigen psychologischen Stellungnahmen und ärztlichen Bescheinigungen waren schnell beisammen. Am Ende bestand die größte Hürde darin, dass die zuständigen Ämter Termine nur in Notfällen machten. Alles andere sollte warten, bis die Coronakrise einigermaßen überwunden war. Dass dann im September 2020 trotzdem ein Anruf vom Ratinger Standesamt kam, ich solle mit meinen Unterlagen vorbeikommen, war ein wunderbares Geschenk. Der zuständige Standesbeamte wollte mich nicht länger warten lassen. Er empfing mich sehr respektvoll und stellte mir eine neue Geburtsurkunde aus.

»Georgine Kellermann« steht darauf. Mein Geburtsdatum, die Namen meiner Eltern.

Dass ich ein Mädchen bin.

Das ist so unfassbar schön.

Ein anderer Name als Georgine wäre mir nie in den Sinn gekommen. Meine Eltern hatten ihr Kind Georg genannt. Daher wollte ich den Wunsch meiner Eltern auch mit meinem neuen Namen respektieren. Außerdem finde ich Georgine ziemlich schön.

Ich wurde im September geboren, im September offenbarte ich mich der Welt, und im September bekam ich meine neue Geburtsurkunde. Ist doch klar, dass der September mein Lieblingsmonat ist. Daran wird sich voraussichtlich auch nichts mehr ändern. Deshalb gab ich das Manuskript für dieses Buch auch im September im Ullstein-Verlag ab.

An meinem Geburtstag.

Was auf die Geburtsurkunde folgte, war die Änderung aller Papiere. Der Fahrzeugschein meines Autos, Versicherungen, wichtige Dokumente wie mein Führerschein, Personalausweis und Reisepass. Überall stand nun Georgine Kellermann. Auch die Nummer in der Rentenversicherung war geändert worden.

Damit war Georg endgültig Geschichte.

»Raus aus der Anonymität und rein ins Leben«

Erste zaghafte Versuche, Schwestern zu finden und mich persönlich mit ihnen auszutauschen, hatte ich schon etliche Monate vor meiner »Offenbarung« gemacht. Da waren wie gesagt meine Treffen mit der Selbsthilfegruppe der Aidshilfe in Düsseldorf gewesen oder 2018 mein erster Besuch eines Christopher Street Day (CSD). Auch in Düsseldorf, allerdings schlenderte ich damals nur über die Infomeile und war unauffällig gekleidet. Ich wollte keinen Kolleg:innen Stoff für Gespräche liefern. Heute fasse ich mich an den Kopf und frage mich, was das alles sollte. Aber wenn man vor der Mauer steht, weiß man ja nicht, wie es dahinter aussieht.

Was die Suche nach Gleichgesinnten zusätzlich zum Problem machte, war das sogenannte *Passing*. Viele trans* Menschen – vor allem trans* Frauen – legen extrem großen Wert darauf, dass man ihnen den Mann nicht mehr ansieht. Sie wollen dem Geschlecht zugeordnet werden, das ihrer Identität entspricht. Manche können ziemlich beleidigend werden, wenn eine ihrer Schwestern diesem Ideal nicht entspricht.

Im Internet fand ich zahlreiche Vorbilder, denen man ihre falsche Verpackung nur schwerlich ansah. Das war bei mir nicht so, und das wusste ich. Für mich war das noch ein Grund mehr, mich nicht in die Öffentlichkeit zu trauen. Dann spielt es auch keine Rolle mehr, dass wir alle derselben marginalisierten Minderheit angehören und dass es uns allen doch eigentlich um dasselbe geht: gesellschaftliche Akzeptanz und Wertschätzung. Aber Solidarität kann man nicht von jeder trans* Person erwarten. Und trotzdem war ich endlich angekommen. Nicht nur im eigenen Ich, sondern auch in einer Community, die in den letzten Jahren immer größer geworden war, weil sie sichtbarer wurde. Das liegt auch an einer Gesellschaft, die queere Lebensentwürfe zunehmend akzeptiert. Inzwischen gibt es zahlreiche Organisationen, die Menschen wie mich unterstützen. Vor allem auf dem Weg raus aus der Anonymität und rein ins Leben.

Da ist zunächst die dgti – die Deutsche Gesellschaft für Transidentität. Sie bietet den Ergänzungsausausweis an, auf dem alle selbst gewählten persönlichen Daten einer trans* Person dokumentiert sind. Dieses Dokument wurde mit dem Bundesinnenministerium abgestimmt und soll den Kontakt mit Behörden vor der Personenstandsänderung erleichtern und vor Diskriminierung schützen. Denn auf dem offiziellen Ausweis von trans* Menschen stimmen die persönlichen Informationen nicht immer mit der eigenen geschlechtlichen Identität überein. Auch ich bestellte mir diesen Ergänzungsausweis. Bei der Post war der Ausweis unendlich hilfreich, wenn ich Pakete abholen wollte, die an

Georgine geschickt worden waren. Bevor ich den Ergänzungsausweis besaß, musste ich jedes Mal erklären, warum das Paket an Georgine adressiert war, im Ausweis aber Georg stand. Oder Georgine schrieb vorher eine Vollmacht für Georg. Mit dem Ergänzungsausweis passierte das alles nicht mehr. Diesen musste ich immer gemeinsam mit meinem offiziellen Ausweispapier vorlegen, in dem noch mein alter Name stand. Das war auf jeden Fall eine Verbesserung meiner Situation. Ich brauchte nicht mehr lange zu erklären, wer ich war. Denn das war manchmal unangenehm gewesen – vor allem, wenn hinter mir eine lange Schlange wartete und die ganze Erklärung mitbekam. Auch der Bundesverband »Trans« mit seinen vielen regionalen Initiativen hilft trans* Menschen.

Schon das Wissen darum, dass es viele Menschen wie mich gibt, half mir sehr. Mit ihnen sprechen zu können wäre noch besser gewesen. Wie oft hatte ich mir vorgenommen, zu einem der regelmäßigen Treffen zu gehen, die es an vielen Orten gibt. Nur konnte ich mich damals nicht überwinden.

Bereits vor meinem Outing war ich neben X auch bei Facebook sehr aktiv. Im Nachhinein empfinde ich Facebook als einen wichtigen Mosaikstein in meiner Ich-Werdung. Hier zeigte ich zum ersten Mal öffentlich, wer ich wirklich war. Und hier traf mein wahres Ich zum ersten Mal neue und alte Freundinnen, Freunde, Allys und ganz selten auch Kritiker:innen.

Ich frage mich heute oft, was ich eigentlich hätte machen sollen, nachdem ich auf dem Perron des Düsseldorfer Hauptbahnhofes reinen Tisch gemacht hatte, hätte es keine sozialen Medien gegeben. Einen Saal mieten? Mich auf die Bühne stellen und meinen Gästen erklären, wer ich wirklich bin? Sicher nicht. Für Menschen wie mich sind die sozialen Medien in erster Linie ein Segen.

Schon kurz nach der Ausstrahlung des Beitrags im WDR kamen die ersten persönlichen Nachrichten. Darunter Bitten, sich zu vernetzen, oder Tipps, wie ich mich auf einem sozialen Netzwerk wie X am besten bewege. Und ganz besonders, worauf ich achten sollte. Hassblasen waren aber auch auf X unterwegs. Nicht jede war sofort als solche zu erkennen. Deshalb war ich dankbar für jeden Hinweise aus meinem Umfeld, das mich warnte, wenn ich bei Gruppen beleidigt wurde, denen ich nicht angehörte.

Mit der wachsenden Bekanntheit kamen Einladungen verschiedener Medien. Der WDR produzierte damals ein Format, das online in der Mediathek der ARD abrufbar war. Bei *docupy* trafen sich zwei Menschen, die sich vorher nicht kannten. Hier lernte ich Linus Giese kennen. Er arbeitet als Buchhändler in Berlin, ist Autor und – ein trans* Mann.

Linus war mir von der ersten Sekunde an sympathisch. Ich glaube, das ging ihm umgekehrt ebenso. Es lag sicher daran, dass wir eine ähnliche Wanderung der Seele erlebt hatten. Das schweißt schon zusammen in einer Welt, in der trans* Menschen nicht immer anerkannt werden. Und so drehte sich unser Gespräch natürlich um unsere Lebensentwürfe, unsere Ängste, unsere Wünsche und unsere Hoffnungen.

Auch Linus traute sich lange nicht, er selbst zu sein. Den Panzer, der ihn umgab, sprengte er sehr plötzlich und fast unerwartet. In einem Café. Als der Barista ihn fragte, für wen der Kaffee sei, damit er den Namen auf den Becher schreiben konnte, sagte Linus zum ersten Mal: »Ich bin Linus.« Drei Worte, die so wahnsinnig viel bedeuten. Die ausgesprochen endlich reinen Tisch machten mit all dem Verstecken der Vergangenheit. Linus hat ein Buch geschrieben, das diesen Titel trägt. *Ich bin Linus* empfehle ich allen, die sich mit dem Seelenleben von trans* Menschen auseinandersetzen möchten. Linus beschreibt darin die Höhen, aber auch die Tiefen seiner Transition.

Linus hatte auf dem Weg zu seinem eigenen Ich schreckliche Situationen erlebt. Das reichte vom Stalking, nicht nur an seinem Arbeitsplatz, sondern auch zu Hause, bis zu ganz offensichtlichen Morddrohungen. Im Netz wurde er immer wieder aufs Heftigste angegriffen und beleidigt. Sein Deadname, der Name, der ihm bei seiner Geburt zugewiesen wurde, wurde veröffentlicht. Das war sicher eine extrem belastende Situation für ihn, aber es hielt ihn nicht davon ab, er selbst zu sein. Im Gegenteil. Linus ist heute ein offensiver Aktivist für die Rechte von trans* Menschen.

Im Laufe unseres Austauschs wurde uns beiden bewusst, dass wir liebend gern die Hüllen tauschen würden. Das wäre doch fantastisch. Die Fehler vom lieben Gott einfach korrigieren, indem die Seelen sich eine neue Verpackung suchen.

Gemeinsam wünschen wir uns auch eine Gesellschaft, in der Menschen wie Linus und Georgine einfach da sind. In der es keiner Toleranz bedarf, damit beide ihren Lebensentwurf leben können. Das war bei unserem Treffen reines Wunschdenken, und das ist es auch heute noch. Das ist enttäuschend für uns beide.

Ich nahm aus dem Gespräch mit Linus viel mit. Mir war damals nur wenige Monate nach meinem Outing noch gar nicht bewusst, wie sehr Menschen hassen können. Linus machte mir deutlich, worauf ich mich einstellen musste. Zugleich machte er mir mit seiner positiven Lebenseinstellung auch Mut. Heute treffen wir uns ab und an in Berlin und essen Heidelbeereis. In einem kleinen Café, in dem auch Bücher verkauft werden. Es ist jedes Mal eine Erholung, mit Linus zusammenzusitzen und zu reden.

Was er in den sozialen Medien erlebt hatte, kam mit einiger Verzögerung schließlich auch bei mir an. Die Zahl der Follower:innen auf meinem X-Account wuchs beständig. Aber es waren mittlerweile leider nicht nur Unterstützer:innen und trans* Menschen, die sich für meine Tweets interessierten. Zunehmend kamen vor allem Rechtsextreme und Trolle dazu, die ihren Hass in die Tastatur hackten. Ich frage mich häufig, was in solchen Menschen vorgeht, die andere so sehr beleidigen. Was das für Typen sind. Ich stelle mir dann gerne Gestalten vor, die keinen Respekt vor sich selbst haben und ihre Ablehnung gegen sich selbst auf andere projizieren. Da sind trans* Menschen ein willkommenes Ziel.

Dass ich mit meinem Vorurteil völlig danebenliegen kann, zeigt mir die Geschichte von Linus. Der Mann, der ihn stalkte und bis zur Morddrohung ging, gilt in seinem Umfeld als treu sorgender Familienvater und Ehemann. Zum Glück wurde er ermittelt und musste eine Geldstrafe zahlen. Sein Hass kam ihn am Ende teuer zu stehen. Das ist in vielen Fällen leider anders. Viel zu oft kommen Täter:innen ungeschoren davon.

Wesentlich häufiger als Hass erreicht mich aber zum Glück Unterstützung. Die wiegt all die Trolle bei Weitem auf. Manche schreiben, dass ich für sie ein Vorbild sei und dass sie nun ihre eigene Transition angehen wollen. Das hätten sie sich zum Teil sehr lange nicht getraut.

Manchmal werde ich auch persönlich angesprochen. Einmal im Intercity von Köln nach Düsseldorf. Ein Mann – ich schätzte sein Alter auf fünfzig Jahre – war mir schon bei der Suche nach einem Platz im Großraumabteil aufgefallen, weil er mich doch sehr intensiv musterte. Ich nahm aber erst mal davon nicht weiter Notiz. Als ich mich gesetzt hatte, suchte er sich einen neuen Platz, von dem er mich besser sehen konnte. Mir war es trotzdem nicht unangenehm, und ich war bald in die Lektüre auf meinem Tablet vertieft. Als wir am Düsseldorfer Hauptbahnhof ankamen, stand ich auf und ging Richtung Tür. Den Mann hatte ich mittlerweile längst vergessen. Während ich darauf wartete, dass der Zug zum Stehen kam, sprach mich plötzlich jemand von hinten an.

»Ich bewundere Sie. Wie Sie sich geben. Ich habe mich das mein ganzes Leben lang nicht getraut.«

Da war ich ehrlich überrascht. Ich sagte ihm, dass es nie zu spät sei, dass es nur ein Leben gebe und dass ich ihm alles

Gute wünsche. Dann stiegen wir aus und verloren uns aus den Augen. Ein Schicksal – erzählt, während ein Zug in den Bahnhof einfährt. Ich wünsche ihm so sehr, dass ihm gelingt, was er sich sein Leben lang nicht getraut hat.

Häufig passiert es mir auch, dass ich Menschen, die mich mustern, unterstelle, dass sie ein Problem mit mir haben. Oft liege ich damit völlig daneben. Als ich zum Beispiel einmal ein kleines Stehcafé im Kölner Hauptbahnhof betrat, weil ich noch ein wenig Zeit bis zur Abfahrt hatte, stand an einem der Tische ein älteres Ehepaar. Beide waren sehr elegant gekleidet. Die Dame hätte mir vom Kleidungsstil her ein Vorbild sein können. Sie musterte mich und beobachtete mich auch sehr intensiv, während ich meinen Kaffee trank. Unangenehm war mir das nicht, aber ich dachte schon, dass sie sich wohl damit auseinandersetzte, dass Verpackung und Seele nicht so recht zusammenpassten. Und dann passierte die Überraschung, über die ich mich heute noch sehr freue. Die beiden brachen auf. Der Mann ging mit den Koffern voraus aus dem Café, als die Dame zu mir an den Tisch kam und sagte: »May I say how very elegant you look?«

Eine Engländerin, die vom Stil her direkt aus dem Königshaus hätte kommen können, machte mir ein Kompliment für meine Kleidung. Ich war mehr als stolz und gleichzeitig sehr gerührt.

Ein anderes Mal musterte mich im Frühstücksraum eines Berliner Hotels ein älterer Gast von oben bis unten. Ich hatte den Eindruck, er ist mindestens irritiert. Da waren wir wieder vereint: ich und meine Vorurteile. Denn irgendwann kam er zu mir und entschuldigte sich, dass er mich überhaupt ansprach.

»Darf ich Frau Kellermann sagen?«

»Sehr gerne,« antwortete ich.

»Ich kenne Sie aus den Siebzigerjahren von der *Rheinischen Post* in Ratingen. Ich habe Sie irgendwann aus den Augen verloren. Und vor ein paar Wochen habe ich Sie im Fernsehen gesehen. Ich bewundere Sie dafür, dass Sie das in Ihrem Alter und Ihrer Position gemacht haben.«

Ein Gespräch, das sich wie Balsam auf meine Seele legt.

Es sind diese Begegnungen, die mir mein Leben noch einmal schöner machen. Auch weil sie zeigen, dass unsere Gesellschaft schon viel weiter ist, als sich die Ewiggestrigen das wünschen. Schade nur, dass nicht alle so denken. Manche machen aus ihrer Meinung keinen Hehl, und einige werden leider sogar handgreiflich.

Einige Monate vor meinem Ausscheiden aus der Studioleitung in Essen wollte ich mit der S-Bahn von Ratingen ins WDR-Studio fahren. Dafür gehe ich immer zum Bahnhof in Ratingen-Ost. Von dort fährt der Zug direkt zum Essener Hauptbahnhof. Das ist viel angenehmer, als mit dem Auto zu fahren. An diesem Dienstag hätte ich besser den Wagen genommen.

Als ich die Treppe zum Bahnsteig hochkam, sah ich etwas weiter vorne ein junges Paar. Ich schenkte den beiden ansonsten keine Beachtung. Als ich kurz davor war, an den beiden vorbeizugehen, entdeckte mich der junge Mann. Er riss die Augen weit auf, sprang auf mich zu und schrie etwas, das ich gar nicht richtig verstand, weil ich so erschrocken war. Seine Partnerin rief: »Was soll das? Lass die doch in Ruhe!« Er schrie zurück: »Ey, das ist ein Mann!«

»Ja und?«, schrie sie zurück. »Was geht dich das an?« Ich rief ihr erleichtert ein »Danke« zu. Seine Antwort hörte ich nicht mehr.

Ich ging dann weiter den Bahnsteig entlang. Die S-Bahn fuhr ein. Ich wartete darauf, dass sie hielt. Als ich mich nach links drehte, sah ich, wie der junge Mann rasch auf mich zukam. Das Gesicht vor Wut verzerrt. Ich hoffte inständig, die Türen würden sich öffnen. Es kam mir wie eine Ewigkeit vor. Ich glaube, ich hatte Angst, aber die spürte ich nicht. Als er bei mir ankam, rief er: »Wenn ich dich noch einmal sehe, bringe ich dich um!«

Dann gingen die Türen auf. Mit mir stieg ein Student ein, der mich fragte, ob ich Hilfe bräuchte. Ich verneinte. Draußen stand der Angreifer. Ich wollte an der Türe bleiben, damit er nicht in den Zug springen konnte. Der Student stand neben mir. So blockierten wir den Zutritt. Doch die Tür ging einfach nicht zu. Wieder fühlte es sich an wie eine Ewigkeit. Wieder spürte ich diese Angst in mir, die nicht richtig hochkam, weil ich sonst unfähig gewesen wäre, zu reagieren.

Draußen riss der Angreifer seinen Hoodie auf und entblößte am Hals mehrere Buchstaben, die darauf tätowiert waren. Sie sahen aus wie Runen. Und dann machte er mit zwei Fingern, die er von links nach rechts über seinen Hals zog, deutlich, dass er mir am liebsten die Kehle durchschneiden würde. Dann endlich ging die Tür zu. Draußen tobte er auf dem Bahnsteig und schlug mehrmals gegen das Fenster des Waggons. So heftig, dass ein Oberlicht aus der Verankerung flog. Ich war so froh, dass er nicht in den Zug gesprungen war.

Zuerst ging es mir ganz gut. Aber so nach zehn oder fünfzehn Minuten stieg die Angst langsam in mir hoch. Ich war froh, dass eine ältere Dame neben mir saß, mit der ich reden konnte. Auf meine Angst folgte Wut über die eigene Ohnmacht und die rohe Gewalt, gegen die Worte nichts hätten ausrichten können.

Auch mit dem Studenten sprach ich noch einmal, um mich zu bedanken. Weil er und die ältere Dame anboten, als Zeugen auszusagen, ging ich später zur Polizei in Ratingen und erstattete Anzeige. Auf der Wache wurde ich sehr respektvoll behandelt. Schon am nächsten Tag meldete sich eine Kriminalkommissarin, die mich einlud, Bilder von einigen möglichen Tätern anzuschauen, um zu klären, ob mein Angreifer darunter war.

Leider war er nicht unter den Fotos. Zudem gab es am Bahnhof in Ratingen-Ost keine Videoüberwachung und damit keine Beweisaufnahmen von dem Vorfall. Die Ermittlungen wurden daraufhin leider eingestellt, weil ein Täter nicht zu ermitteln war. Ich hatte aber auch nicht wirklich damit gerechnet, dass der Angreifer schnell gefunden werden würde. Dennoch hatte ich mir selbst etwas Gutes getan. Ich hatte mir bewiesen, dass ich mich wehren kann, dass ich mir diese Gewalt nicht gefallen lasse. Das empfehle ich allen, die in eine ähnliche Situation kommen: Meldet die Vorfälle bei der Polizei. Viel zu viele Taten bleiben im Dunkeln, weil sie nicht öffentlich gemacht werden. Denn wenigstens für die Statistiken sollten sie protokolliert werden.

Gewalttaten gegen queere Menschen haben in den vergangenen Jahren stark zugenommen. 2001 wurden noch achtundvierzig Delikte gegen die sexuelle Orientierung erfasst, dazu zählten zehn Gewalttaten. 2022 wurden bereits eintausendundfünf Delikte gemeldet, darunter zweihundertsiebenundzwanzig Gewalttaten. Expert:innen schätzen, dass die Dunkelziffer wesentlich höher sein dürfte, denn nicht alle Betroffenen bringen die Angriffe zur Anzeige. Gerade deshalb sollte jede Tat bei der Polizei angezeigt werden. Nur auf diesem Weg ergibt sich ein deutlicheres Bild, wie oft queere Menschen Hass und Gewalt ausgesetzt sind. Außerdem helfen sich Betroffene mit einer Anzeige auch selbst, denn sie zeigen, dass sie sich wehren können, dass sie dafür kämpfen, ein selbstbestimmtes Leben zu führen. Zudem kann es hilfreich sein, sich mit Menschen auszutauschen, die ähnliche Dinge erlebt haben. Schon das Gefühl, nicht allein zu sein, hilft, und so können auch soziale Medien ein großartiges Forum zum Austausch bieten.

Mein X-Account hat heute mehr als vierzigtausend Follower:innen. Die allermeisten sind Allys. Eine Zeitung schrieb einmal, ich sei Deutschlands bekannteste trans* Frau. Das ist ein wenig übertrieben. Tessa Ganserer, die für die Grünen im Deutschen Bundestag sitzt, ist sicher bekannter, aber ich werde schon manchmal auf der Straße angesprochen. Von Menschen, die mir ohnehin in den sozialen Medien folgen und sich freuen, mich persönlich zu treffen. Das ist jedes Mal herzerwärmend, weil es eine authentische Unterstützung ist. Ich bin überzeugt davon, dass die Schreihälse auf X nicht die Mehrheit der Gesellschaft darstellen. Die schreien zwar laut, sind aber eine absolute Minderheit. Das zeigt sich immer, wenn zu Demonstrationen gegen das Selbstbestimmungsgesetz aufgerufen wird. Dann zieht ein kleines Grüppchen mal durch Wien, mal durch Berlin oder Genf. Die Gegendemonstrationen sind bei Weitem größer. Und die CSDs, die in Deutschland in den letzten Monaten gefeiert wurden, waren an einigen Orten die größten, die es bislang gab.

Ich bin auf meine alten Tage Teil einer Community geworden, die seit Jahrzehnten für ihre Rechte kämpft und deren Kampf noch lange nicht zu Ende ist. Dass diese Community mich mit offenen Armen empfangen hat, empfinde ich immer noch als großes Glück. Einer der Höhepunkte dieses Glücks kam 2021. Der Verein Hamburg Pride vergibt schon seit Langem einen Pride Award für ehrenamtliches Engagement in Hamburg. 2021 kam ein weiterer Award dazu, mit dem »Menschen gewürdigt werden, die Vorbildcharakter für die LGBTIQ-Community und die Gesellschaft in Deutschland haben«. Ich sollte die Erste sein, die diesen Award verliehen bekam. Was für eine Ehre. Ich wurde nach Hamburg eingeladen. Stefan Mielchen, damals einer der beiden Vorsitzenden, hielt die Laudatio: »Der Schritt von Georgine Kellermann hat Mut erfordert, aber er macht auch Mut:

all jenen in der trans* Community, deren Alltag heute weit weniger selbstverständlich verläuft, die Diskriminierungen erfahren und unter den Zumutungen des Transsexuellen-Gesetzes leiden. Dass es Georgine Kellermann gelungen ist, ihre Identität nach Jahrzehnten des Versteckens öffentlich zu leben, ist vor allem für sie ein großes Glück. Aber auch für uns, die wir dieses Glück teilen dürfen. Denn es zeigt, was in unserer Gesellschaft möglich sein kann. Und es ist ein Fingerzeig an den Gesetzgeber, endlich ein echtes Selbstbestimmungsrecht für trans* Menschen zu schaffen.«

Hätte mir jemand auch nur ein Jahr vor meinem Outing prophezeit, dass mein Leben diesen Weg nehmen würde, ich hätte es nicht geglaubt.

Natürlich freue ich mich über Auszeichnungen. Viel wichtiger aber sind die persönlichen Rückmeldungen, die ich von Betroffenen und Allys bekomme. Wenn Menschen mir schreiben, dass meine Geschichte sie dazu animierte, ihr eigenes Leben radikal zu verändern, auszubrechen aus dem gesellschaftlichen Korsett und endlich die Person zu sein, die sie wirklich sind. Oder um es mit Charlotte von Mahlsdorf zu sagen: »Ohne mein Zutun bin ich zu einer Art Idolfigur der Schwulen und Lesben geworden. Das ist wie Sonnenstrahlen im Herbst, in denen ich mich wärme. Es tut gut zu wissen, dass man etwas lebt, was anderen Menschen ein wenig Kraft gibt.«

Und so freue ich mich über zum Teil sehr persönliche Rückmeldungen, die mit schöner Regelmäßigkeit in meinen persönlichen Nachrichten landen:

»Guten Tag, Frau Kellermann, entschuldigen Sie, dass ich Sie so einfach anschreibe, aber in meiner Familie gibt es auch eine trans-Frau, welche sich jetzt mir offenbart hat, weil ich eine Meldung auf Twitter von Ihnen positiv kommentiert habe. Der Sohn meiner Cousine in den USA hat sich bereits 2018 gegenüber seiner Familie als trans Frau offenbart, war aber ansonsten damit noch sehr zurückhaltend, sprich, ich wusste davon nichts. Jetzt habe ich die Tage auf einen Tweet von Ihnen reagiert und geschrieben, dass Sie eine mutige Frau mit Lebensdrang sind. Meine Cousine in den USA hat dies gelesen und Naryan gezeigt, woraufhin sie sich entschloss (also Naryan), es auch mir mitzuteilen. Ich finde das wunderbar, weil Sie damit indirekt geholfen haben, dass sich ein Mitglied meiner Familie zu Ihrem Frausein uns gegenüber (also mir & meiner Frau) bekennen konnte. Nach alldem, was 2020 so für uns parat hatte, ist dies noch ein sehr versöhnliches Ende. Naryan hat schon mit einer Hormontherapie begonnen und auch eine Partnerin. Das Leben in seiner Vielfalt kann wunderbar sein. Ihnen, liebe Frau Kellermann, wünsche ich von Herzen alles Gute und einen großartigen Start in das Jahr 2021. Danke, dass ein kleiner Tweet so was auslösen kann … ich werde gerne berichten, wie es Naryan … bzw. sie sucht noch nach einem neuen Namen;-) zukünftig ergeht, wenn Sie das interessiert. In Dankbarkeit, Udo J.«

Natürlich hat es mich interessiert. Ich habe nachgefragt. Darauf folgte diese Antwort:

»Es ist fast ein Jahr her, dass ich Ihnen die obige Geschichte aus meiner Familie erzählt habe, und jetzt hat sie sich für einen neuen

Namen entschlossen: Mahika – der Name stammt aus Indien (ihr Vater ist Inder) und bedeutet Erde / Mutter Erde. Wie passend, dass sie Bodenkunde / Geowissenschaft studiert. Dies erlaube ich mir noch einmal mit Ihnen zu teilen und wünsche Ihnen besinnliche Weihnachtstage und alles Gute für das kommende Jahr. Liebe Grüße, Udo J. aus Essen.«

Vor einigen Monaten kam die tolle Nachricht zusammen mit dem Bild zweier glücklicher Frauen:

»Hallo, Frau Kellermann! Das ist aber nett … by the way: Zwischenzeitlich hat sie einen Uni-Abschluss. Sie ist glücklich! Liebe Grüße«

Auch eine andere Nachricht geht mir immer noch ans Herz:

»Hallo, ich bin die (…), 16 Jahre aus … und ich wollte nur sagen, dass Sie cool und toll sind. Und wunderbar. Wenn mein älterer Bruder über Mädchen spricht, die ihm gefallen, dann sagt er oft: »Dieses Girl ist on Fire.« Und jetzt klaue ich diesen Satz mal und sage: »Frau Kellermann, Sie sind ein Girl, was immer on fire ist.« Viele Grüße schickt Ihnen (…) aus …«

Es sind auch Nachrichten wie diese, über die ich mich freue:

»Liebe Frau Kellermann,
Sie waren vergangenen Donnerstag bei uns im Unternehmen für einen Diversity Talk. Leider konnte ich nicht teilnehmen, hatte aber

jetzt die Chance, mir die Aufzeichnung anzuschauen und wollte einfach mal Danke sagen. Danke für diesen inspirierenden Austausch. Danke, dass Sie uns an Ihrer Geschichte haben teilhaben lassen. Als Sie von der Rolltreppe erzählt haben, hatte ich tatsächlich Gänsehaut.
Aus tiefstem Herzen: Danke«

Und noch eine. Ich könnte ein Buch füllen mit diesen wunderbaren Rückmeldungen.

»Liebe Frau Kellermann,
ich muss Ihnen heute einfach ein paar Worte des Respekts zukommen lassen. Ich bin selbst eine Frau, der es erst nach 30 Jahren gelungen ist, zu sich selbst zu stehen. Damit einher gehen aktuell viel Angst und Unsicherheit, aber auch Stolz und zum ersten Mal in meinem Leben das Gefühl, wahrhaft mutig zu sein. Diesen Mut und Stolz machen Menschen wie Sie möglich, und dafür möchte ich mich unendlich bei Ihnen bedanken. Menschen wie Nyke Slawik, Tessa Ganserer oder Sie selbst helfen Tausenden Frauen und Männern jeden Tag, das Beste in ihrem Leben zu finden, denn uns mangelt es an Vorbildern in einer cis-hetero-normativen Gesellschaft. Die Kraft, die Sie täglich aufbringen müssen, um mit der schockierenden Anzahl respektloser Äußerungen umzugehen, ist Kraft, die multipliziert wird und sich auf jede transidente Person und deren Mitmenschen überträgt.

Ich hoffe, Ihnen durch diese Nachricht zumindest ein kleines Bisschen davon zurückgeben zu können. Danke, dass Sie so stark sind, danke, dass Sie sichtbar sind, schlicht: Danke, dass es Sie gibt.

Ich wünsche Ihnen alles Gute!

Beste Grüße, L. ⚐⚧«

Aber es geht auch anders. Beleidigungen gehören zur Tagesordnung, besser: zur »Stundenordnung«. Manche kommen als persönliche Nachrichten. Die Absender arbeiten hart. Sie beleidigen nicht einmal. Nein, sie schicken Reihenbeleidigungen über mehrere Tage verteilt. Wenn ich nicht antworte, und das tue ich fast nie, werden sie noch einen Tacken ausfallender:

Einer fragte: »Warum tragen sie Frauenkleider?«

Ich reagierte nicht.

Einen Tag später: »ICH HABE IHNEN EINE FRAGE GESTELLT!«

Ich reagierte immer noch nicht.

Eine Woche später: »EEEEEY DU KASCHBERKOPF SEI MAL NICHT SO FRECH!!!!«

Natürlich reagierte ich nicht.

Drei Tage später wurde der Absender richtig sauer: »Du kleiner Hurensohn, du kleiner Nuttensohn, ich schwöre es dir auf Gott, kommst du mir einmal in die Quere, bist du einmal frech zu mir, ficke ich deine Mutter. Hast du das verstanden? Du Fotzensohn, du elender Hurensohn, du Internetrambo, du Fotze, wenn du ein Mann bist, komm einmal vor mir…« Und so geht das weiter.

Solche geistigen Ausfälle erhalte nicht nur ich. Jede trans* Frau und jeder trans* Mann, die die Öffentlichkeit nicht scheuen, haben solchen Unrat in ihren Postfächern oder werden direkt unter ihren Posts und Tweets auf das Unflätigste angegriffen.

Wenn die Anfeindungen in den vergangenen Jahren besonders schlimm wurden, dachte ich darüber nach, ob ich die sozialen Medien verlassen soll. Dann würde ich den Hass, der da draußen im Netz tobt, nicht mehr abbekommen. Ich bin nicht die Einzige, die diese Gedanken hat. Auch eine Freundin bat mich eindringlich, meinen Account zu löschen, weil sie Angst um mich hat. Es wäre leicht, von jetzt auf gleich bei X zu verschwinden. Schließlich bin ich dort angekommen, wo ich mein ganzes Leben lang hinwollte, ich habe meinen Platz gefunden. Aber dann denke ich an all die Menschen, die mir schreiben, dass ich ihnen Mut mache, die sich sagen: »Wenn die das geschafft hat, dann schaffe ich das auch.« Für diese Menschen bin ich eine Verbündete. Mit meinem Abtritt würde ich sie nicht nur enttäuschen, wahrscheinlich würde ich sie auch entmutigen, und das wäre fatal. Also habe ich mir mit der Zeit einen kleinen Panzer um meine Seele gebaut, der den Hass nicht reinlässt. Ich beleidige nur selten zurück. Manchmal juckt es mir schon in den Fingern, dann würde ich am liebsten ebenso antworten, wie die Trolle schreiben. Aber unter den Zehntausenden Follower:innen bei X sind sehr, sehr viele, die nur mitlesen, die selbst gar nicht aktiv werden. Die würden es nicht mögen, wenn ich den Trollen ebenfalls mit Hass und Hetze antworte.

Außerdem gibt es auch Hilfe von außen, etwa die Organisation »HateAid«, die schon mehrere Verfahren gegen Hater von mir unterstützte. Einige von ihnen wurden wirklich verurteilt. Der Hass-Tweet, den sie auf den Weg gebracht haben, wurde für sie am Ende richtig teuer. Das beruhigt mich ab und an und zeigt mir, dass man Hass und Hetze nicht hinnehmen muss, dass es sich lohnt, sich zu wehren.

Was mich aber wirklich auf eine Art fasziniert, ist die Beständigkeit der Beleidigungen, die vor allem aus der Bubble der genderkritischen Feministinnen kommen. Die werden nicht müde, zu behaupten, trans* Frauen würden einen Fetisch ausleben. Oder sie würden Frauen sein wollen, weil sie sich dadurch Vorteile erhofften. Die Liste der Vorwürfe ist lang.

Im Internet war 2023 einige Monate lang eine Schrift abrufbar, die von zwei radikalen deutschen Feministinnen veröffentlicht wurde. In ihrer Schrift geben sie Eltern Ratschläge, die unmenschlicher kaum sein können. So raten sie dazu, dem Kind, sollte es trans* sein, den Zugang zu digitalen Medien zu sperren. Auch von der Schule sollten sie es abmelden, wenn dort Offenheit gegenüber queeren Lebensmodellen gelebt wird. Trans* Menschen werden darin als Mitglieder eines Kults beschrieben, quasi eine Sekte, und als gehirngewaschene Kultanhänger:innen bezeichnet. Im September 2023 wurde dieser sogenannte Elternratgeber von der Bundeszentrale für Kinder- und Jugendmedienschutz als jugendgefährdend eingestuft.

Wie wichtig tatsächlich die Unterstützung von Kindern ist, zeigt mir auch eine Geschichte aus meiner Heimatstadt. In Ratingen kaufe ich gerne meine Blumen für den Garten bei einer sehr netten Floristin. Sie ist meine »Lieblingslavendelverkäuferin«. Wir lernten uns erst kennen, nachdem ich mich offenbart hatte. Die Gespräche waren immer sehr angenehm. Ihren Respekt und ihre Wertschätzung spüre ich immer. Etwa zwei Jahre nachdem wir uns kennengelernt hatten, traf ich sie zufällig auf der Straße.

»Ich habe die ganze Woche an Sie denken müssen«, sagte sie. »Nach dreizehn Jahren habe ich keine Tochter mehr, sondern einen Sohn. Mein Mann und ich unterstützen das.«

Mir standen Tränen in den Augen, als sie das erzählte. Den Sohn haben sie inzwischen auf einem anderen Gymnasium angemeldet. Die neue Schule ist für diverse Themen aufgeschlossen. Der Direktor dort nahm seinen neuen Schüler sehr respektvoll auf, und auch die Mitschüler:innen gaben ihrem neuen Schulkameraden in ihrer Mitte eine neue Heimat.

Der Sohn bekommt jede Unterstützung und ist ein neuer Mensch, seitdem er sein darf, wer er ist. Seine Mutter schickte mir kürzlich ein Foto von ihm und schrieb dazu, wie stolz sie auf ihn sei. Auf dem Foto ist ein junger Mann zu sehen, der glücklich ist. Was kann es Schöneres geben? Auch für seine Eltern. Ich umarme die beiden in Gedanken, weil für sie die Liebe zum Kind das Wichtigste ist. Und dass ihr Kind ein selbstbestimmtes und glückliches Leben führt.

In den USA tobt seit einigen Jahren ein Kulturkampf, der unter Donald Trump richtig Fahrt aufnahm und in den letzten Monaten nach Deutschland schwappte. In sozialen Medien wird auf perfide Art trans* Menschen Pädophilie unterstellt. Mit diesen Lügen verfolgte man im letzten Jahrhundert auch Homosexuelle. Sie stimmten damals nicht und stimmen auch heute nicht. Bei manchen verfängt das, weil die allermeisten nie mit trans* Menschen in Berührung kommen. Ein Vorwurf lautet auch, dass trans* Frauen in Schutzräume für Frauen eindringen wollen, um dort Frauen zu belästigen. Damentoiletten werden als Erstes genannt, Frauenhäuser in der Regel auch. Oder Frauengefängnisse. Die Palette der Dummheiten kennt keine Grenzen. Und sie wird vor allem von Frauenorganisationen widerlegt. So tritt der Berliner Verein Frauenhauskoordinierung (FHK) sehr bestimmt gegen die Anschuldigung auf, trans* Frauen würden Schutz in Frauenhäusern suchen, um dort andere Frauen zu belästigen. Es gibt keine Belege dafür. Im Gegenteil, sagt die FHK, trans* Frauen bräuchten denselben Schutz wie alle anderen Schutzsuchenden auch. Am 13. September 2022 hat die Frauenhauskoordinierung in Berlin dazu ausführlich Stellung bezogen. Darin heißt es:

> *»In den sozialen Medien wird mit Bezug auf das Selbstbestimmungsgesetz oft eine vermeintliche Bedrohung von Frauenschutzräumen ins Feld geführt. Trans* Frauen finden aber schon seit vielen Jahren immer wieder Schutz in Frauenhäusern. Das ist also kein Szenario, das durch das Gesetz neu im Raum steht«,* erklärt

FHK-Geschäftsführerin Heike Herold. »Die scheinbar verbreitete Vorstellung: ›Ich erkläre mich spontan zur Frau und spaziere dann ungehindert in ein Frauenhaus‹ geht außerdem weit an den praktischen Gegebenheiten von Frauenhäusern vorbei: Niemand bekommt allein aufgrund des (weiblichen) Geschlechts Zugang zu einem Frauenhaus.«

Ich bin dankbar für den Respekt, den unzählige Frauenorganisationen auch trans* Frauen gegenüber haben. Das ist in der heutigen Zeit eine wichtige Unterstützung und straft die unglaublichen Lügen, die aus der genderkritischen Bewegung kommen, ab.

Aber jetzt mal im Ernst: Glauben diese Menschen wirklich, ich hätte mir dieses Leben ausgesucht und verspreche mir Vorteile davon? Die Beleidigungen, die persönlichen Angriffe, die abwertenden Artikel in manchem Medium – all das braucht kein Mensch. Mein Geschlecht habe ich mir nicht ausgesucht. Das wurde mir mit in die Wiege gelegt. Nur öffentlich leben durfte ich es einen großen Teil meines Lebens nicht. Dass das heute anders ist, ist das große Glück. Und dafür nehme ich all die Nachteile in Kauf. Sie können an meinem Glück nicht kratzen.

Ich bin nach meiner »Offenbarung« glücklich, und das wünsche ich auch allen anderen. Ich möchte, dass alle Menschen selbstbestimmt und glücklich die sein können, die sie wirklich sind. Deshalb höre ich nicht auf, mich für die Rechte von trans* Menschen einzusetzen. Weil ich weiß, dass das Glück, ich selbst zu sein, ein ganz besonderes Geschenk ist.

»Ich bleibe nicht still«

In meinem Leben gibt es zwei Bücher, die mir sehr am Herzen liegen und die ich jedem zur Lektüre empfehle: *Der kleine Prinz* und *Die Möwe Jonathan*. Im Frühjahr 2020 fuhr ich zur Heinrich-Heine-Gesamtschule in Duisburg-Rheinhausen. Eine Klasse hatte mich eingeladen, aus einem Buch vorzulesen, das in meinem Leben eine wichtige Rolle spielt. Ich hatte *Die Möwe Jonathan* dabei.

Jonathan ist das, was man gemeinhin einen »seltsamen Vogel« nennt. Er findet nichts daran, wie alle seine Artgenossen ständig auf der Suche nach Futter zu sein. Jonathan will fliegen.

Wie ich.

Und so steigt der Vogel immer weiter auf. Erreicht Höhen, die vor ihm keine andere Möwe erreicht hat. Das ist sein Glück und sein Schicksal.

Ich freute mich über die Einladung der Klasse sehr. Duisburg-Rheinhausen ist ein Ort, in dem auch viele Menschen wohnen, die ihre Wurzeln in anderen Kulturen haben. Es ist ein bunter Stadtteil voll mit Leben. Das spiegelt sich auch in der Heinrich-Heine-Gesamtschule wider.

Als ich ankam, war gerade große Pause. Ich ging über den Schulhof in Richtung Hauptgebäude und merkte, dass ich großes Interesse bei den Kindern auslöste. Aber das machte mir nichts aus.

Ein wenig verloren stand ich in der großen Halle der Schule, in der sich die meisten Schüler:innen aufhielten. Draußen war ihnen offensichtlich zu kalt. Je länger ich in der Halle stand, desto mehr irritierte mich das Starren der Kinder und Jugendlichen. Also ging ich zum Rand und setzte mich dort auf eine der niedrigen Heizungen. Die ersten kamen sehr schnell in meine Nähe. Es wurde gekichert und einige lachten lauthals. Ich schaute sie an und bat sie, kurz ruhig zu sein.

»Ihr dürft alle Fragen stellen, die euch interessieren. Aber ihr müsst aufhören zu lachen.«

Sie nahmen dieses Angebot schnell und wertschätzend an. Niemand lachte mehr, zumindest bemerkte ich es nicht. Aber sie stellten Fragen. Alles, was sie interessierte. Viele Fragen. Ob ich ein Mann oder eine Frau sei. Warum ich die Schule besuche. Wie alt ich sei und wo ich lebe. Und natürlich auch, was eine trans* Frau ist, nachdem ich ihnen erklärt hatte, wer ich bin. Es gab keine Frage, die ich nicht beantworten wollte. Irgendwann gingen die Ersten, weil ihre Neugier befriedigt war. An ihre Stelle kamen andere. Und so wiederholten sich allmählich die Fragen, und meine Antworten waren immer dieselben.

Das Schöne war, dass nach einiger Zeit eine Schülerin die Aufgabe des Antwortens übernahm. Sie hatte mir die ganze Zeit zugehört und war nun so gut informiert, dass sie alle Fragen beantworten konnte. Sie war Muslimin und trug ein Kopftuch. Das erwähne ich nur, weil es oft heißt, dass Muslim:innen trans* Menschen gegenüber intolerant seien. Aber dieses Mädchen akzeptierte mich als die, die ich bin. Als die große Pause zu Ende war, brachte mich eine ganze Gruppe in den Klassenraum, in dem meine Klasse auf mich und mein Buch wartete.

Ich las etliche Seiten aus *Die Möwe Jonathan* in der fünften Klasse vor. Die Kinder hörten alle gebannt zu. Danach sprachen wir über Jonathan und darüber, dass in allen von uns ein kleiner Jonathan lebt, den wir hegen und pflegen und lieben müssen. Weil Jonathan uns sagt, dass wir wir selbst sein sollen, dass wir uns selbst die Wichtigsten sein dürfen.

Zwei Jahre später war ich wieder in der Heinrich-Heine-Gesamtschule in Duisburg-Rheinhausen. Dieses Mal besuchte ich eine der Oberstufenklassen. Für sie las ich aus dem Buch von Linus Giese vor.

Ein halbes Jahr nachdem ich mich offenbart hatte, bekam ich eine Nachricht von Jochen Bittner, der bei der *Zeit* das Streitressort leitet. Er fragte mich, ob ich mir vorstellen könne, eine Antwort zu formulieren auf die Frage, ob mein *Gender* anerzogen oder angeboren sei:

»Liebe Georgine Kellermann,
Sie haben vor einigen Monaten einen mutigen Schritt gemacht, für den Sie viel Anerkennung bekommen. Nach 62 Lebensjahren als Mann und einer Karriere, die Sie als WDR-Journalist Georg Kellermann bekannt gemacht hat, wollten Sie nicht mehr nur heimlich als Frau leben, sondern Ihre Identität offen bekennen. Viele Menschen bewundern Sie dafür, dass Sie sich geoutet haben, zumal in Ihrer öffentlichen journalistischen Rolle. Sie leben Ihr Frausein jetzt aus, ja feiern es als Befreiung, auf Twitter und vor der Kamera, als Leiterin des WDR-Studios Essen: in Sommerkleidern oder Pumps, die Sie lange nur zu Hause oder im engsten Freundeskreis trugen. Ich gehöre zu denen, die Ihnen gratulieren zu Ihrem Mut, Sie selbst zu sein, obwohl Sie Angst hatten, lächerlich gemacht zu werden.
Der Wunsch, als Angehöriger eines anderen Geschlechtes zu leben und anerkannt zu werden – so definiert die Weltgesundheitsorganisation Transsexualität. Am Telefon haben Sie mir gesagt, Sie hatten immer schon das Gefühl, dass »der liebe Gott mich in die falsche Verpackung gesteckt hat« – obwohl Sie recht traditionell als Junge in einem patriarchalen Elternhaus erzogen worden seien.
Die Ursachen von Transsexualität sind noch wenig erforscht. Aber darf ich Ihnen trotzdem eine Frage stellen, die sich mir nicht nur in Ihrem Falle, sondern angesichts der Geschichte von Transgendermenschen überhaupt aufdrängt? Die Frage lautet: Ist die angeborene Geschlechtsidentität nicht deutlich stärker als die soziale Geschlechtsprägung? Ist das Mannsein / Frausein also in Menschen verankert, bevor das Außen überhaupt die Gelegenheit bekommt, Einfluss zu nehmen?

Der Streit um »nature or nurture«, um den Anteil von natürlicher und gesellschaftlicher Geschlechtsbestimmung, ist ja uralt. »Man kommt nicht als Frau zur Welt, man wird es«, lautet der berühmte Satz aus ›Das andere Geschlecht‹ *von Simone de Beauvoir. Und die amerikanische Dekonstruktivistin Judith Butler forderte, ganz aufzuhören, von Männern und Frauen zu sprechen, weil es keine natürliche Zweiteilung der Geschlechter gebe. Sie sei nur ein Konstrukt, männliche Logik.*

Ihre Lebensgeschichte und die anderer Transgender-Menschen scheinen für das Gegenteil zu sprechen: Obwohl Sie als Georg erzogen wurden, wussten Sie schon immer, dass Sie als Mädchen und Frau etwas ganz anderes wollten. Was sagt uns das Ihrer Meinung nach über die Macht oder Ohnmacht der sozialen Geschlechterprägung?

Herzlich,

Ihr Jochen Bittner«

Ich empfand die Einladung als Ehre, denn für die *Zeit* hatte ich noch nie geschrieben. Und so antwortete ich:

»Lieber Jochen Bittner,

das ist ja eine Frage. Danke dafür. Ich hätte mich wohl kaum so intensiv damit beschäftigt, wie ich das getan habe, nachdem Sie sie gestellt haben und bevor ich begonnen habe, sie zu beantworten. Ich habe mit Freundinnen und Freunden darüber gesprochen. Darunter ein schwules Paar, ein Transmann, Heteros und Cis. Ich habe viel gelesen und auch dabei viel gelernt. Vor allem aber habe ich mich selbst gefragt, wie das denn mit mir wohl gelaufen ist.

Meine Eltern haben alles gegeben, um aus mir einen ›ordentlichen Jungen‹ zu machen, der sich später zu einem ›ordentlichen Mann‹ entwickeln sollte. Einen Beruf erlernen, eine Familie gründen. Ein ehrbarer Bürger werden. Dass da Anspruch und Wirklichkeit auseinanderklafften, war zunächst nicht offensichtlich. Zwar war mein Vater kein Fan von Fußball (Gott sei Dank), Kampfspiele mochte er nicht. Aber er hat mir die Liebe zu Dingen vermittelt, die in meiner Kindheit allgemein als ›für Jungs‹ deklariert wurden. Wenn beim Spaziergang am Horizont eine Lockheed Super Constellation zur Landung in Düsseldorf einschwebte, blieben wir immer stehen. Flugzeuge faszinierten ihn. Diese Faszination habe ich von ihm geerbt. Pilot(in) wurde mein Traumberuf. Ein Augenfehler hat mir einen Strich durch die Rechnung gemacht. Ich bin froh, dass das heute auch kein ›Jungsberuf‹ mehr ist. Einer meiner liebsten Twitter-Accounts gehört einer jungen Pilotin bei British Airways. Sie fliegt eine 777. Ich beneide sie und freue mich, dass – wenn dieser Augenfehler nicht gewesen wäre – ich heute auch als Pilotin unterwegs sein könnte.
Wenn ich – angeregt durch Ihre Frage – zurückschaue, dann habe ich immer auch versucht, von meiner weiblichen Seite abzulenken, auch mich selbst. Ich bin – 21 Jahre alt – in den USA Lkw gefahren. 6 Wochen lang. Einen 40-Tonner. Kreuz und quer durch den Mittleren Westen. 13 000 Kilometer. Manchmal 36 Stunden am Stück, ohne zu schlafen. Aber Georgine hat Georg immer begleitet. Ich habe ihr nur damals nicht gestattet, das Steuer in meinem Leben zu übernehmen. Vor allem, weil ich Angst hatte.
Nach der Pubertät wurde die Frage, ob der »Liebe Gott für mich die falsche Verpackung gewählt hatte«, zur Gewissheit. Aber ebenso

gewiss war für mich, dass man sich über mich lustig gemacht hätte. Ich habe damals schon Freundinnen und Freunde ins Vertrauen gezogen. Ich habe damals viele Bücher zum Thema gelesen. Und gleichzeitig habe ich begonnen, in der Ratinger Redaktion der ›Rheinischen Post‹ zu arbeiten. Einige nannten mich den ›rasenden Reporter‹. Eine Transgender rasende Reporterin lag damals außerhalb jeder Vorstellungskraft.
Dann kam der WDR. Das Studio Düsseldorf. Ich hatte dort einen sehr empathischen Vorgesetzten. Überhaupt war die soziale Kultur im WDR viel offener. Dort habe ich mich zum ersten Mal auch Kolleg:innen anvertraut. Und meinem Chef. Niemand hat mich ausgelacht. Aber offen zu leben, wer ich wirklich war, das war in den 80er-Jahren auch beim WDR noch nicht drin.
Georgine war immer da, aber raus durfte sie nicht. Ich habe ein wunderbares Berufsleben gelebt. Manche haben mich »Tintin« genannt, den weit gereisten Reporter aus der gleichnamigen belgischen Comicreihe. Aus dem rasenden Reporter in Ratingen wurde ein rasender Reporter, der viele Länder, viele Menschen und viele Geschichten fernab seiner Heimat erlebt hat.
*Nach Pilotin ist Reporterin der zweite Traumberuf für mich. Aber ich frage mich, ob ich alle diese Dinge erlebt hätte, wenn ich schon als Jugendliche reinen Tisch gemacht hätte. Und ich bin mir sicher, dass es nicht so gekommen wäre. Ich konnte Reporter mit geheimem Gender werden, Reporter*in hätte ich nicht werden können.*
Vor nicht einmal einem Jahr habe ich es endlich geschafft, auch im öffentlichen Leben zu sein, wer ich wirklich bin. Heute unterschreibe ich mit meinem richtigen Namen. Georg gibt es nicht mehr. Aber

es hat ihn 62 Jahre gegeben. Wenn auch nur als Verpackung. Am Ende bin ich Mensch. Und ich habe das Recht, zu leben, wer ich bin. Meine Mutter lebt seit 20 Jahren nicht mehr. In Gedanken rede ich heute noch jeden Tag mit ihr. Das Verhältnis war nicht immer schön. Aber sie hat mich immer geliebt. Ich bin nie »ihre Tochter« geworden. Aber sie hat mich akzeptiert, wie ich bin. Auch im Kleid. Dafür bin ich ihr unendlich dankbar. Und sie hat mir beigebracht, für meine Überzeugung einzustehen.
Am Anfang, als ich Ihre Frage zum ersten Mal gelesen habe, habe ich gedacht, das ist doch einfach!
Das war falsch.
Einer meiner besten Freunde ist in Westfalen in der Nähe von Münster aufgewachsen. Streng katholisch erzogen worden. Hat Theologie studiert. Und ist homosexuell. Das wurde ihm in die Wiege gelegt. Das war er, bevor er überhaupt denken konnte. Sein Ehemann kommt aus Kasachstan. Da geht es noch ein wenig konservativer zu als im Münsterland. Auch er sagt, die Homosexualität war da, bevor die Erziehung überhaupt einsetzte. Kein ernst zu nehmender Mensch käme doch heute noch auf die Idee, dass Homosexualität ›antrainiert‹ sein könnte.
Ich bin davon überzeugt, dass ich Frau war, bevor ich überhaupt denken konnte. Ich durfte es nur nicht sein, weil die Gesellschaft es nicht zugelassen hat. Und ich habe die gesellschaftlichen Vorgaben übernommen, weil ich ein anerkanntes Mitglied dieser Gesellschaft sein wollte. Habe streckenweise sogar versucht, »männlicher zu sein als männlich«. In der Schule habe ich mich Anerkennung heischend als Macho gegeben. Und wusste immer, dass ich mir da selber etwas vormache. Also ja, die Macht der sozialen Geschlechterprä-

gung ist groß. Aber nein, sie ist nicht groß genug, um die Substanz eines Menschen zu verändern.
Ich werde gefragt, was ›Frau sein‹ für mich bedeutet. Das ist so schwer in Worte zu fassen. Lackierte Fingernägel und Heels sind Merkmale, die meine ›falsche Verpackung‹ kaschieren sollen. Mein ›Frausein‹ machen sie nicht aus. Tessa Ganserer, Grünen-Politikerin in Bayern, wird mit den Worten zitiert: ›Und wenn ich mit Drei-Tage-Bart herumlaufe, so bin ich immer noch eine Frau.‹
Ich bin Frau, weil ich es schon immer war. Ich kann es nicht anders erklären. Ich spüre keinen Unterschied, seitdem ich mein Äußeres mit meiner Seele in Einklang gebracht habe. Empfinde nur ein Glück, das ich 62 Jahre lang nicht gekannt habe.
Anerzogen – nicht angeboren – ist die Art und Weise, wie die Gesellschaft Frauen behandelt. Dass sie anders bezahlt werden als die Männer. Dass sie in der Coronakrise die Hauptlast tragen. Dass sie sich um die Kinder kümmern. Und noch vieles mehr. In meiner Jugend hat man Frauen nicht zugetraut, selber ein Auto zu steuern. Das haben wir lange hinter uns. Wir werden sicher auch die anderen Ungerechtigkeiten irgendwann überwunden haben.
Aber: Eine Frau ist eine Frau ist eine Frau. Das ist keine Frage äußerlicher Geschlechtsmerkmale. Da bin ich mir ganz sicher.
Danke für Ihre Frage. Ich habe mich sehr darüber gefreut. So intensiv habe ich mich schon lange nicht mehr mit mir selbst beschäftigt.

Herzlichst und stolz, Ihre
Georgine Kellermann«

Nach dem Erscheinen des Artikels pinnte ich diesen oben auf meinem damaligen Twitter-Account an. Dort fand ihn Jens Teuber. Er ist evangelischer Pfarrer in Oldenburg, ohne feste Gemeinde, aber mit zwei festen Schulen. Eine davon ist die »Berufsbildende Schule 3«. Mit seinen Schüler:innen dort hatte er den Artikel im Unterricht gelesen. Er schickte mir damals die Reaktion seiner Klasse:

> *»Liebe Frau Kellermann, wir haben im Unterricht Ihren Text (aus der ›Zeit‹) gelesen. Wir finden es toll, dass Sie zu sich stehen. Schade, dass Ihre Mutter Sie nicht mehr als Ihre Tochter erlebt hat. Wir wünschen Ihnen, dass Sie Ihr Leben so weiterleben, Ihren Charakter nicht verändern, sich nicht runtermachen lassen und immer an sich glauben. Sie sind ein großes Vorbild. Bleiben Sie bitte so, wie Sie sind. Liebe Grüße von der B1Y1 A der Berufsbildenden Schulen der Stadt Oldenburg.«*

Ich habe jedes Mal Tränen in den Augen, wenn ich diese empathische Nachricht lese. Und ich weiß, dass es meiner Mutter auch so gegangen wäre.

Ich antwortete Jens Teuber damals spontan, dass ich die Klasse gerne besuchen würde, wenn die Schüler:innen das wollten. Und aus diesem Besuch wurde mehr, als ich jemals erwartet hätte.

Die Schule hatte sich dem bundesweiten Netzwerk »Schule ohne Rassismus – Schule mit Courage« angeschlossen. 2022 wurde das mit einem großen Aktionstag gefeiert. Dazu luden mich die Schüler:innen ein.

An diesem Tag gab es unzählige Workshops. Eine Gruppe hatte ein Video gedreht, mit dem sie Schüler:innen darauf aufmerksam machen wollte, dass es in der Schule auch bei seelischen Problemen Hilfe gibt. Andere erarbeiteten gemeinsam, wie man den ganz alltäglichen Rassismus erkennt und wie man dagegenhält. Und einige Klassen hatten ein Gespräch mit mir vorbereitet, in diesem ging es auch um Hass und Ablehnung.

Das Ende des Aktionstages hatte noch eine Überraschung für mich parat: Die beiden Schülersprecherinnen Mette Köhlken und Sarah Schwarz baten mich, die Patenschaft für ihre Schule im Netzwerk zu übernehmen. Die Schule hat viertausend Schüler:innen. Seit diesem Tag bin ich Patentante für viertausend junge Menschen. Was für eine Wertschätzung.

Ein Jahr später plante die Berufsbildende Schule 3 (BBS 3) in Oldenburg nicht nur einen Aktionstag, sondern gleich eine ganze Woche. Denn Berufsschüler:innen gehen nicht zwingend jeden Tag in die Schule. Manche kommen auch nur ein- oder zweimal in der Woche. Mit einer Aktionswoche wollte man allen Schüler:innen ermöglichen, an den verschiedenen Veranstaltungen teilzunehmen. Also fuhr ich nicht nur für einen Tag nach Oldenburg, sondern für eine ganze Woche. Das war eine sehr intensive Zeit, an die ich mich sehr gerne zurückerinnere.

Was mich am meisten beeindruckte, war die Offenheit, mit der die jungen Menschen die einzelnen Themen angingen. In einer Klasse etwa ging es zum Beispiel um verschiedene Religionen. Es war gerade Ramadan. Ein muslimischer Schüler erzählte zunächst von seinem Glauben, wie er hineingewachsen war und was er ihm bedeutete. Danach bot er an, weil gerade die Zeit des Mittagsgebets war, dass er vor allen, die im Klassenraum waren, beten könne, wenn die anderen sich das wünschen würden. Das war für seine Mitschüler:innen überhaupt keine Frage. Ich bewundere immer noch seinen Mut, mit dem er zum ersten Mal vor seinen Mitschüler:innen betete.

Er breitete also seinen Gebetsteppich aus und kniete sich darauf. Aber dann sagte er fast verzweifelt, dass es nicht ginge. In der Moschee würde er beim Beten nur die Rücken der anderen sehen. Aber hier im Klassenraum war er umringt von neugierigen Augen, die auf ihn blickten. Da konnte er sich nicht auf seine Gebete konzentrieren. Wir schlugen ihm vor, in eine Ecke zu gehen, die in Richtung Mekka deutete. Alle anderen würden hinter ihm bleiben. Diese Idee funktionierte.

Ich habe nie ein Klassenzimmer erlebt, in dem so viele junge Menschen so still waren. Sie störten ihren jungen Schulkameraden nicht. Sie hatten Respekt vor ihm und schenkten ihm Ruhe. Die Andacht nahmen alle für sich mit.

Am letzten Tag gab es eine große Abschiedsveranstaltung mit Hunderten von Schüler:innen. Wir sprachen über Diversität und wie wir die Ergebnisse der Woche mit ins Leben nehmen können. Darauf meldete sich eine junge Frau zu

Wort. Sie stand auf der Treppe und musste lauter sprechen, damit wir sie alle hören konnten.

Die BBS 3 in Oldenburg ist eine Schule, in der unter anderem auch junge Menschen für soziale und pflegerische Berufe ausgebildet werden. Das sind in der Regel auch die, die sich kritisch mit gesellschaftlichen Themen auseinandersetzen, zum Beispiel mit Diversität.

Die Schülerin bedankte sich für den Tag und auch für die Diskussionen, die es mit den Schüler:innen gab. Danach forderte sie, dass sich im nächsten Jahr auch Schüler:innen an den Veranstaltungen beteiligen sollen, die nicht in sozialen Berufen ausgebildet werden, sondern zum Beispiel aus einem Handwerksberuf oder – wie sie – aus dem Garten- und Landschaftsbau kämen. Dort sei es mit Respekt und Courage nicht immer zum Besten bestellt. Als Frau habe man es in diesen Berufen immer noch mit Abwertung und Sexismus zu tun. Dafür bekam sie einen ungeheuren Applaus – auch von ihren männlich gelesenen Klassenkameraden. Völlig zu Recht, weil sie den Finger in die Wunde legte. Es gibt nicht viele Frauen in ihrem Ausbildungsberuf. Selbst wenn Lehrer:innen engagiert die patriarchalen Strukturen im Unterricht behandeln, gibt es immer noch viel zu tun.

Ich sagte ihr, wie wichtig ihre Wortmeldung war. Wir verabredeten uns daraufhin für das nächste Jahr. Sie wird eine Bereicherung für eine Diskussion sein, in der es um Respekt und Courage geht. Und dann wird das kleine Pflänzchen, das sie an diesem Abschlusstag in die Erde gesetzt hat, vielleicht ein wenig größer sein.

Oldenburg ist eine wunderschöne Stadt im Nordwesten der Republik. Es gibt viel Wasser und viel Grün. Bevor ich 2022 zum ersten Mal zu den Berufsbildenden Schulen fuhr, war ich nie dort gewesen. Im Zentrum der Stadt liegt der Schlossplatz, umrahmt von einem Einkaufszentrum, dem Schloss und vielen Läden. Ich fühle mich dort immer sehr wohl. Auch weil die Menschen in Oldenburg einen sehr entspannten, lebensfrohen Eindruck machen.

Auf dem Schlossplatz startet jedes Jahr an einem Samstag im Juni der CSD. Dort steht dann eine kleine Bühne, und an der Schlossseite haben viele Organisationen, Parteien, die Polizei und andere ihre Informationsstände aufgebaut. Durch diese Info-Gasse geht also jeder, der zum Schlossplatz möchte.

Die Schüler:innen meiner Pat:innenschule fragten mich 2023, ob ich sie zur CSD-Demonstration begleiten würde. Ich empfand diese Einladung als große Ehre. Mein Problem war nur, dass am selben Tag mein Abi-Jahrgang fünfundvierzig Jahre Abitur feiern wollte. Ich hatte mich dort schon angemeldet. Nun stand ich vor der wirklich schwierigen Frage, wo ich sein wollte. Am Ende entschied ich mich für Oldenburg.

»Die Zukunft ist wichtiger als die Vergangenheit«, sagte ich mir. Meinen Schulfreundinnen, die die Jubiläumsfeier vorbereitet hatten, bin ich sehr dankbar dafür, dass sie Verständnis für meine Entscheidung hatten.

Am Abend vor dem CSD in Oldenburg findet immer ein sogenanntes »Warm-up« statt. Einige Hundert Menschen kommen dann auf den Schlossplatz. Es wird Musik gespielt, und auf der Bühne stellen sich einzelne Gruppen und Organisationen vor, die am nächsten Tag mit durch die Oldenburger Innenstadt ziehen werden und für die der CSD ein Symbol für eine freie Gesellschaft ist.

Für die BBS 3 wollte die Schülersprecherin Merle Sophie Kruse den Zuhörer:innen erklären, was diese Schule grundsätzlich ausmacht und warum es vielen an dieser Schule wichtig war, sich an der Demonstration zu beteiligen. Sie bat mich vorher, mit ihr auf die Bühne zu gehen. Gemeinsam standen wir dort oben: die junge Frau, die ihr ganzes Berufsleben noch vor sich hat, und die alte Patentante, die einige Wochen später in den Ruhestand gehen würde.

Merle hielt eine tolle Rede. Sie erklärte, warum es für sie und die ganze Schule wichtig sei, beim CSD Flagge zu zeigen. Ich erzählte, warum die BBS 3 in Oldenburg eine ganz besondere Schule ist. Wir bekamen eine Menge Applaus. Ein gelungener Auftakt für Merle wie für mich.

Am nächsten Tag kamen elftausend Menschen in die Oldenburger Innenstadt. Das war ein Rekord. Zwei Stunden zogen wir um das Zentrum der kleinen Stadt. Regenbogenfahnen überall. Für mich war es die erste Pride, weshalb ich an diesem Tag zum ersten Mal bedauerte, dass ich nicht schon früher an CSDs teilgenommen hatte. So viele Menschen, die alle für ein Ziel demonstrieren: für Respekt und Toleranz, für eine Gesellschaft, in der jeder und jede ihr Leben leben kann.

Die Patenschaft für die BBS 3 in Oldenburg ist so etwas wie eine ganz besondere Auszeichnung für meine Rolle als Aktivistin, in die ich langsam hineingewachsen bin. Eine Rolle, die ich nicht angestrebt hatte, von der ich gar nicht gewusst hatte, dass ich sie ausfüllen könnte. Andere wussten das viel eher als ich selber, wie ich später erfuhr.

All diese vielen Kontakte und schönen Erlebnisse habe ich meiner Präsenz in den sozialen Netzwerken, meinem Austausch bei X zu verdanken. Dabei überlegte ich anfangs noch, ob ich dort wirklich so präsent sein möchte. Aber dann war es eigentlich schon zu spät: Mir hatten schon so viele Menschen geschrieben, wie sehr sie meine Arbeit schätzten und wie sehr meine Sichtbarkeit auch ihnen geholfen hätte, zu sich selbst zu stehen. Manche schrieben gar oder erzählten in Interviews, dass meine Geschichte sie dazu animiert habe, ihre eigene Transition anzugehen.

Diese Rückmeldungen sind für mich wichtiger als jeder Applaus, weil ich von meiner eigenen Lebensgeschichte weiß, wie dramatisch es sein kann, in dieser Hülle gefangen zu sein, die nichts mit der eigenen Seele zu tun hat. Ohne die sozialen Medien wäre ich keine Aktivistin im Kampf für die Rechte von trans* Menschen geworden.

Das Gute an sozialen Medien ist, dass sie Menschen sichtbar machen, die früher ein Nischendasein führten. Die Gesellschaft kannte sie schlicht nicht. Mit den sozialen Medien hat sich das Stück für Stück geändert. Diese Sichtbarkeit führt dann folgerichtig zu einer Vertrautheit. Trans* Frauen und trans* Männer kannten vor der Nutzung der sozialen

Medien nur diejenigen, die sie in ihrem unmittelbaren Umfeld erlebten. Mit den sozialen Medien tat sich ein Fenster auf, und nun ist dieses Thema, wie viele andere Inklusionsthemen auch, viel öffentlicher. Soziale Medien helfen mir auch, mich zu wehren, wenn ich glaube, dass ich respektlos behandelt werde.

So wie im Oktober 2021, als ich zu den Münchner Medientagen eingeladen war, um über die Sichtbarkeit von Transgender und Queerness in den deutschen Medien zu sprechen. Den Weg zurück ins Hotel ging ich zu Fuß über die Zweibrückenstraße Richtung Isartor. Auf der Straße war viel Verkehr. Für die Autos ging es nur im Schritttempo voran.

Im Stau näherte sich ein Mannschaftsbus der Münchner Polizei. Der stand mehr, als er rollte. Als ich mich dem Bus näherte, spürte ich, dass ich für Fahrer und Beifahrer gerade von besonderem Interesse war. Die beiden ließen mich nicht aus den Augen und hatten offensichtlich großen Spaß. Als ich in Höhe des Kleinbusses war, öffnete sich in der hinteren Tür ein kleines Schiebefenster, in dem ein dritter Kopf auftauchte. Ich konnte mir lebhaft vorstellen, was da im Mannschaftsbus gesprochen wurde und dass es dabei nicht unbedingt um Respekt und Wertschätzung ging.

Erst wollte ich weitergehen, aber dieser Gedanke währte nicht lange. Ich entschied, dass ich mir dieses Verhalten nicht bieten lassen wollte. Also drehte ich mich um und ging geradewegs auf den Mannschaftswagen zu. Das kleine Fenster wurde daraufhin schnell geschlossen. Auch der Beifahrer fuhr sein Fenster hoch. Wegfahren konnten sie nicht, der Stau hinderte sie daran. Also klopfte ich an die Scheibe und bat ihn, das Fenster wieder zu öffnen. Als die Scheibe unten war, sprach ich in das Businnere, dass das Verhalten der Beamten absolut respektlos sei und dass ich so etwas von Polizist:innen nicht erwartet hätte. Niemand im Bus sagte etwas. Dann bin ich weitergegangen. Später schrieb ich auf X:

> *»😳 Ist das normal, liebe @PolizeiMuenchen, dass sich die Beamten im Mannschaftsbus 🚓 👮 👮♂ 👮 über Menschen wie mich lustig machen? Ich bin hingegangen und habe ihnen gesagt, dass ihr Verhalten respektlos ist. Vielleicht sagen Sie ihnen das auch noch mal. Danke! 🙋♀«*

Tausende versahen diesen Tweet mit einem Herzchen. Die Solidarität war überwältigend. Und auch die Polizei München meldete sich:

> *»Es ist weder normal noch akzeptabel, sich über irgendjemanden lustig zu machen. Wir würden der Angelegenheit gerne nachgehen, bitte senden Sie uns dafür doch – gerne per Direktnachricht – den Ort und die ungefähre Uhrzeit, wann/wo sich die Situation ereignet hat.«*

Aber darum ging es mir nicht. Ich wollte nicht die Menschen aus dem Bus disziplinieren. Es ging darum, allgemein für Respekt zu werben, dafür, dass alle Menschen ihre Lebensentwürfe leben können.

Noch am selben Tag telefonierte ich mit Gordon Winkel, ein Polizeihauptmeister, der im Präsidialbüro arbeitet und auch für die Öffentlichkeitsarbeit verantwortlich ist. Es war ein sehr angenehmer, wertschätzender Austausch. Gordon Winkel gehört zu der Sorte Polizisten, die alle mitnehmen wollen, an den ich mich vertrauensvoll wenden würde, wenn ich ein Problem hätte. Er erzählte mir, dass er mehrmals im Jahr Seminare für neue Kolleg:innen hält, in denen er all die Lebensentwürfe vermittelt, die es unter dem Regenbogen gibt. Wenig später meldete er sich noch einmal bei mir wegen einer Interviewanfrage. Die Polizei in München gibt nämlich eine Mitarbeiterzeitung heraus, die *Ettstraße* heißt – benannt nach der Straße, an der das Polizeipräsidium liegt. Für die Weihnachtsausgabe führten wir dann ein Interview. Das war ein schöner Abschluss für eine Geschichte, die nicht so schön begonnen hatte. Dafür liebe ich soziale Medien, dass sie diesen Austausch möglich machen.

Der damalige Austausch fand ein großartiges Echo. Polizei und queere Lebensentwürfe. Das passt noch nicht lange zusammen, denn dass auch die Polizei den gesellschaftlichen Wandel spiegelt, ist bei Weitem bislang nicht überall selbstverständlich. Es gibt aber zum Glück immer mehr Beamt:innen, die entweder selber queer sind oder aber sich dafür einsetzen, dass jeder Mensch ein selbstbestimmtes Leben führen kann.

Eine Polizeibehörde, die ganz weit vorne mit dabei ist, ist die Landespolizei Schleswig-Holstein. Bereits seit 2018 hat sie eine Ansprechstelle für queere Menschen. Seien es solche, die Probleme mit Polizist:innen haben, oder solche, die für die Polizei arbeiten und dort auf Schwierigkeiten stoßen. Leiter der Ansprechstelle ist Tim Jänke, über den eine Zeitung einmal schrieb, dass hinter der blauen Uniform ein buntes Herz schlage. Nicht nur ein buntes Herz, auch ein empathisches, wie ich finde. Denn Tim Jänke ist mitverantwortlich dafür, dass die Landespolizei Schleswig-Holstein sich für queere Menschen überhaupt öffnete.

Der schönste Teil dieser Geschichte beginnt mit einem jungen trans* Mann. Ben Höhn hatte sich schon als Kind in den Kopf gesetzt, Polizist zu werden. Mit Spielzeugkelle und Strafzetteln lief er durch die Straßen seiner Heimatstadt und verteilte Strafzettel. Sein Herzenswunsch war zunächst auch kein Problem. Ben ist ein ziemlich kluger, junger Mann. Er ist sortiert und zielstrebig und bringt alle Voraussetzungen mit, die wichtig sind, wenn man sich für den Polizeiberuf entscheidet. Erst als es an die medizinische Untersuchung ging, scheiterte der junge Mann. Die Einstellungsvoraussetzungen für männlich gelesene Polizeibewerber in Schleswig-Holstein schrieben damals vor, dass der Bewerber mindestens einen funktionierenden Hoden haben müsse. Für Frauen waren Eierstöcke vorgeschrieben. Ausschlusskriterien für alle trans* Menschen. Und so war der Wunsch, Polizist zu werden, für Ben erst einmal ausgeträumt.

Aber er wollte nicht aufgeben. Und wandte sich an Tim Jänke. Der schaffte mit seinem Einsatz, was manche für unmöglich hielten: Die Dienstvorschrift wurde geändert.

Damit war der Weg für Ben Höhn frei. Er startete sein Polizeistudium an der Fachhochschule in Altenholz.

Er hatte sich vorgenommen, seiner Klasse schon ganz am Anfang die Wahrheit zu sagen. Auch weil er keine unangenehmen Situationen erleben wollte. Doch es dauerte eine ganze Weile, bis er die WhatsApp-Nachricht so formuliert hatte, dass er sie auch abschicken konnte. Danach schaute er nicht mehr auf sein Handy. Die Sorge, seine Mitschüler:innen könnten abweisend reagieren oder überhaupt nicht, bestätigte sich nicht. Im Gegenteil. Aus der ganzen Klasse gab es viel Zustimmung. Heute ist das kein Thema mehr. Auch nicht bei der Wasserschutzpolizei, bei der Ben inzwischen arbeitet.

Ich lernte Ben Höhn und Tim Jänke im Frühjahr 2022 kennen. Die Landespolizei war damals dem »Bündnis für Akzeptanz und Respekt« beigetreten. Das Bündnis soll Diskriminierung bekämpfen und die Gleichstellung aller Menschen fördern.

Der Schleswig-Holstein-Saal im Kieler Landtag war gut gefüllt an diesem Abend. Und wenn viele auch als Zivilist:innen zu erkennen waren, weil sie keine Uniform trugen, die Uniformträger:innen dominierten das Bild. Viele mit silbernen und goldenen Schulterabzeichen waren dabei. Die Reden bezogen sich auf die Gesellschaft, die sich ändert. Mit ihr, so das Fazit, müsse sich auch die Polizei ändern. Es waren empathische Reden und Bekenntnisse, wie man sie sich an so einem Tag wünscht.

Eine Rede war ganz besonders. Ein FDP-Politiker hielt sie.

Heiner Garg war damals Minister für Soziales, Gesundheit, Jugend, Familie und Senioren in Schleswig-Holstein. Als er zum Rednerpult ging, um den Anlass zu würdigen, hatte er sein Manuskript dabei, aber daran hielt er sich offensichtlich nicht. Es wurde eine der persönlichsten Reden eines Politikers, die ich gehört habe.

1982 hatte er selbst sein Coming-out, erzählte Garg. Damals war er sechzehn Jahre alt. »Die Polizei war alles für mich. Nur nicht mein Freund und Helfer«, erinnert er sich. »Wir sind vor der Polizei davongelaufen.« Damals war der Paragraf 175 – der Schwulenparagraf – noch Gesetz. Und den setzten Polizisten damals rigoros um.

Nun saßen wir vierzig Jahre später in einem Saal des Landtages in Kiel, zusammen mit unzähligen Polizist:innen. »Polizei und Diversity und LGBTQI-Community – passt das zusammen?«, fragte der Sozialminister, der sein Redemanuskript längst zur Seite gelegt hatte. »Dass ich Jahrzehnte später – in Verantwortung – dastehen darf und mich darüber richtig, richtig freue, dass eine Landespolizei einem Bündnis für Akzeptanz und Respekt beitritt, ist schon irgendwie der Hammer.«

Danach gab er den Zuhörern noch etwas mit auf den Weg: »Das Gefühl, dass die Menschen in Uniform, die ja da sind, um uns zu beschützen und uns in Sicherheit zu wahren, dass da trotzdem manchmal so ein mulmiges Gefühl mitschwingt, das hat nichts damit zu tun, dass mein Auto keinen TÜV hat oder dass ich vielleicht zu viel getrunken hätte. Dieses mulmige Gefühl kommt aus der Jugend. Und heute ist dieses Gefühl wieder ein Stück kleiner geworden, weil der Beitritt für die queere Community etwas ganz Besonderes ist, was sie heute leisten. Dass sie sich an die Seite derer stellen, die in einer Notsituation einen Freund und Helfer brauchen. Darauf darf die Polizei heute stolz sein.«

Als 1981 das sogenannte Transsexuellen-Gesetz in Kraft trat, empfand ich das auch für mich als einen ganz wichtigen Schritt. Fast als eine Erlösung. Plötzlich schien möglich, was vorher unmöglich war. Zwar wurden schon seit Jahrzehnten Menschen, die sich in ihrem zugewiesenen Geschlecht nicht zu Hause fühlten, geschlechtsangleichend operiert. Eines der berühmtesten Beispiele ist die dänische Malerin Lili Elbe. Ihr und ihrem Mut wurden mit dem Film *The Danish Girl* ein Denkmal gesetzt.

Lili Elbe wurde 1882 in Dänemark geboren. Als Mann gelesen. 1930 war sie eine der ersten Personen in ganz Europa, die sich in der Frauenklinik in Dresden einer geschlechtsangleichenden Operation unterzog. Sie starb am 12. September 1931 in Dresden. Die Todesursache ist nicht bekannt, weil die Unterlagen der Klinik im Krieg vernichtet wurden. Von ihr stammt das schöne Zitat: »Ich kämpfe gegen die Voreingenommenheit des Spießbürgers, der in mir ein Phänomen, eine Abnormität sucht. Wie ich jetzt bin, so bin ich eine ganz gewöhnliche Frau.«

Die Operationen wurden damals und auch über das Jahr 1981 hinaus immer noch als »Geschlechtsumwandlungen« bezeichnet. Erst später fand man, auch mit wissenschaftlicher Unterstützung, mit »Geschlechtsangleichungen« die richtige Bezeichnung dafür.

Offiziell hieß das Transsexuellen-Gesetz »Gesetz über die Änderung der Vornamen und die Feststellung der Geschlechtszugehörigkeit in besonderen Fällen«. Damals wurde es von einer sozialliberalen Koalition beschlossen. Gerhart Baum von der FDP war Innenminister, Kanzler der Sozialdemokrat Helmut Schmidt. FDP und SPD machten mit diesem Gesetz allen Betroffenen vor mehr als vierzig Jahren sehr viel Hoffnung. Aber sie taten das nicht aus eigenem Antrieb. Drei Jahre vorher hatte eine Frau vor dem Bundesverfassungsgericht geklagt. Sie war bei der Geburt als Mann im Geburtenregister eingetragen worden. Nach einer geschlechtsangleichenden Operation wollte sie, dass ihr männlicher Vorname aus dem Register verschwindet und ihr neuer, weiblicher Vorname eingetragen wird. Die deutsche Bürokratie sah das aber nicht vor. Sie sollte, obwohl Frau, weiter mit dem ihr bei ihrer Geburt zugewiesenen Namen leben. Doch sie ließ sich diese Amtsschikane nicht gefallen.

Ihre Klage durch alle Instanzen landete am Ende vor dem Bundesverfassungsgericht, das im Oktober 1978 entschied, dass die Menschenwürde und die freie Entfaltung der Persönlichkeit so wichtig seien, dass der Geschlechtseintrag im Geburtenregister geändert werden muss. Voraussetzung war allerdings, dass es sich um eine Transsexualität handelte, die nicht mehr umkehrbar war, und dass es eine geschlechtsangleichende Operation gab.

Die sozialliberale Koalition reagierte. Schon zwei Jahre

später wurde das Transsexuellen-Gesetz verabschiedet. Am 12. Juni 1980 schenkte das deutsche Parlament transsexuellen Menschen ein Stück mehr Sicherheit, Anerkennung und Respekt. Allerdings war der Bundesrat noch nicht einverstanden. Das neue Gesetz musste noch durch den Vermittlungsausschuss. Aber dann stand ihm nichts mehr im Wege, und am 1. Januar 1981 trat das Transsexuellen-Gesetz (TSG) in Kraft. Übrigens auch mit Unterstützung der CDU.

Trotzdem war für Betroffene nicht alles paradiesisch. Geschlechtsangleichende Operationen waren verpflichtend, ebenso eine Hormonbehandlung. Wer verheiratet war, musste sich scheiden lassen. Die gleichgeschlechtliche Ehe gab es damals noch nicht. Aber vielen Menschen machte das Gesetz Hoffnung, endlich die Person sein zu können, die sie wirklich waren. Auch ich fühlte damals so etwas wie eine Aufbruchstimmung. Die hielt an, bis ich mit meinem empathischen Vorgesetzten im WDR-Landesstudio Düsseldorf sprach. Das Ergebnis des Gespräches zwang mir eine Entscheidung auf, die nicht leicht war. Aber auch nach Gesprächen mit Freundinnen und Freunden positionierte ich mich sehr bewusst gegen eine Personenstandsänderung. Damals schockte mich sicher auch die soziale Situation vieler Transsexueller. Auch wenn sie gesetzlich verbrieft ihren Personenstand ändern konnten, waren sie noch lange nicht gesellschaftlich anerkannt. Viele verloren ihren Job, lebten von Sozialhilfe, wie die staatliche Unterstützung damals noch hieß. Einige landeten gar als Sexarbeiter:innen in Verhältnissen, in denen sie gnadenlos ausgenommen wurden.

Es gab Zeitungen und Magazine, die wertschätzend über das Phänomen Transsexualität berichteten. Diese Beiträge las ich gerne. Aber es gab eben auch Zeitungen und Magazine, die das Thema eher herablassend und voyeuristisch angingen. Das war für mich immer ein Indiz dafür, dass eine eigene Transition in dem Beruf, in dem ich arbeitete, eher nicht ratsam war.

Stück für Stück stutzte das Bundesverfassungsgericht das Transsexuellen-Gesetz weiter zurecht. Im Januar 2011 kam dann das wohl wichtigste Urteil aus Karlsruhe. Heribert Prantl schrieb damals in der *Süddeutschen Zeitung*:

»Das Bundesverfassungsgericht hat die wesentlichen Bestimmungen des Transsexuellen-Gesetzes für verfassungswidrig erklärt. Eine Frau oder ein Mann muss sich künftig nicht mehr die Geschlechtsteile entfernen oder umformen lassen, um die personenstandsrechtliche Anerkennung im empfundenen Geschlecht zu erhalten. Es sei, so sagten die höchsten deutschen Richter, unzumutbar, von einem Transsexuellen zu verlangen, dass er sich derartigen risikoreichen, mit möglicherweise dauerhaften gesundheitlichen Schädigungen und Beeinträchtigungen verbundenen Operationen unterzieht, wenn sie medizinisch nicht indiziert sind, um damit die Ernsthaftigkeit und Dauerhaftigkeit seiner Transsexualität unter Beweis zu stellen.«

Die Richter bescheinigten dem Transsexuellen-Gesetz schlussendlich, dass es nicht dem Erkenntnisstand der Wissenschaft entspreche. Heribert Prantl schrieb dazu weiter: Es könne »nicht davon ausgegangen werden, dass das Vorliegen ernsthaft und unumstößlich empfundener Transsexualität allein daran festgestellt werden kann, dass der Betroffene mit allen Mitteln bestrebt ist, seine Geschlechtsorgane zu korrigieren«.

Kurzum: Operationen waren kein Indiz für die geschlechtliche Zugehörigkeit. Wichtig war laut dem Bundesverfassungsgericht, »wie konsequent der Transsexuelle in seinem empfundenen Geschlecht lebt und sich in ihm angekommen fühlt«.

Das war 2011 der Auftrag an die Politik, das überholte, in großen Teilen verfassungsfeindliche Transsexuellen-Gesetz durch ein Selbstbestimmungsgesetz zu ändern. Denn nichts anderes hatten die Richter gemeint. Dass jeder Mensch selbst bestimmt, wer er oder sie ist. Aber anders als Ende der Siebzigerjahre ließ die Politik sich dieses Mal Zeit. Viel Zeit. Für die Betroffenen wurde die Wartezeit zu einer Unendlichkeit. Ich frage mich immer noch, wie Politiker:innen eigentlich mit dieser Verantwortung umgehen. Was denken sie über diese verpassten Chancen und über die Menschen, für die das Warten zur Qual wurde? Manche von ihnen setzten ihrem Leben in der Zwischenzeit selbst ein Ende, weil sie ihre Lebenssituation einfach nicht mehr ertrugen.

Die SPD war zwar offen für ein Selbstbestimmungsgesetz. Konnte sich als Juniorpartner in der großen Koalition allerdings nicht gegen CDU und CSU durchsetzen. FDP und Grünen wurde es während der großen Koalition offensichtlich zu bunt. Sie brachten beide eigene Gesetzentwürfe für ein fortschrittliches Selbstbestimmungsgesetz auf den Weg.

Am 19. Mai 2021 stimmte der Bundestag über die beiden Gesetzentwürfe von FDP und Grünen ab. Ich setzte damals, wie viele andere auch, sehr auf die Sozialdemokrat:innen. Immerhin war Saskia Esken gemeinsam mit Norbert-Walter Borjans Parteivorsitzende. Esken gilt auch heute noch als Unterstützerin der LGBTQI-Community. In Stuttgart war sie 2023 Schirmherrin des CSD. Bei der Abstimmung über das Selbstbestimmungsgesetz spürte man das aber leider nicht. Die Abstimmung im Parlament war namentlich. Die SPD versteckte sich hinter der Koalitionsdisziplin. Ihren Abgeordneten war quasi untersagt, sich für das Gesetz starkzumachen. So stimmten selbst Abgeordnete, die für ein Selbstbestimmungsgesetz waren, gegen die Entwürfe von FDP und Grünen. Die allermeisten hielten sich daran. Mit ganz wenigen Ausnahmen. Eine Abgeordnete der SPD enthielt sich: Gülistan Yüksel.

Josip Juratovic, ebenfalls von der SPD, war noch mutiger. Juratovic stimmte für die Vorlage der Grünen und Özdemir für die der FDP. Beide bekamen hinterher in ihrer Fraktion den Zorn der anderen Abgeordneten zu spüren. Ich feiere sie heute noch dafür, dass ihnen Menschenrechte wichtiger waren als die Koalitionsdisziplin. Zumal die Tage der großen Koalition gezählt waren.

Hätten die Sozialdemokraten damals für einen der Entwürfe gestimmt, dann wäre den Betroffenen einiges an Hass und Hetze erspart geblieben und Selbstbestimmung wäre in

Deutschland viel früher Realität geworden. So aber gingen noch einmal zwei Jahre ins Land. Die Ampelkoalition schrieb schließlich im Koalitionsvertrag fest, dass das Transsexuellen-Gesetz von 1980 durch ein fortschrittliches Selbstbestimmungsgesetz ersetzt werden soll. Damit sollte der Auftrag, den das Bundesverfassungsgericht der Politik gegeben hatte, mehr als zehn Jahre nach dem richtungsweisenden Urteil aus Karlsruhe endlich erfüllt werden. Aber die Geburt des Selbstbestimmungsgesetzes geriet 2023 zu einem Kommunikationsdesaster. Den allermeisten Menschen in Deutschland ist Transsexualität und alles, was damit zusammenhängt, kein Begriff. Sie wissen schlicht nichts darüber, weil sie nie mit Betroffenen in Berührung gekommen sind.

Die Politik in Berlin ließ sich also Zeit. In diesem Wissensvakuum machten plötzlich Rechte und Genderkritische mobil gegen das neue Gesetz. Es sei ein Gesetz, das Männern erlaube, in Schutzräume für Frauen einzudringen, um dort Frauen sexuell zu belästigen, hieß es etwa in den sozialen Medien.

Kaum jemand hielt dagegen. So trieben diese Lügen ihre Blüten. Bald kam auch wieder die Behauptung dazu, dass trans* Frauen pädophil seien. Erneut hielt kaum jemand dagegen. Interessant ist, dass es den Feind:innen des Gesetzes fast ausschließlich um trans* Frauen ging, fast nie um trans* Männer. Zudem wurde diskutiert, ob man trans* Jugendliche und Kinder medizinisch unterstützen solle. Eine Frage, die das neue Gesetz gar nicht behandelt. Darin geht es ausschließlich um den Personenstand.

2022 verabschiedete Schottland ein Selbstbestimmungsgesetz, das aber von der Regierung in London kassiert wurde. Im Vereinigten Königreich tobt seit Kurzem ein erbitterter Kampf um die Rechte von trans* Menschen. Die konservative Regierung tut im Moment sehr viel, um die Selbstbestimmungsrechte der Betroffenen einzuschränken. So müssen Lehrerinnen und Lehrer an Schulen nicht dem Wunsch-Pronomen von Schüler:innen folgen, sondern können auf die ursprüngliche Ansprache zurückgreifen. Ebenso muss dem Wechsel nach einer Schuluniform für ein anderes Geschlecht oder dem Wunsch nach einem anderen Namen nicht gefolgt werden. Außerdem dürfen Schulen Eltern auch gegen den Willen ihrer Kinder darüber informieren, dass diese das ihnen zugeschriebene Geschlecht ändern wollen. Manche Genderkritischen sehen in der Politik der konservativen Regierung ein Vorbild, wie auch in Deutschland mit den Rechten von trans* Kindern und trans* Menschen umgegangen werden sollte. Doch dann wäre es um die Selbstbestimmung hierzulande geschehen.

Andere Länder haben ein solches Selbstbestimmungsgesetz längst. Allen voran Argentinien. Dort können Transsexuelle schon seit 2012 ihren Personenstand ohne lästige Gutachten und Gerichtsverfahren ändern. Inzwischen können trans* Menschen in fünfzehn Ländern selbstbestimmt leben. Dazu gehören unter anderen Malta, Portugal, Belgien und die Schweiz. Aus keinem der Länder sind Verbrechen bekannt, wie sie von Kritker:innen in Deutschland angeführt wurden, um das Gesetz zu torpedieren.

Die Ausfälle gegen ein solches Gesetz in Deutschland wurden mit der Zeit immer radikaler, besonders auf X. Anfangs waren es das Zögern und schließlich die Verweigerung der SPD, die mich zur Aktivistin für meine Community machten. Und dann der Hass und die Hetze, mit der Gegner:innen das Selbstbestimmungsrecht von transsexuellen Menschen bekämpften.

Die Welle startete in den USA. Dort tragen Evangelikale ihre Trans- und Homophobie wie eine Monstranz vor sich her. Sie wurden unter Donald Trump immer mächtiger und befeuerten einen Kulturkampf, der immer weitere Teile des einst so liberalen Amerikas erfasst. Dabei wird dreist gelogen. Frei nach dem Motto: Irgendetwas wird schon hängen bleiben. Die Rechnung ging auf. In manchen Staaten wurden die Rechte von trans* Menschen immer weiter eingeschränkt. Allen voran in Florida, wo der erzkonservative Gouverneur Ron DeSantis und seine republikanische Partei die Rechte queerer Menschen zunehmend einschränken.

An öffentlichen Schulen in Florida darf das Thema nicht behandelt werden. Das sogenannte »Don't say gay«-(Sag nicht schwul)-Gesetz diskriminiert zahlreiche Menschen. Das ist dem stramm rechten DeSantis egal. Ebenso wie die Kritik von Präsident Joe Biden, der fürchtet, dass mit dem Gesetz viele queere Jugendliche in die Isolation getrieben werden.

Auch die Rechte von Frauen werden in Florida zunehmend stärker eingeschränkt. Vor allem Abtreibungen werden dort – wie in einigen anderen Bundesstaaten – nahezu unmöglich gemacht. Bis zur Verabschiedung des Gesetzes durften Betroffene bis zur 15. Woche abtreiben. Mit dem Gesetz ist es nur noch bis zur fünften Woche erlaubt. Einige Betroffene werden so gezwungen, illegal eine Lösung für ihre Probleme zu suchen.

Dass ausgerechnet die ehemalige Staatsministerin Dorothee Bär aus der CSU DeSantis ihre Aufwartung machte, schockierte nicht nur mich. Ein amerikanischer Politiker, der Frauenrechte und die Rechte von Minderheiten mit Füßen tritt, wird durch den Besuch einer CSU-Delegation aus Bayern gewürdigt. Wie sehr liegen so einer Politikerin Frauenrechte am Herzen, das frage nicht nur ich mich.

Aus den Vereinigten Staaten und auch aus England wurde mit dem Hass auf queere Menschen auch die Ablehnung gegen das Selbstbestimmungsgesetz nach Deutschland gespült. In den anglophonen Ländern hatten einige prominente Frauen – darunter J. K. Rowling, Autorin der *Harry-Potter*-Reihe, oder die Tennis-Ikone Martina Navratilova – ihre transphobe Einstellung publik gemacht und ernteten damit Zustimmung bei anderen. Zwar unterstützt die überwiegende Mehrheit der Feministinnen trans* Menschen – darunter sind auch viele radikale Feministinnen –, aber es gibt eine Gruppe, die trans* Menschen – vor allem trans* Frauen – radikal ausgrenzt. Sie nennen sich genderkritische Feminist:innen. Von außen bekamen sie das Akronym *TERF* aufgedrückt. *Trans Exclusionary Radical Feminist* (Trans ausschließende radikale Feminist:innen). Das Ziel einiger dieser genderkritischen Feminist:innen ist nicht nur die Verhinderung eines Selbstbestimmungsgesetzes. Einige wollen sogar das Transsexuellen-Gesetz von 1980 abschaffen. Ihrer Meinung nach gibt es nur zwei Geschlechter: Mann und Frau. Und aus dieser biologischen Gesetzlichkeit kann ihrer Ansicht nach niemand ausbrechen.

Weil sie mit ihren Argumenten allein gegen die viel größere Unterstützung für trans* Menschen nicht ankommen, brachten sie einige Lügen ins Spiel, die nachweislich falsch sind. Aber wie das bei vielen Lügen in gesellschaftlichen Diskursen oft ist: Manche verfangen. Auch sie deuteten versteckt an, trans* Frauen seien pädophil. Meist war diese Aussage als Frage getarnt. Heute wird von ihnen in sozialen Medien unverhohlen »Finger weg von unseren Kindern« gefordert.

Doch überwältigend ist immer noch die Unterstützung aus der queeren Community.

Seit einigen Jahren finden am Vorabend der Pride-Demonstrationen an vielen Orten in der ganzen Welt Proteste für die Sichtbarkeit und Anerkennung lesbischer Frauen statt. In Berlin feierten die Teilnehmerinnen im Juli 2023 zehn Jahre Dyke*March in der Hauptstadt. In Interviews machte Mitbegründerin und Organisatorin Manuela Kay klar, dass von Anfang an auch trans* Menschen zu diesen Demonstrationen eingeladen waren, dass sie schon immer mitgemeint waren, wenn es um die Sichtbarkeit von queerem Leben ging.

Mich berührte ihre ausdrückliche Einladung an Menschen wie mich sehr. Also entschloss ich mich sehr kurzfristig, zum ersten Mal an einer Demonstration für lesbische

Sichtbarkeit teilzunehmen. Von jetzt an möchte ich in jedem Jahr mindestens einmal dabei sein.

Der Festsaal Kreuzberg liegt am Flutgraben in Berlin. Eine superschöne Ecke in der Hauptstadt, die ganz bewusst nicht mithalten will mit den geleckten, herausgeputzten Touristenmagneten der Stadt. Hierher verirren sich auch seltener die von Touristenführern geleiteten Besucher:innen Berlins.

Vor dem Festsaal liegt eine ausgedehnte Wiese. An diesem Freitagabend schien die Sonne. Auf dem Rasen hatte sich eine bunte Schar von Menschen niedergelassen. Hunderte saßen im Gras und warteten darauf, dass es losging. Viele trugen ihre Alltagskleidung, andere hatten sich herausgeputzt. Wie mein Freund Linus, den ich in Begleitung seiner Freund:innen auf der Brücke über den Flutgraben traf. Alle trugen Glitzer im Gesicht. Ich war fast ein wenig neidisch, dass ich nicht schon bei ihren Vorbereitungen dabei gewesen war.

Regenbogenfarben sah ich viele. Und auch die zartblau-rosa-weißen Transflaggen waren dabei. Was mich aber am meisten freute, waren die vielen Transparente und Schilder, auf denen die Träger:innen deutlich machten, dass trans* Frauen Frauen und trans* Männer Männer sind. Und dass genderkritische Feminist:innen (TERF) ausdrücklich nicht willkommen seien auf einer Demonstrationen, die sich ausdrücklich für Vielfalt einsetzt. Aussagen, die von fast niemandem unter den rund neuntausend Teilnehmer:innen infrage gestellt wurden.

Der Zug zog langsam über die Puschkinallee. Die vielen Polizist:innen, die dabei waren, hatten nicht viel zu tun. Das hier war eine sehr diverse, bunte und lebensfrohe Gemeinschaft.

Ich fühlte mich mitgenommen und mit mir noch viele andere, die so waren wie ich. Was für ein schönes Gefühl. Warum kann das nicht immer so sein, fragte ich mich.

Irgendwann beschloss ich, mich von meinen Begleiter:innen zu trennen. Ich wollte den ganzen Demonstrationszug überholen, bis zur Spitze gelangen und dann alle an mir vorüberziehen lassen. Nach einer Viertelstunde erreichte ich mein Ziel. Ganz vorne trugen Teilnehmer:innen ein Transparent in den Farben Rot und Blau. Darauf stand in großen weißen Lettern das Motto »Dyke* March Berlin – The Future is Dyke«. Was so viel wie »Die Zukunft ist lesbisch« heißt. Und dahinter ein nicht enden wollender Strom von Menschen. Mir bedeutete dieses Bild mehr als die CSD-Pride, die am nächsten Tag durch das Berliner Zentrum zog.

Nach all der Ablehnung und dem Hass, der Menschen wie mir auf X entgegenschlägt, war dieser Dyke*March Balsam für die Seele. Und mir wurde wieder einmal bewusst, dass die Gesellschaft viel bunter und offener ist, als das in den sozialen Medien den Eindruck erweckt.

In Deutschland nutzen laut einer ARD/ZDF-Onlinestudie etwa zehn Prozent der Menschen ab vierzehn Jahren X (früher Twitter) mindestens einmal im Monat. Darunter sind meistens Journalist:innen, Politiker:innen, Anwält:innen.

Aber wer sich dort regelmäßig bewegt, gewinnt den Eindruck, dass X der Nabel der Welt sei. Und auch die Hater:innen sind nur eine verhältnismäßig kleine Gruppe. Sie wissen den Dienst nur besser zu nutzen, sind gut vernetzt und erwecken so den Eindruck, dass ihre Hass-Tweets der Mehrheitsmeinung entsprechen. Die allermeisten kaufen sich auch den blauen Haken, der ihre Tweets bevorzugt behandelt und so hervorhebt. Den Rest erledigen Bots.

Hass und Hetze gab es auf dieser Plattform schon von Anfang an. Im US-amerikanischen Wahlkampf nutzte Donald Trump X nahezu perfekt für seine Lügen. Aber seitdem Elon Musk Twitter übernahm, es in »X« umbenannte und dort ein rigides Regime für die freie Rede führt, wird es zunehmend unerträglicher. Seit seiner Übernahme ignoriert die Plattform zunehmend auch Gesetze, die sich in der Europäischen Union gegen Hass im Netz richten. Tweets mit eindeutig verletzendem Inhalt werden entweder gar nicht oder nur sehr schleppend gelöscht. Seitdem ich mich als Aktivistin für die Rechte von trans* Menschen einsetze, bleibe ich nicht still, wenn es darum geht, diejenigen zur Verantwortung zu ziehen, die Hass und Hetze auf ihren Plattformen möglich machen. Es geht nicht darum, Kritik zu unterbinden. Auch nicht Kritik an mir und meiner Rolle, aber auf X werden so viele justiziable Posts veröffentlicht, dass ich mich frage, wie die Politik das so lange durchgehen lassen konnte. Mit diesem Hass verdienen die sozialen Netzwerke mehr Geld als mit respektvollen Posts. Abwertende, menschenverachtende Tweets generieren mehr Klicks. Und mit jedem Klick verdienen Elon Musk, Mark Zuckerberg und andere Geld. Am Ende spült ihnen der Hass Milliarden in die Taschen. Wie kann die Politik nahezu tatenlos zusehen?

Ich werbe dafür, dass das Geld, das die Konzerne mit dem Hass verdienen, abgeschöpft wird. Dass damit die verbalen Angriffe bekämpft werden. Wir könnten damit mehr Staatsanwält:innen, Richter:innen und mehr Polizist:innen bezahlen. Außerdem könnten wir Aufklärungsarbeit leisten und für eine Gesellschaft werben, die divers, tolerant und respektvoll miteinander umgeht.

Jedenfalls warten wir schon viel zu lange darauf, dass X, Facebook und Co endlich selbst aktiv werden. Sie tun immer gerade so viel, wie sie müssen.

Im Frühjahr 2023 verabschiedete die Regierung im ostafrikanischen Uganda Gesetze gegen queere Menschen. Die Strafen reichen bis zur Todesstrafe zum Beispiel für homosexuelle Beziehungen. Auch trans* Menschen – besonders trans* Frauen – sind davon bedroht. Im April veröffentlichte die *Süddeutsche Zeitung* ein Bild, das fünf Frauen zeigt, die Zuflucht in einer Kirche gesucht haben. In der Bildbeschreibung wird deutlich, dass es sich um trans* Frauen handelt, die um ihr Leben fürchten müssen.

Das Bild ist so beschnitten, dass es die Frauen nur von der Brust abwärts zeigt. Würde man ihre Gesichter sehen, wären sie für die Behörden in Uganda viel zu leicht zu identifizieren. Ich twitterte das Bild, weil mich das Schicksal meiner Schwestern in Uganda sprachlos machte. Es gab viele mitfühlende Kommentare darunter. Einige genderkritische Feministinnen ließen ihre Empathie für die bedrohten Menschen allerdings nicht durchblicken.

»Es sind Männer«, schrieb eine.

»Man sieht es an den großen Schuhen. Es sind Männer. Niemand kann sein Geschlecht wechseln«, eine andere.

Wie schön, dass jemand darunter kommentierte, ab welcher Schuhgröße ein Mensch denn eine Frau sei. Das tut gut. Was nicht guttut, ist die massive Ablehnung, manchmal gar der Hass, der sich hinter solchen Antworten verbirgt. Die Ignoranz gegenüber dem Fakt, dass hier Menschen abgebildet sind, denen der Tod droht, sobald sie erwischt werden.

Am 27. Januar 2023 hat der Deutsche Bundestag in der Gedenkstunde für die Opfer des Nationalsozialismus ausdrücklich auch der Verfolgten und Ermordeten sexueller Minderheiten gedacht. Die Initiative dafür hatte der deutsch-niederländische Schriftsteller Lutz van Dijk schon 2018 mit einer Petition gestartet, in der er anregte, dass der Bundestag in einer der Gedenkstunden auch an die Opfer sexueller Minderheiten im Nationalsozialismus erinnern sollte. Eine der ersten Unterzeichnerinnen dieser Petition war die Niederländerin Rozette Kats.

Rozette Kats, geboren im Mai 1942, war als Kind während der deutschen Besatzung von ihren jüdischen Eltern einem niederländischen Ehepaar anvertraut worden. Sie vertrauten diesen Menschen ihre kleine Tochter an, weil sie ahnten, dass die Nazis die Juden systematisch ausrotten wollten. Kurze Zeit nachdem sie Rozette in Obhut gegeben hatten, wurden die Eltern deportiert und ebenso wie Rozettes neugeborener Bruder in Auschwitz-Birkenau ermordet.

Es rührt mich immer noch, dass diese Frau, die genug Leid am eigenen Leib zu spüren bekommen hatte, sich auch des Leids der queeren Verfolgten im Nationalsozialismus annahm.

Sie hielt an jenem Freitagmorgen während der Gedenkveranstaltung in Berlin auch eine Rede. In ihrer Ansprache machte sie deutlich, worum es ihr ging: »Jeder Mensch, der damals verfolgt wurde, verdient achtungsvolle Erinnerung. Jeder Mensch, der heute verfolgt wird, hat Anspruch auf unsere Anerkennung und unseren Schutz.« Sie wünschte sich, dass Diskriminierungen nicht als normal empfunden werden, sondern als schreckliche Abweichungen, die es zu bekämpfen gilt.

Wie wichtig ihre Rede war, zeigte sich nicht nur im Parlament, sondern auch in den sozialen Netzwerken. Dort brach ein Sturm der Entrüstung unter anderem bei den genderkritischen Feminist:innen los.

Bundestagspräsidentin Bärbel Bas hatte viele Betroffene der marginalisierten Gruppen zu dieser Gedenkfeier eingeladen. Dazu gehörte auch ich. Das passte weder den Rechtsextremen noch den Genderkritischen. Sie warfen der Bundestagspräsidentin vor, den Holocaust zu verharmlosen, indem an Gruppen erinnert würde, die ihrer Ansicht nach davon gar nicht betroffen gewesen seien.

Es stimmt: Queere Menschen wurden nicht verfolgt, weil es das Wort *queer* damals noch gar nicht gab.

Auch trans* Menschen sucht man vergebens unter den Opfern. Diese Kategorie gab es im tausendjährigen Reich ebenfalls noch nicht. Viele trans* Frauen wurden zum Beispiel Transvestiten genannt. Mit einem sogenannten Transvestitenschein durften sie damals in der Kleidung ihres wirklichen Geschlechts in die Öffentlichkeit. Das bedeutete aber nicht, dass sie nicht in Konzentrationslagern landen konnten wie homosexuelle Menschen auch. Ferda Ataman erinnerte vor dem Gedenktag an die diskriminierten Gruppen, was ihre ureigene Aufgabe als Antidiskriminierungsbeauftragte ist. Ihr warf man vor, dass sie den Holocaust verleugne. Was kompletter Unsinn ist.

Die Beleidigungen in den sozialen Netzwerken waren zum Teil menschenverachtend. Da ging es nicht mehr um eine gesellschaftliche Debatte, sondern nur noch um eine Kampagne gegen Minderheiten. Aber es zeigt, wie soziale Medien gesellschaftliche Diskussionen steuern. Und die, die unsere demokratische Gesellschaft von innen heraus aushöhlen wollen, sind da besonders gut vernetzt.

Seit geraumer Zeit tun sich Rechtsextreme und -radikale mit den Genderkritischen zusammen. Sie arbeiten auf den sozialen Plattformen Hand in Hand. Gemeinsam fahren sie regelrechte Kampagnen, in denen ganz bewusst gelogen wird. Diejenigen, die Desinformationen verbreiten, wissen schon, dass sie lügen. Das macht ihnen aber nichts. Auf die Spitze trieben sie es, als im Juni 2023 die Stadtteilbibliothek in München-Bogenhausen zu einer Drag-Lesung für Kinder mit dem Titel *Wir lesen euch die Welt, wie sie euch gefällt* einlud.

Es war die zweite Veranstaltung dieser Art. Solche Drag-Lesungen sind bei weltoffenen Eltern und ihren Kindern gleichermaßen beliebt. 2022 gab es in München absolut keine Kritik an dieser Veranstaltung. Aber im Juni 2023 geschah etwas Beschämendes.

In Bayern war Landtagswahlkampf, vor der Bibliothek stand plötzlich eine Bühne der AfD. Mit der Partei gaben sich Abtreibungsgegner:innen und Querdenker:innen ein Stelldichein, auch einige Genderkritische demonstrierten gegen die Veranstaltung. Bereits Wochen vorher war die Debatte in die sozialen Medien getragen worden. Plötzlich war von Indoktrination die Rede. Und die Warnung »Hände weg von unseren Kindern« machte wieder die Runde. Die AfD hatte entsprechende Plakate aufgehängt, die nach Meinung der CSD-Organisator:innen sehr an die Propaganda der Dreißigerjahre erinnerten. Darauf macht sich ein geschminkter Bartträger an ein verängstigtes Kind heran, die Forderung »Genderpropaganda verbieten« stand groß unter der Einladung zur Protestkundgebung. Auch die CSU tat sich in der Debatte besonders hervor. Ich kann nur vermuten, dass es auch aus Angst vor einem Stimmenverlust zugunsten der AfD geschah. Jedenfalls sprach sie vom »Gender-Gaga«. Eine Phrase, die auch gerne von AfD-Politiker:innen benutzt wird.

Hubert Aiwanger, der Chef der Freien Wähler in Bayern und stellvertretender Ministerpräsident, sah das Kindeswohl gefährdet und forderte ein Einschreiten des Jugendamtes. Auch der sozialdemokratische Oberbürgermeister der Stadt München, Dieter Reiter, teilte mit, er »würde mit seinen Enkelkindern nicht hingehen«. Später sprach er sich allerdings gegen ein Verbot der Veranstaltung aus und machte damit einiges wieder wett.

Die CSU blieb bei ihrer ablehnenden Haltung. Martin Huber, Generalsekretär der Partei, schrieb auf X, dass Vierjährige mit Bauklötzen spielen sollten und nicht mit woker Frühsexualisierung indoktriniert werden. Seine Partei bekam dafür die Quittung.

Die Partei von Ministerpräsident Markus Söder hatte sich für den CSD am 24. Juni angemeldet. Die fünf verantwortlichen Vereine nahmen die Anmeldung nicht an. Der CSU-Truck war nicht erwünscht. Und das nicht nur wegen der Aussage »Gender-Gaga«. Voraussetzung für die Teilnahme sei der glaubhafte und konsequente Einsatz für gleiche Rechte und gesellschaftliche Akzeptanz aller queeren Menschen, so die Veranstalter:innen. Mit der Forderung, die Drag-Lesung zu verbieten, erscheine die Partei wenig glaubhaft.

In Hamburg gab es 2023 ein ähnliches Szenario wie in München. Der CSD in der Hansestadt widmete sich ausdrücklich dem Motto »Selbstbestimmung jetzt«. Die Forderung, dass das Selbstbestimmungsgesetz endlich verabschiedet wird, war das zentrale Thema der Pride in der Hansestadt. Die CDU fasste nur wenige Wochen vorher einen Entschluss, in dem sie sehr deutlich das Selbstbestimmungsgesetz ablehnte.

Zweihunderttausend Menschen zogen am 5. August 2023 durch die Hamburger Innenstadt. Die CDU war nicht dabei. Hamburg Pride hatte sie ausgeladen. Zu Recht, wie ich meine. Und trotzdem waren die Tränen groß, die man in der Partei weinte, weil man doch Toleranz und Respekt auch mit marginalisierten Gruppen zeige. Nun ist die Hamburger CDU eher nicht so bedeutend im bundesweiten Vergleich. Dass sie aber extrem rückständig ist, hätte ich angesichts der weltoffenen Tradition der Hansestadt nicht für möglich gehalten.

Ich glaube nicht, dass ich zur Aktivistin geboren wurde, obwohl ich schon einige Eigenschaften in die Wiege gelegt bekam, die wichtig sind, wenn man sich für ein bestimmtes gesellschaftspolitisches Thema begeistert. Vor meiner »Offenbarung« interessierte ich mich zwar sehr für queere Themen, setzte mich aber nie öffentlich damit auseinander. Zu groß war die Sorge, dass man mir auf die Schliche kommen könnte. Ich bildete mir immer ein, dass meine Umwelt, die von meinem wahren Ich nichts wusste, dieses so hätte entdecken können. Deshalb ging ich auch nie zu Veranstaltungen wie einem CSD, der in Düsseldorf oder Köln leicht zu erreichen gewesen wäre. Ich traute mich schlicht nicht.

Aus Gesprächen weiß ich, dass es eine Menge Menschen gibt, denen es ähnlich geht wie mir damals. Angst vor Entdeckung ist etwas Schreckliches. Sie schnürte mir manchmal die Kehle zu. Ich hatte den Eindruck, durch einen Tunnel zu fahren, der nie zu Ende ist.

Vor ein paar Monaten hatte ich ein sehr bewegendes Gespräch mit einer Frau im Westerwald geführt, die Trauerrednerin von Beruf ist. Sie geht in dieser Berufung förmlich auf, weil sie sehr empathisch auf die Menschen eingeht, die sich in einer sehr schweren Situation befinden: Sie haben einen Menschen verloren. Sie trauern, und sie brauchen Kraft. Die gibt sie ihnen. Und das schönste Lob ist für sie, wenn die Trauernden am Ende sagen, dass sie es ihnen leichter gemacht hat.

Sie erzählte mir von einem jungen trans* Mann, der sechzehn Jahre alt war. Seine Familie stand hinter ihm. Viele Freund:innen auch. Aber all diese Unterstützung half ihm nicht gegen die ständigen Anfeindungen aus der Gesellschaft. Am Ende sah er keinen Ausweg mehr und nahm sich das Leben.

An ihn musste ich denken, als ich einen Tag später ein Interview mit Alice Schwarzer im *Spiegel* las, in dem sie wieder einmal die Ansicht äußerte, dass Trans* eine Mode sei, der viele junge Menschen – vor allem Mädchen – verfielen. Sie ist darin unverbesserlich. In der Überschrift war gar ihr Zitat zu lesen, dass Trans* gleichzeitig die größte Provokation sei.

Ja, es gibt heute viel mehr junge Menschen, die sich als trans* outen. Das geschieht aber, weil unsere Gesellschaft weit offener ist und weil es heute leichter ist, zu seinem eigenen Ich zu stehen.

Alice Schwarzer hat unendlich viel für Menschen wie mich getan. Sie sorgte in einer Zeit, als die spießige Gesellschaft Frauen als Wesen zweiter Klasse behandelte, dafür, dass ganz langsam ein Umdenken stattfand. Sie stieß einen Prozess an, der die Gleichberechtigung langsam in die gesellschaftliche Diskussion einführte. Damit sorgte sie für ein liberaleres Deutschland, das für Vielfalt und Respekt offener wurde. Leider ist ihre Haltung gegenüber trans* Menschen heute nicht mehr sehr fortschrittlich.

Am 23. August 2023 verabschiedete das Bundeskabinett endlich den Gesetzentwurf für das Selbstbestimmungsgesetz und schickte es auf die Reise durch die Parlamentsdebatten und Abstimmungen. In den sozialen Medien folgten darauf wieder Ablehnung und Hass. Und auch Betroffene bekamen wieder den Hass mancher Zeitgenoss:innen zu spüren. Weil ich mich für dieses Gesetz einsetzte, wurde mir auf X einiges in die Timeline geschrieben, viel davon war extrem beleidigend und abwertend. Ich frage mich oft, was das eigentlich mit einem Menschen macht, wenn er ständig diese Herabwürdigungen lesen muss. Ich lasse sie einfach nicht an mich heran. Aber, und das ist viel wichtiger: Manches positive Erlebnis im Leben hilft sehr gut über diese negativen Erfahrungen hinweg.

Um einen Teil dieses Buches zu schreiben, fuhr ich für einige Tage in ein Kloster, in die Abtei Marienstatt im Westerwald. Das war eine sehr kluge Entscheidung.

Das Kloster Marienstatt liegt in der Nähe von Hachenburg in einem Tal am Flüsschen Nister. Es ist ein wunderschöner Ort. Im kleinen Barockgarten konnte ich stundenlang sitzen und vor mich hinträumen. Die Kirche ist eines der ersten gotischen Gotteshäuser im Rechtsrheinischen. Sie hat eine wunderbare Akustik. Ich bin nicht religiös, aber der Aufenthalt in Marienstatt tat mir gut.

Vierzehn Zisterzienser-Mönche leben in Marienstatt. Ihr Motto haben sie auch auf der Internetseite des Klosters stehen: *Porta patet – cor magis* (Die Tür ist offen – das Herz weit mehr).

Am Abend bevor das Bundeskabinett über das Selbstbestimmungsgesetz entscheiden wollte, taten mir Marienstatt und ganz besonders ein Mensch dort sehr gut.

Heidi Kunz arbeitet in der Küche des Klosters und versorgt auch die Besucher, die im Gästerefektorium essen. Sie ist Schweizerin und spricht mit einem wunderbaren eidgenössischen Dialekt. Im Kloster Marienstatt ist Kunz so etwas wie eine gute Seele.

Wir hatten uns bei meinem Aufenthalt nur wenige Male persönlich gesehen. Beim Abendessen kam sie ab und an aus ihrer Küche herüber und fragte uns Gäste, ob wir noch etwas haben wollten. Doch an einem Abend flog plötzlich die Tür zum Gästerefektorium auf, und sie kam laut sprechend hinein.

»Jetzt weiß ich, wer Sie sind!«, rief sie mir freudestrahlend zu. »Ich hatte so eine Ahnung. Aber ich musste das erst einmal googeln. Dass mir das hier im Kloster passiert. Das glaubt mir ja keiner.«

Das war wieder so ein Glücksmoment, den ich mein Leben lang nicht vergessen werde.

Wir gingen dann gemeinsam in die Klosterküche und machten zwischen den riesigen Kochherden Fotos. Dort erzählte sie mir dann, dass sie ab und an im Internet lese, wenn andere über mich herziehen, und dass sie mich jetzt jedes Mal verteidigen würde, wenn sie das mitbekommen würde. Danke.

Gespräche und Treffen wie dieses zeigen mir, dass trans* Personen und ihre Geschichten von vielen Menschen gesehen werden. Und auch wenn das Selbstbestimmungsgesetz am Ende sehr viel weniger fortschrittlich ausfiel als geplant, freue ich mich, dass endlich Bewegung in die unselige Diskussion um die Rechte von trans* Menschen gekommen ist. Es ist vermutlich eine kleine Gruppe, und gesicherte Zahlen für Deutschland, wie viele trans* Personen hier leben, lassen sich nur erahnen. Das Statistische Bundesamt hält fest, dass sich im Jahr 2021 fast zweitausendsechshundert Menschen einer geschlechtsangleichenden Operation unterzogen haben – ein Fünftel mehr als ein Jahr zuvor. Für die Recherche zu diesem Buch wollte ich vom Bundesjustizministerium wissen, wie viele Menschen in Deutschland sich als »trans« definieren. Eine Zahl ließe sich nicht präzise beziffern, lautete die Antwort. Lediglich, dass sich die Zahl der Gerichtsverfahren nach dem Transsexuellen-Gesetz in den Jahren 2013 bis 2021 von 1417 auf 3232 mehr als verdoppelt habe.

Das Williams Institute an der University of California in Los Angeles kam in einer Befragung zu dem Schluss, dass sich 0,6 Prozent der Menschen in den Vereinigten Staaten als »transgender« bezeichnen.

Die Aufforderung, die Rechte von trans* Menschen neu zu definieren, kam nicht nur vom Bundesverfassungsgericht. Auch der Europarat empfahl europaweit, die Rechte von trans* Menschen zu liberalisieren.

Meine Erwartungen an das Selbstbestimmungsgesetz sind nicht besonders groß. Das Gesetz regelt zwar den behördlichen Umgang mit trans* Menschen, aber viel mehr kann es nicht leisten.

Gesetze ändern keine Menschen. Gesetze schaffen juristische Grundlagen. Für die gesellschaftliche Akzeptanz müssen die Menschen selbst sorgen.

Viele Unternehmen sind hierbei schon sehr weit. Sie formulieren selbst Regeln, wie sie und ihre Mitarbeiter:innen mit trans* Menschen in ihren Betrieben und ihren Büros umgehen möchten. Sogenannte Transgender-Handbücher sind eine wichtige Handreichung in einer Arbeitsgesellschaft, die aktuell mit einem Thema konfrontiert wird, das zwar nicht neu ist, mit dem sich viele aber noch nicht auseinandergesetzt haben. Die Transgender-Handbücher geben Empfehlungen für den täglichen Umgang miteinander, und wenn sie ganz besonders gut sind, finden auch Betroffene Ratschläge, wie sie auf die Herausforderungen in der Zusammenarbeit mit ihren Kolleg:innen reagieren können.

Es ist entscheidend, dass alle Geduld miteinander haben. Wenn Kolleg:innen, die viele Jahre mit Karin gearbeitet haben, nun plötzlich mit Markus in einem Büro sitzen und ab und an den Deadname, den alten Vornamen, nennen, dann ist das häufig keine Absicht, sondern einfach eine alte

Gewohnheit. In diesen Momenten tut es beiden Seiten gut, wenn man dieses Deadnaming nicht überbewertet nimmt. Dennoch kann jeder trans* Mensch erwarten, dass er mit Wertschätzung und Respekt behandelt wird. Viele, die transitionieren, sind danach sehr viel engagiertere Kolleg:innen als früher. Einfach schon deshalb, weil das Leben für sie einfacher geworden ist. Weil sie sich nicht mehr verstecken müssen. Weil sie ihr Glück gefunden haben. Und weil sie keine Kraft mehr darauf verschwenden müssen, eine Rolle zu spielen.

Natürlich wird aus rechtsextremen Kreisen immer wieder gegen Unternehmen agitiert, die Transgender-Handbücher erarbeitet haben, weil ihnen wichtig ist, dass alle wertgeschätzt werden. Viele Unternehmen aus Deutschland machen mit, wie etwa SAP, RWE, Otto und BASF. Einmal wurde die Deutsche Telekom Opfer einer solchen Attacke, die nur zum Ziel hatte, das Projekt zu diskreditieren. Dabei war das Handbuch bereits ziemlich erfolgreich. Nach Veröffentlichung der ersten Ausgabe hatte die Telekom so viele weitere Hinweise aus ihren Teams bekommen, dass diese in einer zweiten Auflage berücksichtigt wurden. Das hat die Kritiker:innen nicht davon abgehalten, mit falschen Behauptungen und Halbwahrheiten die Öffentlichkeit weiter aufzustacheln. Gottlob ist die Attacke wenig erfolgreich gewesen. Was mich allerdings irritiert hat, ist, dass andere Unternehmen, in denen ebenfalls Transgender-Handbücher existieren, der Telekom nicht zur Seite gesprungen sind.

Mir wird aus genderkritischen Kreisen ab und an vorgeworfen, ich hätte meine Karriere als Mann gemacht, nur um mir dann am Ende meines Lebens die Rosinen als Frau herauszupicken. Wer nur einmal kurz meinem X-Account einen Besuch abstattet, wird feststellen, dass viele der Rosinen faul sind: Hass, Beleidigungen, Herabwürdigungen sind dort allgegenwärtig. Wie verblendet muss man sein, solche Argumente in eine Diskussion einzubringen, die am Ende nur dazu dient, trans* Menschen herabzuwürdigen?

Tessa Ganserer, die für die Grünen im Deutschen Bundestag sitzt, muss diese Beleidigungen nicht nur in sozialen Netzwerken über sich ergehen lassen. Sie wird immer wieder besonders von Politiker:innen der AfD aufs Äußerste beleidigt. Beruhigend ist, dass die meisten anderen Parlamentarier:innen sich dem nicht anschließen. Viele protestieren gar lautstark gegen das menschenverachtende Verhalten. Ich wünsche mir, dass mit dem Selbstbestimmungsgesetz diese Herabwürdigungen ein Ende haben. Dass es trans* Menschen leichter gemacht wird, sie selbst zu sein, zu sich zu stehen, ihr Leben frei bestimmt zu leben.

Dass Gesetze keine Gesellschaft ändern, habe ich schon geschrieben, aber Gesetze sind umgekehrt der Spiegel einer Gesellschaft. Wir sind in Deutschland weiter, als viele uns das glauben machen wollen. Nur leider sind die, die gegen eine diverse Gesellschaft kämpfen, viel lauter als die, die sich sehr wohl damit fühlen.

Die CSD-Demonstrationen waren 2023 in Deutschland die größten, die je stattgefunden haben. Millionen Menschen demonstrierten, dass sie für eine Gesellschaft kämpfen, die alle mitnimmt und deren Symbol der Regenbogen ist. Der Regenbogen ist kein politisches Symbol, wie viele Rechte das gerne immer wieder behaupten. Er ist ein gesellschaftliches Statement, das auch den kulturellen Fortschritt und die Diversität symbolisiert.

»Mein Leben ist das schönste Geschenk, das ich je bekommen habe«

Ich liebe meinen Beruf. Als Journalistin habe ich großartige Menschen und Länder kennengelernt, tolle Geschichten erlebt und erzählt. Und obwohl ich längst in Rente bin, geht mir trotzdem bis heute der Berufswunsch, den ich als Kind hatte, nicht aus dem Kopf. Als Pilotin wäre ich – da bin ich mir sicher – an dem Ort gewesen, wo ich vielleicht noch ein bisschen glücklicher gewesen wäre. Am Steuer eines großen Flugzeugs, Menschen und Dinge an andere Orte bringen und die Welt entdecken lassen. Im April 2023 lernte ich eine großartige Frau kennen, die mich mit ihren Erzählungen aus der Luft wieder zum Träumen gebracht hat.

Raja ist Pilotin bei der Lufthansa. Wir saßen während eines Flugs nebeneinander, und sie erzählte mir, dass sie ihre Arbeit beendet hatte und nun auf dem Weg nach Hause war, nach Düsseldorf. Irgendwann platzte es aus mir heraus: dass sie meinen Traumberuf ausübte. Bis zur Landung unterhielten wir uns ununterbrochen über ihre Arbeit, und ich erzählte ihr von meinem Idol Helen Geering, die auf Instagram regelmäßig darüber berichtet, wie es ist, als Pilotin bei British Airways zu arbeiten. Raya und Helen teilen eindeutig diese Leidenschaft für das Fliegen. In der Nähe von Rajas Elternhaus gibt es einen Segelflughafen. Sie konnte mit fünfzehn Jahren bereits ein Segelflugzeug alleinverantwortlich steuern, noch bevor sie den Führerschein für das Auto machen konnte. Auch Raja hatte schon darüber nachgedacht, einen Instagram-Account anzulegen und über ihren Berufsalltag zu berichten. Unsere Begegnung bestärkte sie darin. Ein Jahr später folgten ihr bereits rund achtundzwanzigtausend Menschen. Mit ihrem Instagram-Account »raja_in_the_sky« möchte sie vor allem jungen Frauen zeigen, dass auch sie Pilotinnen werden können und wie viel Freude der Beruf macht. Ich freue mich über jeden Post und jedes Reel von ihr. In den Kommentaren sehe ich, dass Raja für viele ein echtes Vorbild ist. In ihren Videos zeigt sie, wie sie frühmorgens im Sonnenaufgang das Flugzeug zu Fuß umrundet, um zu schauen, ob alles in Ordnung ist, wie souverän sie fliegt und landet. Ich würde ihr blind vertrauen, säße ich in einem Flugzeug, das sie steuert.

Wie sich die Zeiten geändert haben. In meiner Jugend und auch noch Jahre danach wäre es undenkbar gewesen, dass Frauen Linienflugzeuge steuern. Vielen wurde nicht zugetraut, ihr Leben selbst in die Hand zu nehmen. Heute sind Frauen zum Glück viel selbstbewusster, auch wenn noch viel erreicht werden muss, damit sich die Gesellschaft weiterentwickeln kann. Umso mehr irritiert es mich, dass es immer noch Menschen – darunter offenbar viele Männer –

gibt, die Frauen solche Berufe nicht zutrauen. Raja hat ihnen auf ihrem Account einmal sehr deutlich gesagt, was sie von diesen Widerständen hält: »An alle Männer, die sich von weiblichen Pilotinnen getriggert fühlen: Wir sind gekommen, um zu bleiben. Und: Wir sind hier, um das Ding zu rocken.«

Für mich war es am 31. August 2023 dann so weit: mein letzter Arbeitstag. Und diesen zelebrierte ich auch. Dafür zog ich mein schwarzes Kostüm an und fuhr noch einmal als WDR-Redakteurin nach Köln. Dort verabschiedete ich mich persönlich von einigen Kolleg:innen und ging dann vor das »Vierscheibenhaus«, so heißt das zentrale Gebäude des WDR. Da steht eine große Plastik der »Maus«, die für viele – auch für mich – den Westdeutschen Rundfunk mehr symbolisiert als alle Typografien und Logos.

Ein lieber Kollege, den ich zufällig in diesem Moment traf, fotografierte die Maus und mich. Es ist ein Bild, das ich sehr mag. Danach twitterte ich es und schrieb darunter: »Mach's gut, lieber WDR. Es war mir eine Ehre und eine Freude. 40 Jahre und 8 Monate lang.«

Und an meine fast viertausend Kolleginnen und Kollegen durfte ich einen Abschiedsbrief schreiben, der an meinem letzten Arbeitstag im unternehmenseigenen Intranet veröffentlicht wurde:

Brief an meinen WDR

»Jetzt ist die Zeit also vorbei. 40 Jahre und 8 Monate – auf den Tag genau. Und mir ist, als könnte das doch noch gar nicht vorbei sein. Als hätte ich vor Kurzem erst angefangen.

Am 3. Januar 1983 im Landesstudio Düsseldorf, das damals noch im Erdgeschoss des *RWI*-Hauses an der Neusser Straße zu Hause war. Die erste Konferenz, an der ich teilnahm. Die ersten Drehs, zu denen Kolleginnen und Kollegen mich mitnahmen. Kameramänner und bald auch -frauen, die mir zeigten, worauf es ankam. Und Cutterinnen und Cutter, die nicht nur mit dem neumodischen U-Matic-Material umgehen konnten, sondern auch virtuos mit richtigem Film, der noch entwickelt werden musste und durchs Kopierwerk lief. Dessen einzelne Szenen am »Galgen« aufgehängt wurden, und die für die Arbeit weiße Stoffhandschuhe trugen, damit der Film keine Kratzer bekam.

Der erste Beitrag, den ich als Autor zu verantworten hatte. Ein iranischer Diplomat, der über den Düsseldorfer Flughafen in die Bundesrepublik einreisen wollte und in dessen Gepäck der Zoll eine Menge Rohopium fand. Dr. Sadegh Tabatabai hatte offenbar geglaubt, sein Diplomatenpass würde ihn vor dem neugierigen Zoll schützen. Sein Pech war mein Glück. Bis zum Ende des Prozesses habe ich über diesen Fall berichtet. Er war meine Fahrkarte für die nächsten 40 Jahre. Zu diesem Glück haben immer auch die Kolleginnen und Kollegen beigetragen, mit denen ich zusammengearbeitet habe. Nir-

gends – glaube ich – hängt der Erfolg so sehr vom Teamgeist ab wie im WDR.
Später waren es die Kolleginnen und Kollegen auf dem FÜ-Sat oder in den Ü-Wagen des Radios, ohne die erfolgreiche Berichterstattung nicht möglich gewesen wäre. Ob in Rheinhausen, in der Normandie zum Jahrestag der Invasion oder vom Bau des A380, den wir von der ersten Schraube in Nordenham bis zum fertigen Flieger in Toulouse begleitet haben. Immer waren wir alle von unseren Themen überzeugt. Jeder und jede haben ihr Bestes gegeben.
Danke! Ich bin heute stolz, dass ich Teil des Teams war.
Ich bin in den letzten Wochen gefragt worden, ob ich denn mit einem lachenden und einem weinenden Auge gehe. Nein, habe ich immer geantwortet. Ich gehe mit zwei lachenden Augen. Weil ich die großartigste Zeit ever im WDR erlebt habe. Und weil ich weiß, dass jetzt eine neue Phase im Leben beginnt. Ich bin sicher, dass die auch großartig wird.
Das hat auch mit den letzten vier Jahren zu tun. Nachdem Georgine endlich sie selbst war, hat die Arbeit im WDR mich wirklich glücklich gemacht. Und das verdanke ich in erster Linie dem Teamgeist im ganzen WDR, aber vor allem in meinem letzten Studio – dem Landesstudio Essen. Die Kolleginnen und Kollegen dort haben mich so warmherzig getragen, wie ich mir das immer gewünscht habe, aber nie sicher sein konnte, ob es auch so sein würde. Es war noch viel schöner.
Danke!
Vor einigen Jahren, als ich noch plante, in den Vorruhestand zu gehen, habe ich mir ein elegantes schwarzes Kostüm ge-

kauft. Ich wollte es am letzten Tag tragen. Wenn die Reden gehalten werden. Hingehen und sagen: ›Schaut her. Das bin ich wirklich. Ich bin eine Frau. Ich habe Euch all die Jahre etwas vorgemacht. Das ist jetzt vorbei.‹

Als es dann wirklich vorbei war – im September 2019 –, da habe ich nicht mehr an Vorruhestand gedacht. Da war mir klar, dass ich bis zur letzten Sekunde arbeiten wollte. Ich hatte kein Maßband, von dem ich jeden Tag einen Zentimeter abgeschnitten habe, keine App, die mir jeden Morgen anzeigte, wie viele Tage es noch bis zur Rente sind.

Es war eine Freude und eine Ehre, mit Euch zu arbeiten. Mit Euch allen. Der WDR ist ein wunderbares Unternehmen. Ich wünsche ihm und Euch so viel Glück, wie ich es in meinem Leben hatte.

Liebe Grüße,
Georgine Kellermann«

Jetzt begann eine neue Phase in meinem Leben. Eine Phase, die ich begeistert erwartet hatte. Schon eine Woche später saß ich in Münster in einem Saal mit dreihundert Lehrer:innen.

Das vierte Münsteraner Lernforum zur Schulentwicklung beschäftigte sich mit dem Thema Diversität. Bildungsqualität. Menschenwürde. Veranstaltet wurde das Forum vom Zentrum für schulpraktische Lehrerausbildung Münster, dem deutschen Schulbuchpreis und der Robert-Bosch-Stiftung. Ich war eingeladen, die Keynote zu halten.

Ich erzählte den Zuhörer:innen, wie das mit meinem Leben gelaufen ist und welche tollen Erlebnisse ich in Schulen gemacht habe. Allen voran in meiner Patenschule in Oldenburg. Die Überschrift meiner Keynote lautete: »Wo ›schwul‹ ein Schimpfwort ist, bleibt divers ein Fremdwort«.

Wir hatten im Anschluss noch einen sehr lebendigen Austausch mit den Lehrer:innen, in dem es auch darum ging, dass manche bürokratische Hürde immer noch so hoch ist, dass Schüler:innen oft im falschen Geschlecht angesprochen und angeschrieben werden, obwohl sie sich längst zu ihrem wahren Ich bekannt haben. Auch deshalb ist das Selbstbestimmungsgesetz so unendlich wichtig. Damit junge Menschen dort, wo sie leben, sein können, wer sie sind.

Eine Lehrerin schrieb mir einen Tag später, dass man an ihrer Schule schon sehr weit ist:

»Vielen Dank für den gemeinsamen Vormittag beim Lernforum gestern! Zwei Momente haben mich sehr berührt: ›Ich hatte Angst, nicht mehr tun zu können, was ich liebe, wenn ich werde, wer ich bin‹ und die Frage nach der Sichtbarkeit. Besonders die Frage nach der Sichtbarkeit beschäftigt mich seit gestern sehr! Ich würde behaupten, an unserer Schule teilen sehr viele Personen eine unvoreingenommene Menschenliebe (wir haben einige trans Kinder, wir besprechen das offen in den Klassen, Zeugnisse werden selbstverständlich auf den richtigen Namen ausgestellt etc.). Und dennoch sind in den letzten Wochen zwei Vorfälle im Umfeld von bzw. mit Transschüler:innen passiert, die mir so deutlich zeigen, wie hart die Realität leider dennoch sein kann, und vor allem, wie verzweifelt

die betreffende Person ist. Ich weiß gar nicht, wie sichtbar diese beiden Menschen gerade sein möchten. Aber ich weiß, dass ich unsere Schüler:innen so gerne Ihre selbstverständliche Sichtbarkeit erleben lassen würde!«

Ich freue mich über solche Nachrichten und bin zugleich traurig, dass es trans* Menschen immer noch so schwer gemacht wird. Deshalb habe ich die Lehrer:innen an der betroffenen Schule von Herzen gern, denn sie machen Dinge möglich, die an anderen Stellen unmöglich wären.

Das schönste Ergebnis bei diesem Besuch war eine weitere Einladung nach Bonn, in die Marie-Kahle-Gesamtschule. Deren Leiterin Sabine Kreutzer drückte mir am Ende der Veranstaltung in Münster einen Brief in die Hand, den sie mir geschrieben hatte und in dem sie mich einlud, nach Bonn zu kommen. Die Schule hatte eine Fortbildung für ihre Lehrer:innen geplant, die sich mit geschlechtersensibler Bildung beschäftigen sollte. Ich freute mich sehr über diese Einladung. Hätte ich sie nicht angenommen, hätte ich in der Tat eine Schule verpasst, die sich schon seit Langem sehr darum kümmert, alle mitzunehmen. Das spürte ich von der ersten Minute, als ich die Schule betrat. Ich weiß nicht mehr, wie lange ich zu den etwa einhundertzwanzig Menschen im Saal sprach. Vor mir saßen vor allem Lehrerinnen und Lehrer, aber auch die Schüler:innen des Arbeitskreises ›Vielfalt‹ der Gesamtschule waren gekommen. Nachdem ich meine Geschichte erzählt hatte, war Raum für ihre Fragen. Und es wurden sehr viele gestellt. Manche wollten erfahren, was ich denke, wie es mir ergangen wäre, wenn ich in einer Zeit wie der heutigen aufgewachsen wäre, die viel offener für queere Lebensentwürfe ist, als das in meiner Jugend der Fall war. Aber auch kritische Fragen wurden mir gestellt: Ein junger Mann wollte von mir wissen, wie ich zu trans* Frauen im Sport stehe. Das ist immer ein schwieriges Thema, und weil ich absolut unsportlich bin, fällt es mir schwer, persönlich dazu Stellung zu beziehen.

Die Debatte, ob trans* Frauen im Frauensport akzeptiert werden sollen oder nicht, wird seit einigen Jahren sehr emotional geführt. 2022 etwa gewann die Schwimmerin Lia Thomas als erste transgender Athletin eine College-Meisterschaft in den USA. Ich erinnere mich an das Foto, das sie als Siegerin des Schwimmwettbewerbs zeigt. Neben der Zweit- und der Drittplatzierten wirkt Thomas sehr kräftig, und sie ist bedeutend größer als die Frauen neben ihr. Ich verstehe, wenn Menschen angesichts dieser Bilder irritiert sind, mich irritieren sie auch. Aber die Entscheidung darüber, ob trans* Frauen in den Frauensport gehören, treffen letztendlich die Verbände. Sie müssen sich verantwortungsbewusst mit diesen Fragen auseinandersetzen und Regeln finden. Damit es im Sport wieder nur um den Sport geht und die oft hasserfüllten Debatten um diese Frage hoffentlich ein Ende haben.

Noch nie musste ich auf einer Veranstaltung so viele Fragen beantworten wie an diesem Nachmittag in Bonn. Aber es gefiel mir, denn ein offener Austausch ist das, was unsere Gesellschaft braucht, um Akzeptanz und Anerkennung zu fördern. »Wir haben viel gelernt«, schrieb die Schule über meinen Besuch auf ihrer Homepage, »und zum ersten Mal gab es Standing Ovations am Ende eines Impulsvortrages«.

Im Anschluss bat mich der ›Arbeitskreis Vielfalt‹ zu einem Treffen im kleinen Kreis. Die jungen Leute hatten dieses Gespräch intensiv vorbereitet, in dieser kleinen Runde diskutierten wir expliziter, fragten uns, wie der Wunsch nach Veränderung von der Theorie in die Praxis umgesetzt und queere Menschen unterstützt werden können. So sprachen wir etwa über genderneutrale Toiletten. Diese wünschten sich die jungen Menschen im Arbeitskreis schon lange. Wie schön, dass sie an diesem Tag erfolgreich waren: Die Toilette ist eines der nächsten Projekte, das in der Schule realisiert werden soll, das versprach ihnen die Schuldirektorin während unseres Treffens.

Die Zeit in der Schule verging wie im Flug. Am Ende machten wir ein Foto, für mich eine schöne Erinnerung an den Nachmittag in Bonn. Und natürlich habe ich versprechen müssen, dass ich wiederkomme. Ich kann es kaum erwarten. Die Gespräche vor allem mit jungen Menschen machen mir immer besonders viel Spaß. Die, die ich getroffen habe, sind neugierig, weltoffen und respektieren queere Lebensentwürfe.

Ich hatte mir vor meiner »Offenbarung« immer Gedanken darüber gemacht, was ich denn nach der Pensionierung tun könnte. Ein Weinberg war lange eine Idee, weil ich so gerne Wein trinke und großen Respekt vor der Arbeit der Winzer habe. Ein Foodtruck war eine andere Idee. Ich koche gerne und hatte überlegt, mit meinem kleinen Küchenlaster Menschen zu besuchen, die Gäste eingeladen hatten, aber nicht so gerne kochen wollten. Nur eines wollte ich nicht: weiter im Journalismus aktiv sein. Ich finde es immer sehr befremdlich, wenn alternde Journalist:innen meinen, ihren jungen Kolleg:innen zu spiegeln, dass man früher doch vieles besser gemacht habe. In den sozialen Medien sind da so einige unterwegs.

Ich habe eine von Grund auf positive Einstellung zum Leben. Deshalb schaue ich optimistischer in die Zukunft, als das die aktuellen politischen Entwicklungen rechtfertigen. In der Welt sind so viele Menschen, die die Zeit gerne zurückdrehen würden. Inzwischen kommt von extrem radikalen Feministinnen gar die Forderung, auch das Transsexuellen-Gesetz von 1980 aus dem Gesetzbuch zu streichen. So abwegig das ist, so viel Angst macht es Menschen, die so sind wie ich. Ich glaube aber letztendlich nicht, dass diese Forderungen auch nur im Geringsten Aussicht auf Erfolg haben. Unendlich viele Menschen und Organisationen unterstützen das Recht von trans* Menschen auf ein selbstbestimmtes Leben. Und ich will alles dafür geben, dass es noch mehr werden.

Ich bin eine Feministin. Feminismus schließt trans* Menschen mit ein. Diese Haltung stammt nicht von mir. Sie kommt von Frauenverbänden oder auch dem Verein Frauenhauskoordinierung. Dafür bin ich dankbar. Guter Feminismus schließt alle Menschen mit ein, so wie auch Diversität.

Mein Leben ist das schönste Geschenk, das ich je bekommen habe. Wenn ich diese Welt einmal verlasse, dann werde ich sagen können, dass ich das Geschenk angenommen habe. Dass ich es gelebt habe.

Ich kann nicht beschreiben, wie sehr ich immer noch erleichtert bin, dass Georg Vergangenheit ist. Er fehlt mir nicht. Ich blicke aber auch nicht mit Groll zurück. Oft werde ich gefragt, ob ich traurig sei, dass ich mich nicht schon früher erklärt habe. Unabhängig davon, ob das gesellschaftlich überhaupt möglich gewesen wäre, mache ich mir darüber keine Gedanken. Mein Leben war sicherlich nicht immer wunderbar, aber in der Rückbetrachtung überwiegen glücklicherweise die großartigen Momente eindeutig.

Ich habe für mein Leben gern gelebt. Trotz vieler Einschränkungen.

Ich liebe und lebe es noch intensiver, seitdem es diese Einschränkungen nicht mehr gibt.

Dieses Lebensglück wünsche ich allen, die in einer ähnlichen Situation sind wie ich.

Epilog

Ich habe ein Selfie gemacht.

Von mir.

Georgine.

Im Spiegel.

Draußen vor dem Salon im Gutshaus Mahlsdorf hat Monika aufgehört zu telefonieren. Ich gehe zu ihr und zeige ihr das Foto.

Sie schluckt. Und dann sagt sie: »Es ist, als sei Charlotte zurückgekommen.«

Danke

Dieses Buch ist eine Reise durch mein Leben. Es hat großen Spaß gemacht, die vielen Erlebnisse noch einmal zu durchleben. Meine Familie mit einzubinden. Von meinen Onkel und Tanten, Cousins und Cousinen, meinen Geschwistern und meinen Eltern zu erzählen.

Ich danke Alexandra Krishnabhakdi, die die Idee zu diesem Buch hatte und alle meine Fragen mit großer Geduld ertragen hat.

Elisabeth Ruge hat ebenso großen Anteil daran, dass dieses Buch geschrieben wurde. Danke.

Sarah Heidi Engel ist die beste Lektorin, die ich mir wünschen konnte.

Besonders aber bedanke ich mich bei meiner Familie und den vielen Freund:innen, die mich nie infrage gestellt haben.

Die mich unterstützt haben und die es mir leicht gemacht haben, privat schon ganz früh und später dann auch öffentlich die zu werden, die ich bin.

Ihr seid alle wunderbar.

Allen voran Astrid, auf die ich viel früher hätte hören sollen.

Quellen

ARD/ZDF-Onlinestudie: Social-Media-Nutzung 2019 bis 2022. https://www.ard-zdf-onlinestudie.de/tabellen-onlinenutzung/social-media-und-messenger/social-media/ (letzter Zugriff: 19. 03. 2024): S. 249

Ashton, Bodie A.: Stellungnahme zum Antrag der Fraktion DIE LINKE: Die »vergessenen« queeren Opfer der nationalsozialistischen Verfolgung (20/5359). https://www.bundestag.de/resource/blob/949530/b3049282966bcfb5bb3bc334bb92bd6c/Stellungnahme-Dr-Bodie-A-Ashton-data.pdf (letzter Zugriff: 19. 03. 2024): S. 15

Beitritt der Landespolizei Schleswig-Holstein zum Bündnis für Akzeptanz und Respekt: Rede Heiner Garg (ab Minute 29). https://www.youtube.com/watch?v=kv-A2C8CPA0 (letzter Zugriff: 19. 03. 2024): S. 236f.

Bittner, Jochen; Kellermann, Georgine: »Angeboren oder anerzogen?« in: Die Zeit Nr. 39/2020.
https://www.zeit.de/2020/39/genderdebatte-geschlechtsidentitaet-geschlechterrollen-georgine-kellermann-transsexualitaet
(letzter Zugriff: 21. 03. 2024): S. 218-223

Brandt, Matthias: Transition findet mehrheitlich in den 20ern statt 07. 07. 2023, in: *de.statista.com*.
https://de.statista.com/infografik/26187/anzahl-der-geschlechtsangleichenden-operationen-in-deutschland/
(letzter Zugriff: 21. 03. 2024): S. 261

Bundesstiftung Magnus Hirschfeld: Lili Elbe.
https://mh-stiftung.de/biografien/lili-elbe/
(letzter Zugriff: 19. 03. 2024): S. 237

Bundesverfassungsgericht: Beschluss des Ersten Senats vom 11. Januar 2011 (1 BvR 3295/07).
https://www.bundesverfassungsgericht.de/SharedDocs/Entscheidungen/DE/2011/01/rs20110111_1bvr329507.html
(letzter Zugriff: 19. 03. 2024): S. 240f.

Corbach, Dieter: *Daniel, der Mann aus der Löwengrube. Aus dem Leben von Daniel Oswald Rufeisen*, Köln 2002. S. 63f., 66f.

Dupreelle, Piere; Schachtner, Michael; Yousif, Nadjia; Zawadzki, Annika; Khandhar, Kushal: Companies Are Failing Trans Employees, in: Harvard Business Review, 31.03.2023.

https://hbr.org/2023/03/companies-are-failing-trans-employees
(letzter Zugriff: 19. 03. 2024)

Frauenhauskoordinierung e. V.: Gewaltschutz für alle Frauen.
https://www.frauenhauskoordinierung.de/aktuelles/detail/fhk-positionierung-gewaltschutz-fuer-alle-frauen
(letzter Zugriff: 19. 03. 2024): S.212f.

Gesetzentwurf der Bundesregierung: Entwurf eines Gesetzes über die Änderung der Vornamen und die Feststellung der Geschlechtszugehörigkeit in besonderen Fällen (Transsexuellengesetz A. Zielsetzung – TSG), 06. 06. 1979.
https://dserver.bundestag.de/btd/08/029/0802947.pdf
(letzter Zugriff: 19. 03. 2024): S. 238f.

Giese, Linus, Ich bin Linus, Rowohlt 2020. 194ff.

Herman, Jody L.; Flores, Andrew R.; O'Neill, Kathryn K.: How Many Adults and Youth Identify as Transgender in the United States? Williams Institute, Juni 2022.
https://williamsinstitute.law.ucla.edu/publications/trans-adults-united-states/
(letzter Zugriff: 19. 03. 2024): S.261

Kats, Rozette: Rede bei der Gedenkstunde für die Opfer des Nationalsozialismus. Deutscher Bundestag, 27. 01. 2023.
https://www.bundestag.de/dokumente/textarchiv/2023/kw04-gedenkstunde--931386 (letzter Zugriff: 19. 03. 2024): S. 252

Mahlsdorf, Charlotte von: *Ich bin meine eigene Frau*, dtv Verlagsgesellschaft mbH & Co. KG; 11. Edition (1. Mai 2004), 2024: 13, 155ff.

Marie-Kahle-Gesamtschule Bonn: Georgine Kellermann zu Gast.
http://www.marie-kahle-gesamtschule.de/georgine-kellermann-zu-gast/
(letzter Zugriff: 19. 03. 2024): 274ff.

Miebach, Elisa: Eine Kinderveranstaltung im Wahlkampfstrudel, 13. 06. 2023, in: *zdf.de*
https://www.zdf.de/nachrichten/panorama/muenchen-dragqueen-lesung-diskussion-demo-100.html
(letzter Zugriff: 19. 03. 2024): S.255f.

Polizei München [PolizeiMuenchen]: »Es ist weder normal noch akzeptabel […]« 28. 10. 2021, X
https://x.com/polizeimuenchen/status/1453738465095344141?s=61: S. 232

Prantl, Heribert: Das gefühlte Geschlecht, 28. 11. 2011, in: *SZ.de*
https://www.sueddeutsche.de/politik/verfassungsgericht-kippt-transsexuellengesetz-das-gefuehlte-geschlecht-1.1052344#:~:text=Das%20Bundesverfassungsgericht%20hat%20die%20wesentlichen,im%20empfundenen%20Geschlecht%20zu%20erhalten%22.
(letzter Zugriff: 19. 03. 2024): 240f.

Prüll, Livia: Transidentität/Transsexualität im Nationalsozialismus, https://www.livia-pruell.de/news-reader/transidentitaet-transsexualitaet-im-nationalsozialismus.html (letzter Zugriff: 19. 03. 2024): S. 15

Statista: Anzahl der polizeilich erfassten Delikte gegen die sexuelle Orientierung in Deutschland von 2001 bis 2022, April 2023. https://de.statista.com/statistik/daten/studie/870110/umfrage/polizeilich-erfasste-delikte-gegen-die-sexuelle-orientierung-in-deutschland/ (letzter Zugriff: 19. 03. 2024): S. 202

Steenken, Julia: Trans* im sog. Dritten Reich – Opfer von NS-Verbrechen? 15. 10. 2022. https://dgti.org/2022/10/15/trans-im-dritten-reich-opfer-von-ns-verbrechen/ (letzter Zugriff: 19. 03. 2024): S.15

o.A.: Oberbürgermeister verteidigt Kinderveranstaltung mit Drag-King, 08. 05. 2023, in: *SZ.de* https://www.sueddeutsche.de/muenchen/muenchen-hubert-aiwanger-dieter-reiter-drag-queens-lesung-1.5847296 (letzter Zugriff: 19. 03. 2024): S. 256